北塔

祖籍浙江，生于江苏，居于北京，已出版诗集《滚石有苔》《巨蟒紧抱街衢》，学术专著《照亮自身的深渊——北塔诗学文选》和译著《八堂课》等约三十种，有作品曾被译成十多种外文。

『思想的边界』丛书

北塔◎著

『信』者『信史』也

——茅盾书信研究

云南出版集团
云南人民出版社

图书在版编目（CIP）数据

“信”者“信史”也 ：茅盾书信研究 / 北塔著 ；斯日主编. -- 昆明 ：云南人民出版社，2021.5
（思想的边界）
ISBN 978-7-222-20002-9

Ⅰ. ①信… Ⅱ. ①北… ②斯… Ⅲ. ①茅盾（1896-1981）－书信集－研究 Ⅳ. ①K825.6

中国版本图书馆CIP数据核字(2021)第016341号

出 品 人：赵石定
策　　划：赵石定
项目统筹：马　非
责任编辑：朱　颖　范晓芬
装帧设计：马　滨
责任校对：李　红　董郎文清　周　彦
责任印制：李寒东

“思想的边界”丛书
“信”者“信史”也——茅盾书信研究
北塔　著

出版　云南出版集团　云南人民出版社
发行　云南人民出版社
社址　昆明市环城西路609号
邮编　650034
网址　www.ynpph.com.cn
E-mail　ynrms@sina.com
开本　889mm×1194mm　1/32
印张　12.5
字数　290千
版次　2021年5月第1版第1次印刷
印刷　昆明理煌印务有限公司
书号　ISBN 978-7-222-20002-9
定价　98.00元

如需购买图书、反馈意见
请与我社联系
总编室：0871-64109126
发行部：0871-64108507
审校部：0871-64164626
印制部：0871-64191534

云南人民出版社微信公众号

思想本无界

——“思想的边界”丛书总序

斯　日

“思想的边界”这套丛书即将要付梓了。我们推出这套丛书，希望通过解读近现代思想家、作家的书信，再现书信背后的故事，聆听书信主人讲述各自生命中那些波澜壮阔或风平浪静、风卷云涌或云淡风轻的岁月，从而能够走近他们更加真实而完整的生命角色。

“思想”与“边界”这两个词语的组合具有哲学的意味，借用李泽厚《美的历程》中贯穿始终的核心词组——“有意味的形式”，可以说，这是一个有意味的组合。作为人类文明发展中处于精神文化层面的“建筑”，思想不同于物质，超越了消费型的物质，也超越了可看得见的形式，从而无从有所谓的边界，自然无从诞生“思想的边界”这样的词语组合。由此可以说，我们这套丛书名——“思想的边界”注定不属于常规思维：将“边界”这个自带可感可见形式的词语，与“思想”这个无形式无边界的概念组合在一起，便催生了一种哲学的意味——为无形式垒砌形式，为无边界描画边界。所有的这些，像极了在徒劳处辛勤劳作。

作为思想家、作家、诗人、历史学家、古文字学家，鲁迅、茅盾、郭沫若、巴金等思想文化的巨匠，他们在身后都留下了盈千累万的佳作，再现“文章之无穷”的魅力，建立了“经国之大业，不朽之盛事”，在中国思想史、文学史、历史等诸多领域和学科树立了使后人高山仰止、景行行止的丰碑。他们的名声，如曹丕所言“不假良史之辞，不托飞驰之势”，“自传于后”，完全来自他们的作品及其所达到的思想的深度、广度、高度。我们今天想要了解他们，最重要的途径是阅读、研究他们的作品，唯有如此，才能对他们的思想有所领会。那么，我们是否就此可以假设，他们所创作的作品，已经将他们的思想全部涵盖了呢？或者可以说，阅读和了解了他们所创作的作品，就能够完整把握和领会他们的思想了吗？

在回答这个问题之前，我们先讲一个故事。

今天我们都知道司马迁的《史记》在中国历史上的重要意义：中国纪传体正史的开创之作，成为延续2000多年的中国历史书写模式。这是从《史记》所开创的体例意义方面而言。从思想价值而言，《史记》以其“究天人之际，通古今之变，成一家之言”这个撰述宗旨，成为“二十四史”中位居第一的历史著作，其思想的先进性、科学性是后世史学著作所不能望其项背的。

作为《史记》的撰述宗旨，“究天人之际，通古今之变，成一家之言”代表了司马迁思想的高度，我们今天研究司马迁及其《史记》的思想成就，无法绕开这个宗旨。如果按照前文所言，文史名家的思想，唯有通过阅读和研究他们所留下的作品才能够到达，那么，《史记》的这个宗旨，应该通过阅读使司马迁青史留名的巨著《史记》来获得。不过，事实是，这个宗旨并不出自《史记》，其出处在一封信里。

汉武帝征和二年（公元前91年），时任中书令的司马迁写了一封信给当时身陷囹圄的朋友任安。这年，太子刘据被汉武帝新宠臣江充栽赃，陷入“巫蛊之祸”，太子非常恐惧，情急之下起兵，诛杀了江充，随即遭到愤怒的汉武帝强行镇压，兵败后太子出逃到京兆尹的湖县，最终悬梁自尽，太子的母亲王皇后也因此受牵连在宫中自缢身亡。太子刘据在恐慌中起兵的时候，曾假传圣旨，命令时任北军使者护军任安发兵，但任安收到太子发兵命令后，并没有出兵。“巫蛊之祸”事件平定之后，汉武帝认为任安“坐视成败”，“怀诈，有不忠之心”，将任安投入监狱，最终腰斩。在任安被临刑之前，作为朋友，司马迁给他写了一封信，其实这是一封回信，因为几年前，任安曾给司马迁写信，希望在汉武帝身边工作的司马迁“尽推贤进士之义”，举荐自己。司马迁一直未回信，直到任安身陷牢狱之灾，才起笔写了这封回信。

这封信后来被称为《报任安书》。清代的储欣在《古文菁华录》中说《报任安书》是“激昂悲愤，自有文字以来第一书”，是中国历史上第一封信。这个“第一”，含有重要意义：在这封信里，司马迁除了表达自己发愤著书意志之外，还陈述了撰写《史记》的宗旨——“究天人之际，通古今之变，成一家之言”。

如果我们只读《史记》，不读《报任安书》，无法知晓这个宗旨，当然无法完整而准确地理解司马迁写作《史记》的真正目的；当然，因此关于司马迁及其《史记》的思想深度和高度的把握，也不容易达到最佳状态。思想家的有些思想甚至是具有重要意义的部分，并不在阐述其思想的作品当中，也许在作品之外——在思想的边界之外，如书信、日记等形式非创作类私人文献当中。从这个意义上而言，可以说，司马迁在中国思想史上又作出了一个开创性的举措。

了解了司马迁的著作《史记》与司马迁写给朋友的信《报任安书》之间不可分割的重要关系，自然回答了上面所提出的问题：要全面了解一个思想家的思想，阅尽思想家所创作的作品是首要的和必要的，但仅仅做到这些，还是万万不够的，有时候，重要的东西可能在阐述思想的作品之外——在思想的边界之外可能捕获到重要的碎片和火花。

纵览中国思想史，有个现象值得关注，即中国思想史上的大部分思想家，其思想最初分散在不同的文章中陈述，以不同的体裁、以碎片化的形式呈现，缺少统一而缜密的逻辑结构将其思想系统、完整地表述出来。关于这个现象，徐复观先生作过论述：“一个思想家的思想，有如一个文学家的文章，必定有由主题所展开的结构。读者能把握到他的结构，才算把握到他的思想。西方哲学家的思想结构，常即表现为他们的著作的结构。他们的著作的展开，即是他们思想的展开，这便使读者易于把握。但中国的思想家，很少是有意识地以有组织的文章结构来表达他们思想的结构，而常是把他们的中心论点，分散在许多文字单元中去；同时，在同一篇文字中又常关涉到许多观念、许多问题。即使在一篇文章或一段语录中是专谈某一观念、某一问题，但也常只谈到某一观念、某一问题、对某一特定的人或事所需要说明的某侧面，而很少下一种抽象的可以概括全般的定义或界说。”[①]这种现象导致了至少两个问题：一是影响思想家作品的完整性；一是增加了对于思想家作品的理解和把握的难度。今天我们经常遗憾于一些思想家的作品很难收集完整，年代久远、散佚损毁是一个无法回避的客观原因，但其最初呈现形式的多样化、多元化，也是一个不可忽略的重要因素。如果班固没有将《报任安书》作为传记资料运用在《汉书•司马迁传》中使之首次面世，我们无法想象：这封“自有文字以来第一书”是否能够得到完好的保存？关于《史记》撰写的这条提纲挈领式的宗旨，我们是否还有幸目睹和阅览？从这个意义上而言，思想家的作品最初被承载的形式，为其思想人为地构筑了边界，在有意无意间，将部分思想“遗留”在边界之外。我们今天的任务就是越出他们思想的边界，在边界之外探寻、采撷那些遗失的珍珠，努力为思想描摹相对完整完美的“形式”。

以上是这套丛书希望努力完成的一个任务。此外，还有一个希望，即努力为读者还原思想家们相对完整的生命角色。生命角色，是关涉传记的问题。现代传记理念认为，关于某个人的传记，其核心任务是要回答一个问题：他是谁？

“他是谁”是哲学的问题。1958年，汉娜•阿伦特在《人的境况》中认为，“他是谁（who）”里中心词“谁（who）”，其所要回答的是关于“人的差异性”。“人的差异就是人的独特性。的确，一切存在者都具有他者性（英otherness；德alteritas）。如果没有这种他者性，那么，就无法

① 徐复观：《中国思想史论集》，九州出版社2014年版，第2页。

将一个存在者同其他的存在者区别开来并加以认识……由于人能够觉察自己与其他个体之间的差异，因此，人的他者性和差异性（distinetness）便成为人的唯一性（uniqueness）。”②

简而言之，“他是谁”要回答的就是一个人区别于他者的唯一性。回到我们这套丛书中所讨论的思想家，他们的唯一性即是他们通过所创作的作品所传达的思想塑造了其区别于他者的差异性，如鲁迅所以区别于他者的差异性，在于其创作作品的唯一性，其他的思想家、作家亦是如此。他们的作品个性鲜明，各有各的独具无二的特色。由此而看，还原他们的生命角色似乎是非常简单的事情，我们绝不会把鲁迅的身份与茅盾的身份混淆、将郭沫若的身份与巴金的身份混淆。确实如此。但从如今所呈现出来的现象看，他们各自的角色并没有得到完整而准确的还原。如关于鲁迅。在大部分读者印象中鲁迅是作家，但大家并不太了解，除了作家，鲁迅还担任过公务员，还是左翼作家联盟的核心人物，也是一个忠实的美术爱好者，甚至是一个美食家，如此等等，他的多元生命角色并没有为多数人所了解。再如郭沫若。为大众所认识的身份是作家，但郭沫若同时还是古文字学家、历史学家、诗人、政治家，如此诸多的生命角色，大众还比较陌生，甚至由不了解而走向偏执的认识。之所以出现这样的现象，究其原因，更多在于后人尤其是相关学者、传记家在研究和介绍他们的作品、讲述他们生命故事的时候，有意或无意间，用自己个人的学术观点、偏见或

② 川崎修：《汉娜·阿伦特：公共性的复权》，斯日译，河北教育出版社 2002 年版，第 252 页。

学术局限性为他们原本统一而完整的生命故事设置诸多边界，将他们人生、思想分割为诸多领域、诸多板块，导致熟悉鲁迅作品的读者或许并不熟悉鲁迅作为美术家的身份，熟悉郭沫若诗歌的读者并不熟悉郭沫若作为历史学家的身份，等等。我们希望通过解读他们的书信，让他们自己讲述自己的生命角色，从而越过有意无意中人为设置的边界，能够走近更为完整的他们，还原他们本无边界的生命角色。

此外，需要补充的一点是，思想无形式无边界，是就其内容而言的，而作为人类精神文化遗产，思想的传承所需载体是有形式、有边界的，比如从人类最初记录文字用的岩石、龟片、贝壳、陶器、青铜器、动物皮革、锦帛、树木、竹子，到纸张，再到今天的电子设备，都是有形有边的载体。在这个意义上，无形式无边界的思想并不是真的无形式无边界。我们推出这套丛书，希望将以上二者融会在一起，兼而有之：一是为无边界的思想划定“边界”，在其无边界结束之处、在其“边界”开始之处探寻思想的火花碎片；一是为有边界的思想的载体增添新的品种，超越有限，探索无限。

段玉裁在《说文解字注》中对“界”字作了这样的解释：“界，竟也。竟俗本作境。今正。乐曲尽为竟。引申为凡边竟之称。”曲子停息之处为界，“界”这个字是伴随着不甘心、不情愿以及无奈的情绪而诞生的，是一个被情绪所催生的字，所以刘禹锡才哀叹“曲终人散空愁暮”。再优美的曲子终有停止之时，就此即有了竟，有了界，可是观赏的人还沉浸在曲子里不能自拔，如孔子在齐国初听韶乐般如痴如醉，从而亦有了遗憾、留恋和感伤。由此而言，乐曲的界是造成遗憾和感伤之所在，如想要达到完美或完整，需要超越音乐所停息之处的界；对于今天的我们而言，想要了解和走近思想家们，必须超越那些有形或无形的边界，才能够达到他们思想的真实和完满。

中国文艺的最高境界是言尽而意未尽，思想的最高境界亦是如此：于有边界之处超越边界，探寻思想的无界。

是为序。

2021年1月11日

北京

钟桂松[1]评《“信”者“信史”也——茅盾书信研究》

北塔先生的《“信”者“信史”也——茅盾书信研究》是一部研究十分扎实的学术著作。这部著作，以它别具一格的选题和旁征博引、纵横捭阖的解读，填补了茅盾研究的空白，是茅盾研究史上有学术高度、有历史厚度、有根有据、可读可赏的著作。

书信是一个人尤其是一个伟大作家最直接、最少遮蔽的实物文书，也是了解一个文学家生平经历不可或缺的实证史料。文学巨匠茅盾的书信更是研究茅盾思想史、茅盾生平的重要史料。北塔先生用大量的历史资料，究根溯源，回到茅盾书信写作的历史现场，重述了大量的真实往事，廓清了茅盾生平研究中的史实迷雾，为读者学习解读茅盾书信提供真实可信的学术依据。

《“信”者“信史”也——茅盾书信研究》以扎实的史料和求真求实的学术态度，以诗人的情怀和激情，将收入书中的每一封信都解读得淋漓酣畅，文采飞扬，其中有纠错的，有补缺的，在对人和事的解读中呈现真实信息，还原书信中的茅盾形象。

① 钟桂松，中国茅盾研究会原副会长。

自序：信言亦美

一、茅盾书信之结集出版与研究概况

茅盾先生是中国作家中笔头最勤快的人之一。人民文学出版社出版的《茅盾全集》收录了茅盾各类著述（不包括翻译作品和古籍选注），按文体分类编年，多达40卷，编辑出版周期长达22年（1984—2006）。黄山书社2014年推出的新版《茅盾全集》（由钟桂松主编），是在人民文学出版社版的基础上加以充实、补订而成的，更达42卷、26108页之浩繁。其中书信为3卷，每卷约500封，总共约1500封。

这些书信，有的当时就发表在报刊上，有的直至茅盾去世后才面世。新中国成立前，由于中国社会动荡，很多人颠沛流离，留下来的书信大约只有200封。新中国成立后写的，则几乎全都保存下来了，共约1300封。

这些书信是中国现代文学研究、茅盾研究以及中国现代史研究，尤其是中共党史研究等学术领域的宝贵史料。因此，早在1984年，就有茅盾书信被结集出版，即《茅盾书简（初编）》，编者为孙中田和周明，由浙江文艺出版社出版。此集后易名为《茅盾书信集》，于1988年由文化艺术出版社再版。

之后出版的（除了全集中的“书信卷”之外）有：

1987年，《茅盾书信集》（中国现代文学馆刘麟编），百花文艺出版社。

2004年，《尘封的记忆：茅盾友朋手札》（上海图书馆中国文化名人手稿馆萧斌如等编），文汇出版社。

2006年，《茅盾　姚雪垠谈艺书简》（姚雪垠之子姚海天编，其中收录1974年7月至1980年2月茅盾书信30多封），人民文学出版社。

2010年，《茅盾致陈瑜清书信》（陈瑜清之子陈毛英和张蓉编，共68封，绝大部分写于1970年代），西泠印社出版社。

零散发表于各种报刊的则非常多，此处不赘述。

与发表相比，对茅盾书信的研究却少得多。这项工作基本上是从茅盾去世（1981年）之后才开始的。到目前为止，虽然已近40年，但也还是只有一些零星的成果。撮其要者，如：

1981年，叶子铭：《关于发表茅盾同志二十四封信的几点说明》，载《中国现代文学研究丛刊》1981年第4期。

1990年，金梅：《关于茅盾先生七封信的回忆及其它》，载《茅盾研究》（第四辑）。

1994年，袁良骏：《关于茅盾同志的三封信》，载《新文学史料》1994年第2期。

1996年，沈卫威：《新发现茅盾（沈雁冰）致胡适四封信——茅盾从新浪漫主义向写实主义转变的契机》，载《河南大学学报（哲学社会科学版）》1996年第3期。

2008年，林传祥：《解读茅盾给叶子铭的16封信》，载《中国档案》2008年第12期。

2016年，吴心海：《从茅盾致吴奔星的一封信说起》，载《南方都市报》2016年7月12日。吴心海乃吴奔星哲嗣。

2017年，宫立：《从茅盾给丁景唐的一封信说起》，载

《中国社会科学报·学林》2017年8月7日。

2018年，金传胜：《茅盾四封书信考》，载《中华读书报》2018年7月4日。

从2018年起，笔者在中国传记文学领域的权威刊物《传记文学》开设“茅盾书信解读”专栏，每期一篇，本书约一半的文章来自该专栏。

此外，我们不能忽视全集书信卷的编者们，他们劳苦功高，他们的整理、编排、校勘、注解工作也具有相当高的学术价值。

二、茅盾书信研究的意义

作为史料，书信最大的价值就在于“信”。与其他种类史料相比，书信的可信度是最高的。“信”者“信言”也，“信”者“信史”也。本书对中共党史、中国现代出版史、中国现代翻译史和中国现代对外文化交流史等史学领域的研究应该会起到一定的拾遗补阙的作用。

孔另境编的《现代作家书简》出版于1937年，属于中国最早的现代作家书信合集之一。孔另境是茅盾的内弟，鲁迅因为这层关系不仅投放了自己的尺牍，还为之撰序。鲁迅虽然以一贯怀疑一切的态度质疑书信的真诚性，但他无比生动而又颇为辩证地说：“写信固然比较的随便，然而做作惯了的，仍不免带些惯性，别人以为他这回是赤条条的上场了罢，他其实还是穿着肉色紧身小衫裤，甚至于用了平常决不应用的奶罩。话虽如此，比起峨冠博带的时候来，这一回可究竟较近于真实。所以从作家的日记或尺牍上，往往能得到比看他的作品更其明晰的意见，也就是他自己的简洁的注释。”

可能有人在写作书信时会作伪。不过，这种概率相对比较小。

当然，研究者不能仅仅因为是书信就无条件地相信，首先要对书信本身进行仔细、严格甚至苛刻的考证、比对、核实，之后才可以把书信作为镜子，去鉴照、辨别其他资料的真实性和真诚性。

在学术工作中，书信研究大致可以有如下几个方面的作用。

（一）纠错或断案

经过核实之后的书信是“硬史料”，如同石头。我们要拿它去敲别的史料，诸如日记、回忆录、文章等等。经得起“信石”推敲的，就站得住脚；否则就会露出破绽，就需要我们去纠正。

在本书几乎每一篇解读文章中，都会纠正一些学术界的错误。这些错误可能来自作家的手笔，也可能来自研究者，乃至以讹传讹。

我们先举一个通过茅盾的书信纠正他本人回忆录里的一个小错的例子。

茅盾在《我走过的道路》中回忆说：“三月二十日，我发出了《文艺阵地》创刊号的最后一批稿。”他说的是，1938年3月20日，他从香港把稿子寄往广州。这个日子他记错了，应该是21日。他3月28日给戈宝权的信中说：“因广州排工技术较差，手脚较慢，不能不早日发稿，故于二十一日即将稿全部发出。”

这一日之差，却有一些曲折紧张的情形可以说说。茅盾好不容易约到戈宝权给《文艺阵地》写比较重要的特色稿子《苏联剧坛近讯》，后者好不容易写出了，而且寄出了。茅盾本来的确是计划收到戈的稿子之后再寄出那批稿子的，他估摸着20日能收到戈的稿子；但可能是邮路耽搁，那天他没有收到。他本来可能还想再等一两天。但是，第二天，他考虑到排字工人的手脚较慢，怕耽误《文艺阵地》整个创刊的大计（这是文艺界配合全面抗战大业的大事），在望眼欲穿却等不到戈的稿子的情况下，他不得不仓促地在21日把那批稿子发往广州，让人开始排版。

而茅盾收到《苏联剧坛近讯》的时间是3月22日，仅仅晚了一天！他3月28日给戈的信的开头即说："接奉二十二日手示及大稿《苏联剧坛近讯》时，适值弟将赴广州校对《文阵》第一期之排样。"如果不是书信中说的21日，而是回忆录中说的20日，离22日还有两天，那么，其间，在烽火连天的民族存亡大背景下，茅盾以一己之力奋发加紧办理《文艺阵地》创刊号的紧迫感就会减弱。

我们再举一例说明书信有助于断案——解决研究界的分歧。

关于施蛰存《金石百咏》最初发表的刊物有两种说法。

刘海永在《百岁老人施蛰存的百字情结》一文（载2013年11月21日《北京青年报》。）中说，《金石百咏》是1979年"在香港《书谱》杂志陆续发表"的。但是，在刘文发表一年半之前，张新颖在《〈金石百咏〉油印本》一文中写道："1979年2月至11月，《金石百咏》在香港《大公报·艺林》连载，凡二十期。"（发表于2012年3月7日《东方早报》）孰是孰非？按照科学研究的规律或者说常理，后来者应该发现前面的人的错误而加以纠正。难道张错了，而刘替他纠正了？

施蛰存1979年1月17日给茅盾的信中明确说：“曾作《金石百咏》一卷……此稿春节后将在香港《大公报》发表。”在其传播甚广的《我写〈唐诗百话〉》一文中，也有类似记述：“一九七九年在香港《大公报》发表。”

可见，张新颖是对的，刘海永是错的。问题是后来者怎么反而犯错了呢？

夏雨在《施蛰存先生著译年表》（发表于香港《文学世纪》杂志2003年10月号“施蛰存先生百岁寿庆专辑”）中记为：“一九七九年 七十五岁 《唐碑百选》于香港《书谱》逐期揭载，《金石百咏》连载于《大公报·艺林》。”刘海永文章的发表比张新颖的晚一年半还多，比夏雨的更是晚了整整十年，按理说不应该犯这样的错。其根源大概是刘把《唐碑百选》误记成《金石百咏》了，前者的确是在《书谱》上连载过的。

假如刘海永动笔之前读到施蛰存给茅盾的这封信，哪怕他对张新颖的说法有看法，也绝对不会犯这个错。用书信做研究，来论证或反证某个观点，那叫板上钉钉。

（二）补缺或者说填补学术研究中的空白

有时，只凭一封信的重新发现和解读，就能牵出一桩历史大事；或者说，那封信曾经在历史进程中起到了关键性的作用，但随着时间的推移，往事被尘封，与这封信有关的信息都会被淹没。那么，重新挖掘出来就非常有意义、有意思。

比如，印度电影之所以于1950年代开始被引进中国，主要是因为茅盾作为文化部部长给周恩来总理写的一封短信。

1954年10月20日，茅盾给周恩来写信，请示说：“印度影片颇有进步好片，我国亦未映过……如果交换影片成为事实，对于我方影片在印度扩展放映圈一事，当可有所裨益。但此事是否可以在和尼赫鲁谈话时看情况提一提，敬请指示，以便遵行。”

周恩来在茅盾的信上直接批示：“沈部长，欢迎印度艺术团明年来华并交换或互购两国影片。周恩来　十、廿一。”

可以说，那时中印互派文化艺术代表团互访和中印电影交流的事宜，是以茅盾为部长的文化部对周恩来指示的落实。

茅盾后来从未曾提起他的这桩功绩。在茅盾研究界，在中国的印度电影研究界，在中印文化交流研究界，也几乎从未有人提起茅盾在这件事上的历史性贡献。

因此，那封信在中印电影交流史上具有历史开创意义。笔者把它挖掘出来进行相关解读，可以说是填补了一个学术空白。

（三）补足：为某些语焉不详的史实提供更多有血有肉的真材实料

在史书、传记、回忆录和评述文章中，对有些史实的叙述往往是粗线条的、提纲式的，三言两语，点到为止。书信里却有比较丰富、翔实、生动的描述，那么我们就要依靠书信，把那段史实进行补充，让它以一个更加饱满的形象被还原出来。或者，书信能提供关键线索，让我们得以寻找到更加翔实的史料。

有些事情，茅盾曾广泛深入地参与，付出了很多心血，产生了很大影响。但由于他一贯的低调和谦逊，在他自己发表的文章里，对此说得很少。

比如，鲁迅晚年与茅盾在上海做了邻居，两人过从甚密，亲如兄弟。鲁迅去世之后，茅盾拖着病体，从乌镇匆匆赶回上海，积极细致、亲力亲为地跟许广平等一起料理鲁迅的各项后事，付出了极大的时间和精力；但他在回忆录里一笔带过，我们只能从他当时跟许广平和蔡元培等人的书信里了解详情。

从茅盾1936年11月7日致许广平的信和1936年11月23日致蔡元培的信中，我们得知，他至少参与办了以下几桩比较重要的鲁迅后事：（1）代表鲁迅先生纪念委员会筹备会拟了三份公告并联系报刊发布。（2）就设立“纪念文学奖金”事宜，茅盾拟就准备请纪念会正式委员们帮着分发的启事，还拟就了给他们个人的信稿，并恭请许广平过目审定；然后他亲自联系印刷（分别用油印和铅印）。（3）茅盾不仅呼吁社会各界向鲁迅纪念基金捐款，自己还率先垂范。1936年11月21日，他向鲁迅纪念基金捐100大洋。

有些书信能有力地补充证明学术界的一些提法。

比如，王尔德的诗歌最早是什么时候被翻译成汉语的？宋达在《“五四”前后王尔德汉译史考释———王尔德作品汉译得失问题研究（一）》（载《北京第二外国语学院学报》2008年第4期）中曾提到，刘半农的翻译发表是最早的，但她没有提供翔实、确切的证据。

茅盾1921年8月3日致周作人的信一开始就说：“刘半农先生稿件即请先生寄下王尔德的散文诗。”

茅盾之所以在信的开头提到刘半农，是因为刘来投稿，而且是通过周作人投的。投的正是刘翻译的王尔德散文诗5首，即《美术家》《为善者》《传道者》《主》《公判室》。茅盾如获至宝，很快就在《小说月报》第12卷第11号（1921年11月）刊发了。

（四）延伸：触及社会思潮的波峰

大约从1920年开始，茅盾始终处于中国现代文学、文化的中心或者说准中心位置。他的朋友圈就是大半个主流中国文坛，他在书信中跟朋友们讨论的问题都是当时最前沿的问题，他对这些问题的思索都汇入了当时最主流的思潮。他一生都在寻找时代思想主题的焦点并做出回应，有的文坛热议话题甚至就是由他挑起的。当然，他不是一时兴起乃至兴风作浪，而是慎思明辨、深思熟虑后才发问的。

因此，笔者研究并不局限于茅盾的生平，更不局限于他的交游；而是由他和朋友们的书信对话延伸到当时的文学风潮和意识形态。书信可以说是最小的文体，但笔者有意地把它与最大的时代话题勾连起来。

比如，本书第一篇，通过解读茅盾1919年11月16日致郭虞裳的信，笔者论述了茅盾对“五四”时期几个最热最大的话题的大谈特谈：妇女解放问题、家庭制度问题、婚姻制度问题。再如，通过解读茅盾1922年4月6日致张闻天的信，笔者论述了茅公的“非”宗教与当时京沪两地轰轰烈烈的非基督教运动的关系。当然，笔者始终围绕着茅盾对这些至关重要的社会问题的思考和社会话题的参与。

三、以问题为导向的书信研究

我坚持问题导向，研究的策略始终跟解决书信中乃至学术界相关的问题挂钩。我的原则是：帮助读者读懂那些比较难懂的书信。主要难在这几个方面：

1. 由于年代比较远，书信中的历史信息变得模糊或者老旧，有些信息跟后来通行的说法不一样了。这方面最多的例子是译名。比如，茅盾1954年10月20日致周恩来的信中说：“最近苏联举行印度电影周（九月二十三至二十九），在全苏放映《暴风雨》《流浪人》《两皮哈的土地》。”其中《两皮哈的土地》后来更加“归化”的、流传更广的译名是《两亩地》。“皮哈”是印度传统的度量衡单位，中国人没几个知道。

2. 书信中所提到的人、事、思、书和物等都比较生僻，是写信者偶尔见到或想到的，或者是只有写信者和收信者相互了解甚至心照不宣的。有些信息过于简单，连线索都算不上，只能算是线头，让普通读者如丈二和尚——摸不着头脑。

3. 书信中有些提法比较隐晦，倒不是说写信者故意要跟读者捉迷藏，而是因为审慎的考虑和外在的压力，写信者不愿意挑明，以免给自己带来不必要的麻烦甚至祸端。

4. 写信者英文非常好，平时大量阅读英文书刊，写信时自然会直接抄引英文资料；普通中国读者哪怕认识那些英文单词，恐怕也不明就里，所以需要我竭力用中文解读出来。

5. 书信里的有些说法本身是有问题的，或者自相矛盾，或者与写信者其他材料里的说法相悖，或者与外面公认的事实和说法不符。还有一些说法，当时是正确的，但后来经过事物和观念的发展变化，已经变得不正确了；或者相反，当时错误的，后来变得正确了。这也会让读者困惑。比如，茅盾1961年4月14日给叶子铭的信中说："我是一九二五— 一九二六年在上海认识陈独秀。"但他在后来的回忆录《我走过的道路》中说，1920年初，陈独秀从北京迁到上海，为筹备在上海出版《新青年》，曾约陈望道、李汉俊、李达和茅盾等人，在上海渔阳里二号陈独秀家谈话。那是茅盾第一次见到陈，比信中所说的早五六年。显然，在此信中，在这件事上，茅盾自己记忆有误。人们写信的时候都是随手写就，很少像写学术论文似的，为了一个细节，去多方搜求资料、求证，类似的问题时不时就会发生，所以书信不可全信、盲信也。

6. 写信者偶尔会有笔误或者知识上的硬伤。比如，亚历山大·勃洛克的英文姓氏一般被译成Blok，而不是Block；这可能是因为后者有"街区"的含义，恐怕英文读者会望文生义。茅盾在1921年8月11日致周作人的信中误写成了Block。

7. 有些书信已经有人做了注解甚至解读，但有些注解和解读可能有不足或错误的问题。

为了解决书信阅读中的诸多问题，解读到让普通读者都能明白的程度，我自然要使出浑身解数。而所有解数中最重要、最有用、最基本的当然是考证——证明或证伪。书信研究，本质上或者在很大程度上说，属于历史研究范畴，类似于科学工作，不能马虎敷衍，应以求真务实为宗旨。

我所用的资源是：几十年来的知识积累、阅历储备；大量书刊、网站资料，包括茅盾的作品全集、选集、回忆录、日记、文章等等，其他人的相关书信，以及有关茅盾的传记材料、研究成果等等。在本书这些文章的写作前后，本人查阅参考的书籍有数十种，文章达数百篇，古今中外的都有。

我把有关的资料，尤其是那些在信息或观点上不同乃至相反的资料都深入打量、反复比对，用本证法、旁证法去求证。用排除法去掉那些没用的，用假设法留下那些存疑的。

这类似于警察破案——围绕着案件中的问题，从里到外，搜罗尽可能多的蛛丝马迹，整理诸多证人证物证词。如果只凭一条孤证，只抓到一个嫌疑人，不能轻易结案，而应继续深挖，直到掌握更多的可靠证据，直到真凶露面、元凶被擒，力争在自己手里办成铁案。由于缺乏铁证，暂时破不了案的，我会老老实实地承认并存疑，以待将来有更多有效证据浮出水面。

四、“信言”亦美：写信如作文

本书中占五分之一的单元解读的是茅盾和周作人之间的通信。有一度两人之间鱼雁往还极为频繁。固然，当时茅盾作为《小说月报》主编，周作人作为著译者，两人之间确实有许多文字上的事情需要密切沟通。两人通信中涉及的信息复杂而难懂，还经常夹杂着英文。普通读者乍读之下，恐怕会头疼不已。因此，需要我重点解读。

但还有一个本质的原因，那就是两人都是书简家。书简家的标志有两个：

1. 好用书信与人交往，胜过见面，胜过交谈。

2. 不仅把写信看作是交流信息的工具，而且有把书信真正作为文章来作的倾向。书简家“以信为文”，因此他们会在书信里广泛而深入地讨论各种问题，可阐释的空间非常大。

中国历来都有“以信为文”的传统，所以流传下来的名篇中属于“尺牍”体的相当多。最早的可能是《乐毅报燕王书》。在《古文观止》中，汉代的“信文”就有司马迁的《报任安书》《李陵答苏武书》《马援诫兄子严敦书》《杨恽报孙会宗书》等。

1933年4月17日，周作人给北新书局老板李小峰写信，讨论编辑出版《周作人书信》一书。此书后由青光书局出版，此信则作为此书的“序信”。信中，周作人说：“这集里所收的书信共二十一篇，或者连这篇也可加在里边，那还是普通的书信，我相信有些缺点都仍存在，因为预定要发表的，那便同别的发表的文章一样，写时总要矜持一点，结果是不必说而照例该说的话自然逐渐出来，于是假话公话多说一分，即是私话真话少说一分，其名曰书，其实却等于论了。”

周作人自己都说，他的书信“同别的发表的文章一样”，而跟一般意义上的书信反而不同。一般的书信对方收到了，就搁起来乃至藏起来了，而他的则当即就拿到报刊上去发表了，甚至写之前就知道这是要发表的，会成为舆论乃至引导舆论的社会公器。一般的书信都是私信，写的都是私话，而他写的却是公话。一般的书信往往拉杂写来，而他的“却等于论”，他喜欢在书信中讨论问题，而且摆事实讲道理。总之，他的书信如同论文。

茅盾也是，在早期书信中尤其如此，也因此，他往往喜欢在报刊上像发表新闻稿一样地发表他的书信。“不擅长文墨”的郭虞裳不仅与茅盾相互书信往还讨论社会问题，还把他俩之间的通信及时刊登在他主编的《时事新报》的副刊《学灯》上。由此可见，他俩都是把信当作“准文章”来写。当然，在文风和文体上，信件比文章更加灵活、随意，不追求完整，也不追求转合。

茅盾“以信为文”的最典型例子，就是1974年7月至1980年2月期间他给姚雪垠的那些所谓“谈艺书简”。这些书简虽然聚焦的是《李自成》，但谈论了关于小说创作方方面面的话题，有些是涉及艺术本质的。在这些书简中，有论点和推论，有论证和论据，所以是不折不扣的文论。

周作人和茅盾都是那种有文才但不太注重文采的文人，更强调的是实质性内容，周是为（改良）人生而舞文，茅盾是为（改善）社会而弄墨。不过，他们的书信还是比一般的书信更有“文采”。这文采可能不是指文饰、辞藻，而是指逻辑强、层次清、风格明。这样的“以信为文”，兼具实用与审美。老子曰：“信言不美，美言不信。”从某种程度上说，茅盾的“信文”是信而又美的作品，相当有说服力和吸引力。

我的解读文章，也尽量跟随他们的文风。我是写诗的，不过，在写这些文章时，我克制住了内心深处对诗歌风格的习惯性追求。我注重的也不是辞藻或修辞，而是叙述方式。为了避免平铺直叙，我主要采取了两个策略，或者说我的叙述模式有两个特点：一是采取剥洋葱的方式，一层层地解开书信中那些重要而又难懂的信息，类似于“破案”过程；二是多用设问，以悬疑吊起读者的胃口，在告诉读者结论之前，始终让读者脑子里装着问题，以加强读者读下去的兴趣。

五、鸣谢

我要感谢生养我的父母之邦：苏州吴江区盛泽镇，跟茅盾的故乡乌镇一样，都属于吴头越尾，或者越头吴尾。两个镇相距颇近，开车一个多小时的路程。两个镇有很多相似之处，都是江南地区工商业发达的大镇，都是历史文化丰厚的古镇。因此，我从小就知道茅盾，就读点茅盾，始终觉得他写的人、事、物以及他所用的语言都很亲切。这算是我与茅盾的宿缘。

我要感谢我的单位中国作家协会暨现代文学馆的领导和同事，本书被列入中国作家协会重点扶持作品，本人在写作过程中，得到了他们的鼓励、督促和帮助。茅盾是中国作家协会的首任主席，而他在北京的故居作为市级文物保护单位现在就隶属于文学馆。我在故居有办公室，能感受到茅盾“如在”的气息，能接触到很多与茅盾有关的资料，做茅盾研究可谓“近水楼台”。我尤其要感谢中国作协副主席兼中国现代文学馆馆长李敬泽先生，他礼贤下士，关怀基层，从我写作此书之初，就给予了细致的关心和指导。还要感谢中国现代文学馆副馆长梁飞先生和信息部主任辛昭瑞女士、办公室主任张明远先生及汪静茹女士等。

我要感谢传记文学杂志社。自从我调到文学馆工作不久，他们就给我赠刊，已经快20年了。我是《传记文学》忠实的读者，偶然也当作者，给他们投稿。在我的传记写作生涯中，可以说，《传记文学》是栽培我的最重要阵地。我喜欢给他们写文章，是因为他们对文章的格式要求不像许多所谓学术刊物那样严苛、死板、琐碎、一律；《传记文学》当然也有学术性，但不拘泥于学术，尤其不拘禁于术。他们容许不同的作者保持他们的个性风格，无论是华丽，还是朴实，基调都比较温和。

2018年3月至2019年3月，我在《传记文学》开设“茅盾书简解读”专栏，刊发了12篇文章。我的文章特色是找问题并解决问题，找问题难，解决问题更难。我所采用的是非常小的视角，所用的材料更是历史角落里的“竹头木屑”。说实话，无论是搜寻这些边角料，还是把它们拼合起来，都绝非易事。我写得辛苦，杂志社编辑编得也辛苦。如果没有她们兢兢业业的高水平修改和完善，我这些文章不会如此受重视和欢迎。在此我要对她们表示深深的诚挚谢意！

我还要感谢云南人民出版社和本书责任编辑朱颖女士。在我的学术生涯中，这是成果发表最好的一次。

最后，我还要感谢中国茅盾研究会原副会长、著名茅盾研究专家钟桂松先生。他的关于茅盾生平研究的专著都是我这一年半来的案头书，虽然我与他从未谋面，但他在我的写作过程中，热心地无私地给予了我高明而具体的指点。书稿成后，他还花费不少时间精力帮我把关。前辈学者对晚生的提携值得我永远感恩戴德！

由于本人才疏学浅，又是茅盾研究领域的新兵，书中肯定有许多瑕疵，恳请海内外方家海涵并不吝指正！

2019 年 7 月 7 日初稿于营慧寺

2019 年 7 月 8 日定稿于圆恩寺

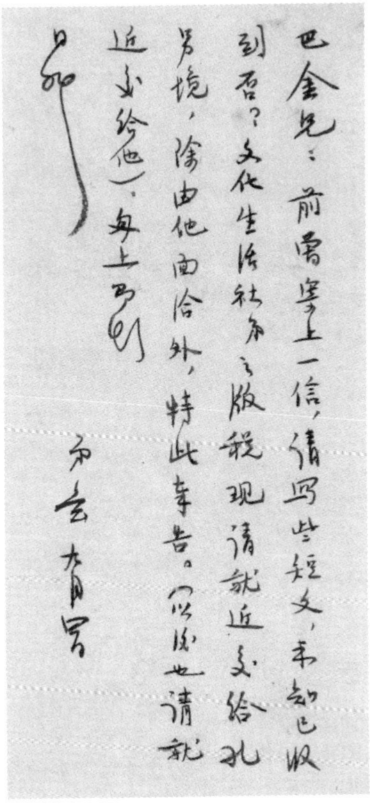

巴金兄：前曾寄上一信，请写些短文，未知已收到否？文化生活社有之版税现请就近交给孔另境，除由他面给外，特此奉告。（以后也请就近交给他）。匆上即颂

日祉

弟 玄 [illegible]

◆ 茅盾致巴金

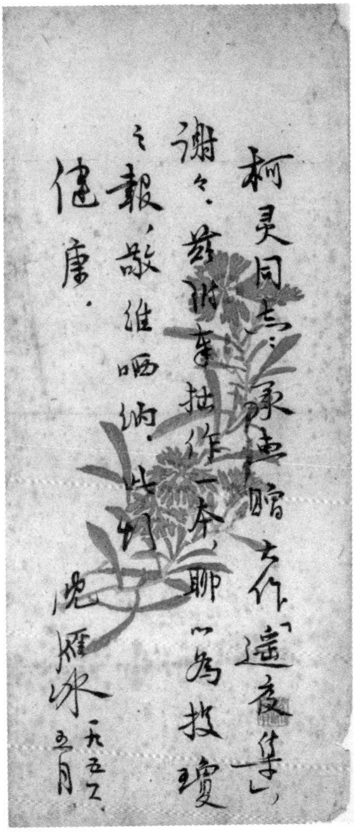

柯灵同志：承惠赠大作「遥夜集」，谢谢。兹将拙作一本，聊以为投琼之报，敬维哂纳。此颂

健康。

沈雁冰 一九五七 五月

◆ 茅盾致柯灵

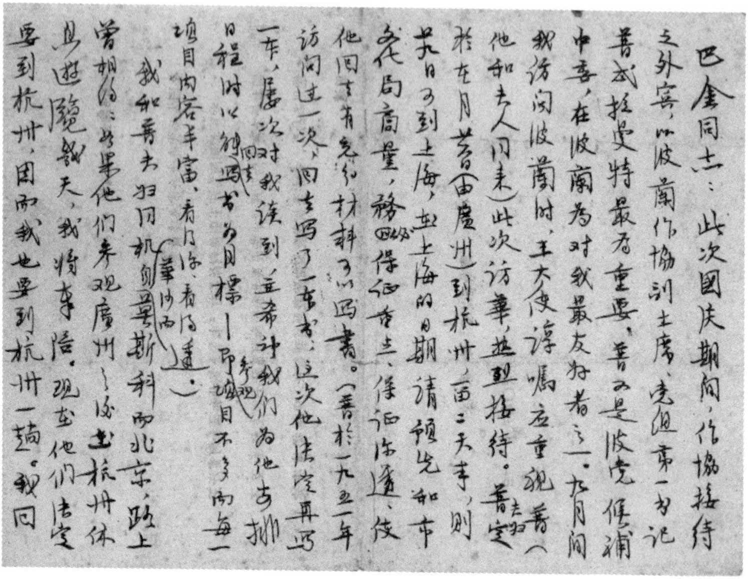

巴金同志：此次国庆期间，作协接待之外宾，以波兰作协副主席、党组第一书记普式拉史特最为重要，普亦是波党候补中委，在波兰为对我最友好者之一。九月间我访问波兰时，王大使谆嘱应重视普（他和夫人同来）此次访华，热烈接待。普定（去杭）于本月廿二日（由广州）到杭州（留二天半），则廿五日可到上海，在上海的日期请预先和市文化局商量，务必保证普之、保证他游览、使他回去有充分材料可以写书。（普于一九五一年访问过一次，回去写了一本书；这次他决定再写一本，屡次对我谈到，并希望我们为他安排日程时以能回去写书为目标——即参观项目不多而每一项目内容丰富，看了得，看得透。）

我和普夫妇同机自莫斯科而北京，路上曾相约：如果他们来观广州——游杭州休息游览几天，我将奉陪。现在他们决定要到杭州，因而我也要到杭州一趟。我同

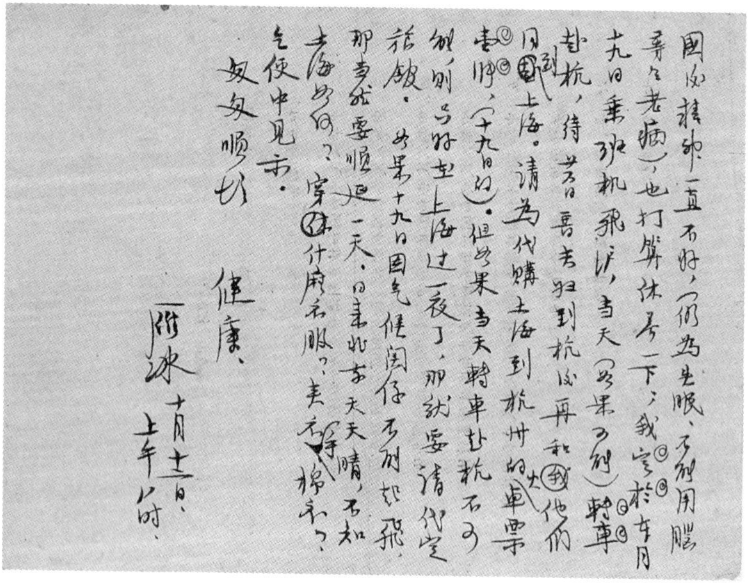

国以后精神一直不好，（因为失眠，不能用脑，并有老病），也打算休息一下；我定于本月十九日乘班机飞沪，当天（如果可能）转车赴杭，待廿二日普夫妇到杭后再和他们同回到上海。请为代购上海到杭州的车票壹张（十九日的）。但如果当天转车赴杭不可能，则只好在上海过一夜了，那就要请代定旅馆。如果十九日因气候关系不能起飞，那当然要顺延一天。日来北京天天晴，不知上海如何？穿什么衣服？夹衣？棉衣？便中见示。

匆匆顺颂

健康、

雁冰 十月十三日上午八时、

◆ 茅盾致巴金

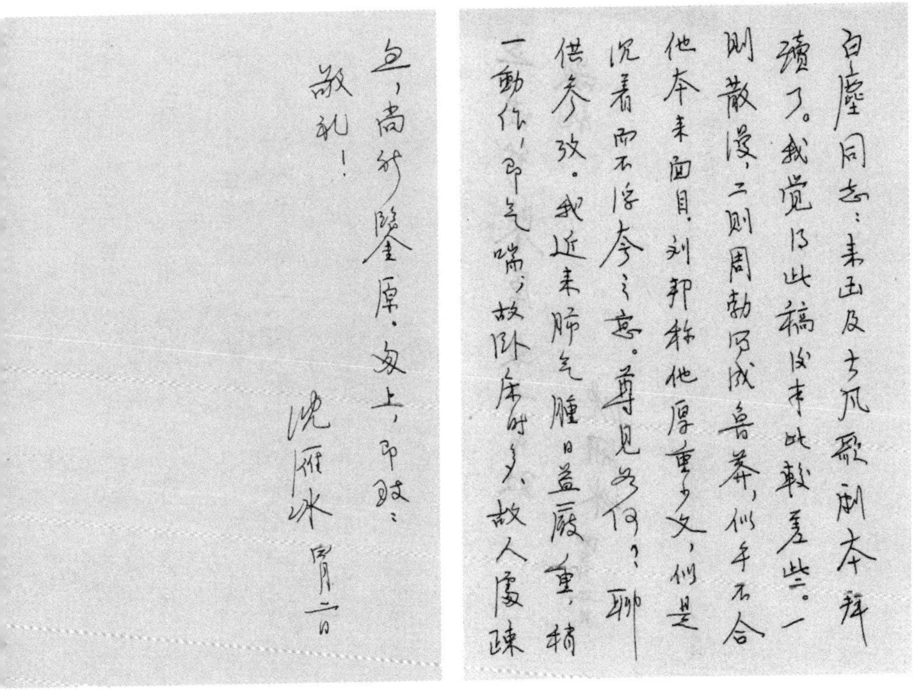
白尘同志：来函及大风歌刊本拜读了。我觉得此稿改本比较差些。一则散漫，二则周勃写成鲁莽，似乎不合他本来面目。刘邦称他厚重少文，似是沉着而不浮夸之意。尊见如何？聊供参考。我近来肺气肿日益严重，稍一动作，即气喘；故卧床时多，故人处疏函，尚祈鉴原。匆上，即颂
敬礼！
沈雁冰 五月二日

◆ 茅盾致陈白尘

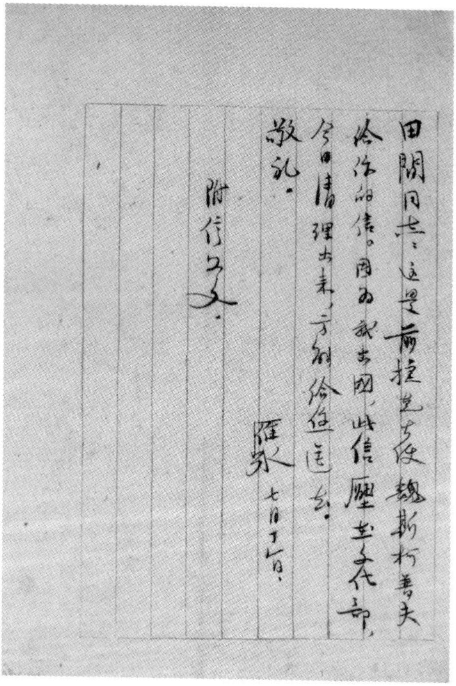
田間同志：这是前捷克大使魏斯柯普夫给你的信。因为我出国，此信壓在文化部，今日清理出来，方转给你送去。
敬礼。
雁冰 七月十七日。
附信二文。

◆ 茅盾致田间

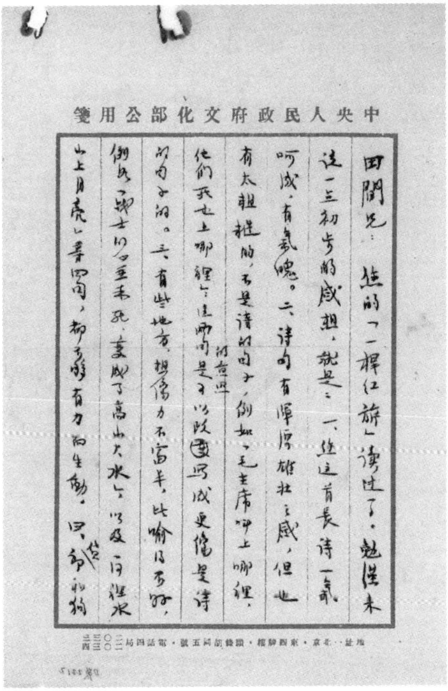

中央人民政府文化部公用箋

田間兄：

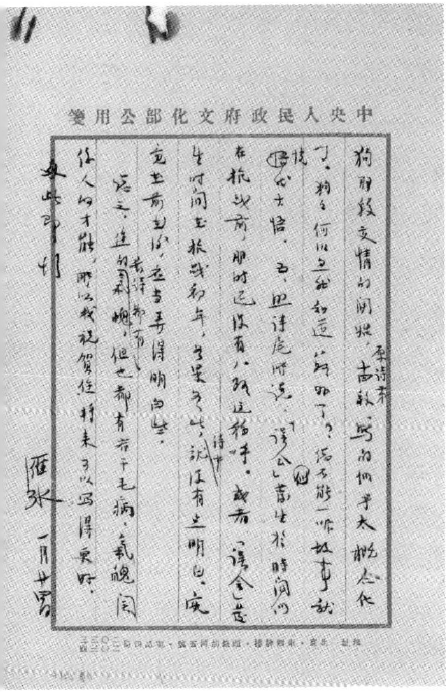

中央人民政府文化部公用箋

雁冰 一月廿四

◆ 茅盾致田间

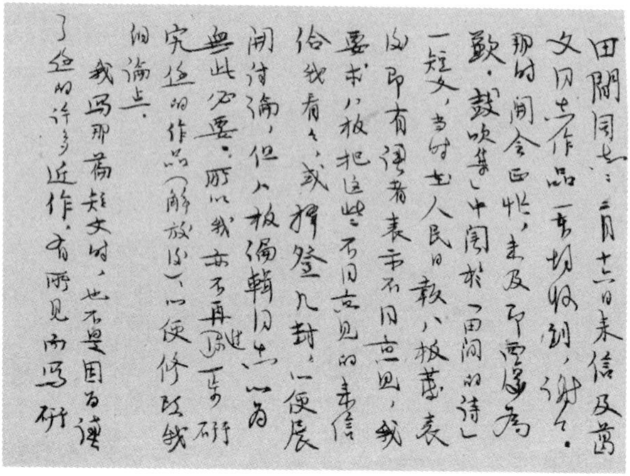
田间同志：三月十三日来信及诗文作品一束均收到，谢谢。那时间会正忙，未及即写复为歉。《鼓吹集》中关于"田间的诗"一短文，当时在人民日报八版发表后即有读者来函不同意见，我要求八版把这些不同意见的来信给我看看，或择登几封，以便展开讨论，但八版编辑同志认为无此必要。所以我也不再进一步研究你的作品（解放以后）以便修改我的论点。
我写那篇短文时，也不是因为读了你的许多近作，有所见而写，研

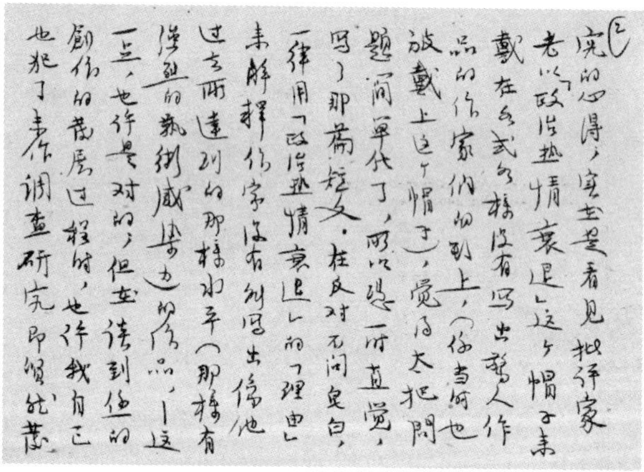
②
究的心得，实在是看见批评家老以"政治热情衰退"这个帽子来戴在各式各样没有写出新人作品的作家们的头上，（你当时也被戴上这个帽子），觉得太把问题简单化了，所以想一谈直觉，写了那篇短文。在反对不问皂白，一律用"政治热情衰退"的"理由"来解释作家没有创写出像他过去所达到的那样水平（那样有深远的艺术感染力）的作品，"这一点，也许是对的，但在谈到你的创作的发展过程时，也许我自己也犯了未作调查研究即发议论

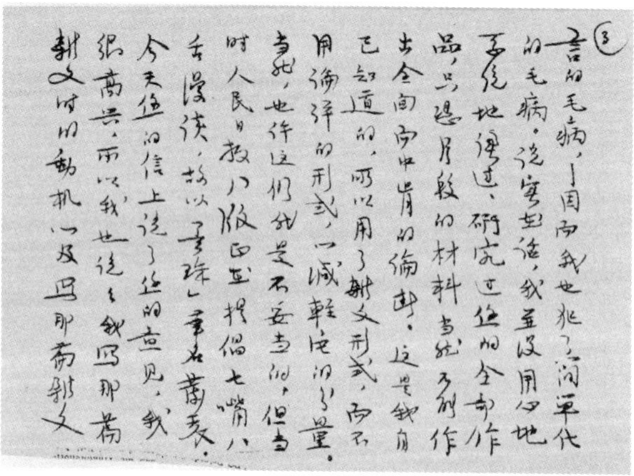
③
言的毛病，"因而我也犯了简单化的毛病。说实在话，我并没有用心地系统地读过、研究过你的全部作品，只凭片段的材料当然不能作出全面而中肯的论断。这是我自己知道的，所以用了短文形式，而不用论评的形式，以减轻它的分量。当然，也许这仍然是不妥当的，但当时人民日报八版正在提倡七嘴八舌漫谈，故以"玄珠"笔名发表。今天你的信上说了你的意见，我很高兴。所以我也说说我写那篇短文时的动机，以及写那篇短文

◆ 茅盾致田间

④

时的无准备、无研究的实情。

我倒是没有看轻摹拟马雅可夫斯基诗的形式的意思。我对于有些人不问情由一见"楼梯式"（这个称号的形容词也是你们创造的）就头痛，也不以为然。形式的摹拟，只要摹拟得好，有何不可？摹拟前人的富有成果力的艺术形式，往往是创造自己风格的第一步。就风格而言，我以为你到现在为止，还是在发展中。这是好的，大大的好事。我自己在一九三四年后曾经努力想从自己卅年间的壳子里钻出来，然而没有完全成功。我为

⑤

此对自己的旧作十分不满，不敢重读。只有若干散文，风格倒有点不是那么臃肿而且浓了。至言中有一些形容过甚而且太露，以为持的妇女曰："烟视媚行"。我以为我的早期、中期乃至抗战末期的作品（小说）都有这个毛病。我那时时变换风格，因为有自己这样的经验，所以我一方面感到你的风格时时变，给人以"没有固定形式"的感觉，但另一方面却表示你在发展，有活力，是好的。我说你将取得更大的成就。诗的形式和它的内容极有关系："凤凰涅槃"等

⑥

诗，如果说它的内容，那不只三言两语说得了么？于所以冷漠者以淋漓的感染，在于它的形式一新颖，有气魄等等……也就是为此。我读诗时，固然重视其内容，但也重视其形式；我读你的意，他的风格。

抄新写了若干，聊博一粲。

顺好

俪福、

茅盾

三月廿日、

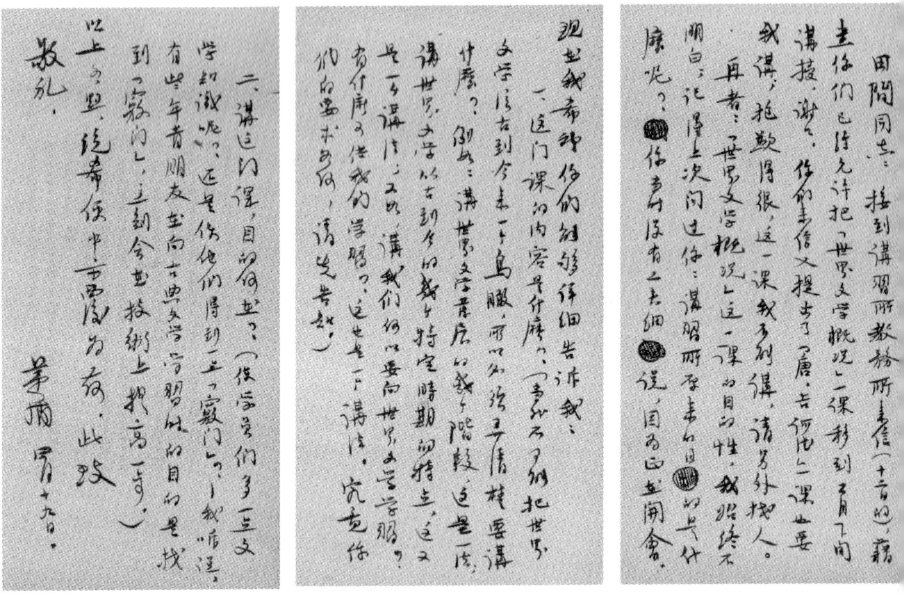

田間同志：

接到讲习所教务所来信（十二日的），嘱主你们已经允许把「世界文学概况」一课移到5月下旬讲授，谢谢。你们来信又提出了「唐、宋何从」一课也要我讲，抱歉得很，这一课我不能讲，请另外找人。

再者：「世界文学概况」这一课的目的性，我始终不明白；记得上次问过你：讲习所举办的目的是什么呢？你亦没有之太细说，因为正在开会。

现在我希望你们能够详细告诉我：

一、这门课的内容是什么？（是不是要我把世界文学从古到今来一个鸟瞰，所以必须弄清楚要讲什么？例如：讲世界文学发展的几个阶段，这是一法；讲世界文学从古到今的几个特定时期的特点，这又是一个讲法；又如，讲我们何以要向世界文学学习？有什么可供我们学习？这也是一个讲法。究竟你们的要求如何，请先告知。）

二、讲这门课，目的何在？（使学员们多一点文学知识呢？还是使他们得到一点「窍门」？）（我听说，有些青年朋友在向古典文学学习时的目的是找到「窍门」，立刻会在技术上提高一步。）

以上各点，统希你们中央商量为荷。此致

敬礼。

茅盾 四月十九日。

◆ 茅盾致田间

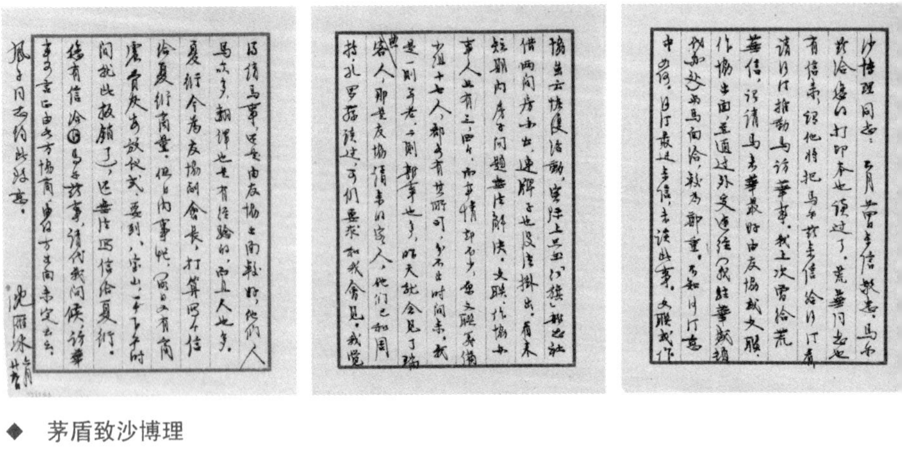

沙博理同志：

5月廿四日来信敬悉。马尔致你们的信也读过了。荒芜同志也有信来，说他将把马尔致来信给你们看。请你们推动马尔访华事。我上次曾给荒芜信，说请马尔来华最好由友协或文联、作协出面，并通过外交途径（我驻华盛顿……），我以为马尔向你们说，我以为郑重。不知你们意见如何。你们最近来信，未谈此事。文联或作协出去接待活动，实际上只出「门旗」，那也就借两个房子出来，连牌子也没法挂出。看来短期内房子问题无法解决。文联、作协办事人也有三、四个，而事情却不少。要文联筹备小组十七人，都各有其所司，分不出时间来。我是一则年老，一则杂事也多，昨天就会见了瑞典客人，那是友协请来的客人。他们已和周扬、孔罗荪谈过，可他们要求和我会见。我觉得请马事，还是由友协出面较好，他们人马亦多，翻译也有有经验的，而且人也多。夏衍今为友协副会长，打算写个信给夏衍商量。但近日内事忙，……问我此报销了），还要写信给夏衍。德有信给马尔访事，请代我问候，访华事可言正由有关方面协商，也得有关方面来文出去。

凤子同志均此致意。

沈雁冰 5月廿九日

◆ 茅盾致沙博理

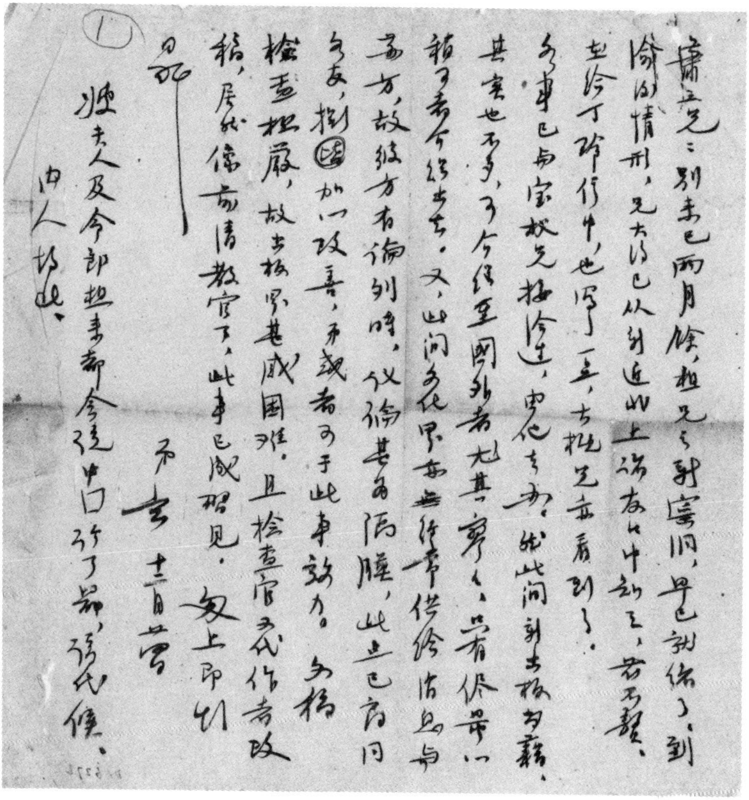

肃三兄：别来已两月余，想兄已到[illegible]，早已就绪了。到

渝的情形，兄大约已从新近出[illegible]知道了，我不赘。

丁玲行中，也写了一点，大概兄亦看到了。

文事已与宝权兄接洽过，由他去办。然此间新出版物均需

甚[illegible]也不多，可今[illegible]至国外者尤其寥寥，只有[illegible]以

赖[illegible]出去。又，此间文化界无一[illegible]供给消息与

国外方面，故彼方有论列时，仅论甚为隔膜，此点已商同

文友，拟[illegible]加以改善，而彼者可于此事致力。文稿

检查极严，故出版界甚感困难。且检查官为代作者改

稿，[illegible]请教官下，此事已成习见。余上即

颂

日祉

弟 [illegible] 十二月[illegible]

嫂夫人及令郎想来都会[illegible]了罢，请代候。

内人附此。

◆ 茅盾致肖三

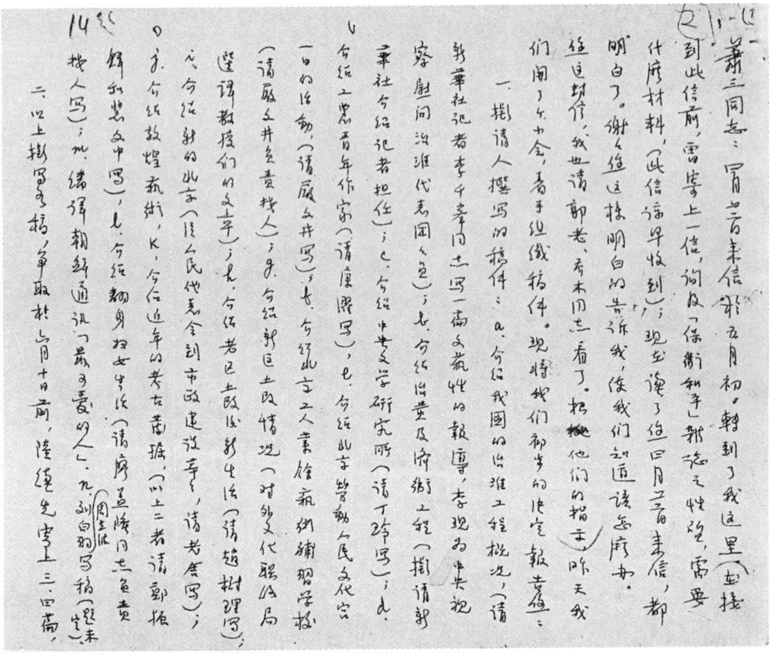

萧三同志：冒言来信（于五月初）转到了我这里（由于接到此信前，曾写上一信，询及「保卫和平」杂志之性质，需要什么材料，（此信谅早收到））；现在读了您四月二十三日来信，都明白了。谢谢您这样明白的告诉我，使我们知道该怎么办。您这封信，我也请郭老、李木同志看了。把他们的指示 昨天我们开了个小会，着手组织稿件。现将我们初步的决定报告您：

一、拟请人撰写的稿件：a、介绍我国的治淮工程概况（请新华社记者李千峰同志写一篇文艺性的报导，李现为中央视察团治淮代表团人员）；b、介绍治黄及治沂工程（拟请新华社介绍记者担任）；c、介绍中央文学研究所（请丁玲写）；d、介绍工农青年作家（请康濯写）；e、介绍北京劳动人民文化宫一日的活动（请严文井写）；f、介绍北京工人业余艺术补习学校（请严文井负责找人）；g、介绍新区土改情况（对外文化联络局选译教授们的文章）；h、介绍老区土改后新生活（请赵树理写）；i、介绍新的北京（北京人民代表会到市政建设等等，请老舍写）；j、介绍敦煌艺术，k、介绍近年的考古发掘（以上二者请郑振铎和裴文中写）；l、介绍翻身妇女生活（请康克清同志负责找人写）；m、续译朝鲜通讯「最可爱的人」、n、刘白羽（周立波）写稿（题未定）。

二、以上拟写之稿，争取于六月十日前，陆续先寄上三、四篇，

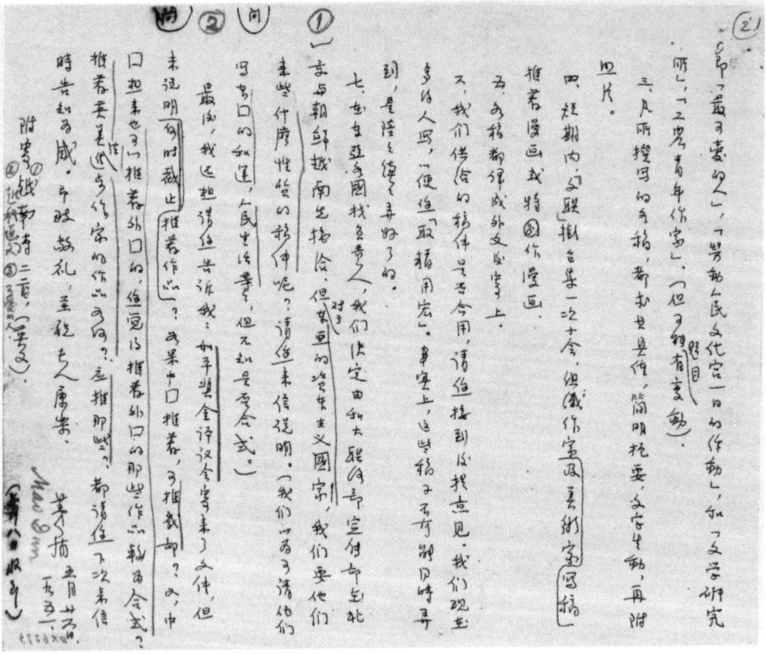

即「最可爱的人」、「劳动人民文化宫一日的活动」，和「文学研究所」、「工农青年作家」（但可能题目有变动）。

三、凡所撰写的文稿，都力求具体、简明扼要、文字生动，再附照片。

四、短期内「文联」拟召集一次小会，组织作家及美术家写稿，推荐漫画或特约作漫画。

五、各稿都译成外文后寄上。

六、我们供给的稿件是否合用，请您接到后提点意见。我们现在多约人写，以便您「取精用宏」。事实上，这些稿子不可能同时寄到，是陆陆续续寄好了的。

七、在东亚各国找负责人，我们决定由和大联络部宣传部在北京与朝鲜越南先接洽，但对于亚洲的资本主义国家，我们要他们来些什么性质的稿件呢？请您来信说明。（我们以为可请他们写出他们的和平、人民生活等等，但不知是否合式。）

最后，我还想请您告诉我：如斯大林和平奖金评议会寄来了文件，但未说明何时截止推荐作品？如果中国推荐，可推几部？又，中国想来也可以推荐外国的，但究可推荐外国的那些作品较为合式？推荐要着重近年作家的作品么？应推那些？都请您下次来信时告知为感。即致敬礼，并祝您人康安。

茅盾 五月廿六日 一九五一

附寄①战斗诗二首，②③（另文）。

◆ 茅盾致肖三

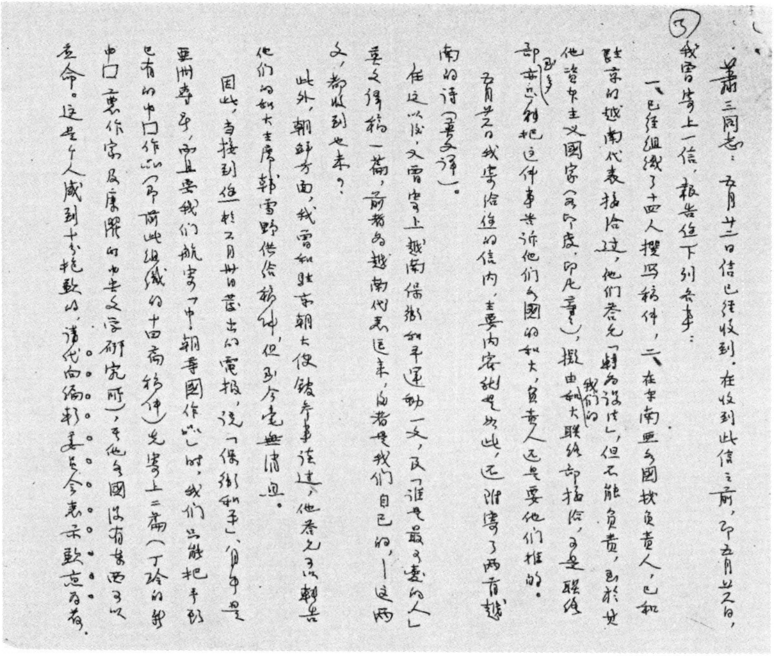

萧三同志：五月廿二日信已经收到。在收到此信之前，即五月廿七日，我曾寄上一信，报告您下列各事：

一、已经组织了十四人撰写稿件，二、在东南亚各国找负责人，已和驻京的越南代表接洽过，他们答允"转为设法"，但不能负责，至于其他资本主义国家（如印度、印尼等等），拟由我们的和大联络部接洽，可是联络部已经把这件事告诉他们各国的和大，负责人还是要他们推的。

五月廿七日我寄给您的信内，主要内容就是如此，还附寄了两首越南的诗（费译）。

在这以后，又曾寄上越南保卫和平运动一文，及"谁是最可爱的人"英文译稿一篇，前者为越南代表送来，后者是我们自己的，——这两文，都收到也未？

此外，朝鲜方面，我曾和驻京朝大使馆参事谈过，他答允了以朝鲜作协委员长韩雪野供给稿件，但至今毫无消息。

因此，当接到您于五月卅日发出的电报，说"保卫和平"月刊是亚洲专号，而且要我们航寄"中朝等国作品"时，我们只能把手头已有的中国作品（即前此组织的十四篇稿件）先寄上二篇（丁玲的新中国妇女作家及康濯的中央文学研究所），其他各国没有东西可以应命。这是个人感到十分抱歉的，请代向编辑委员会表示歉意为荷。

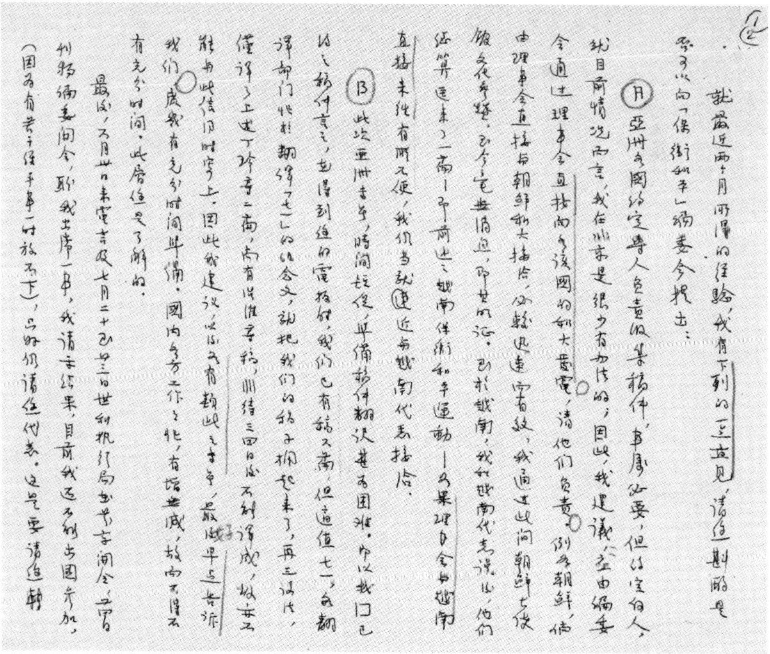

就最近两个月所得的经验，我有下列的一点意见，请您斟酌是否可以向"保卫和平"编委会提出：

（A）亚洲各国约定专人负责收集稿件，事属必要，但约定的人，就目前情况而言，我在北京是很少有办法的；因此，我建议，应由编委会通过理事会直接向各该国的和大发电，请他们负责。例如朝鲜，倘由理事会直接与朝鲜和大接洽，必较迅速有效，我通过此间朝鲜大使馆文化参赞，至今毫无消息，即其明证。至于越南，我和越南代表谈过，他们总算送来了一篇——即前述之越南保卫和平运动一文。如果理事会与越南直接来往有所不便，我们当就近与越南代表接洽。

（B）此次亚洲专号，时间短促，准备稿件稍嫌困难。即以我们已有的稿件言之，当得到您的电报时，我们已有稿八篇，但适值七一，翻译部门忙于翻译"七一"的纪念文，就把我们的稿子搁起来了，再三催促，仅译了上述丁玲等二篇，尚有六篇则待三四日后才能译成，故来不及航寄。因此我建议，以后如有类此之专号，最好早点告诉我们，使我有充分时间准备。国内各方工作之忙，有时无法，故而不得不有充分时间。此层您是了解的。

最后，五月卅日来电言及七月二十至廿三日世和执行局斯德哥尔摩会议，曾列入编委会，邀我出席一事，我请示的结果，目前我还不能出国参加（因为有若干经手事一时放不下），只好仍请您代表。这是要请您转

◆ 茅盾致肖三

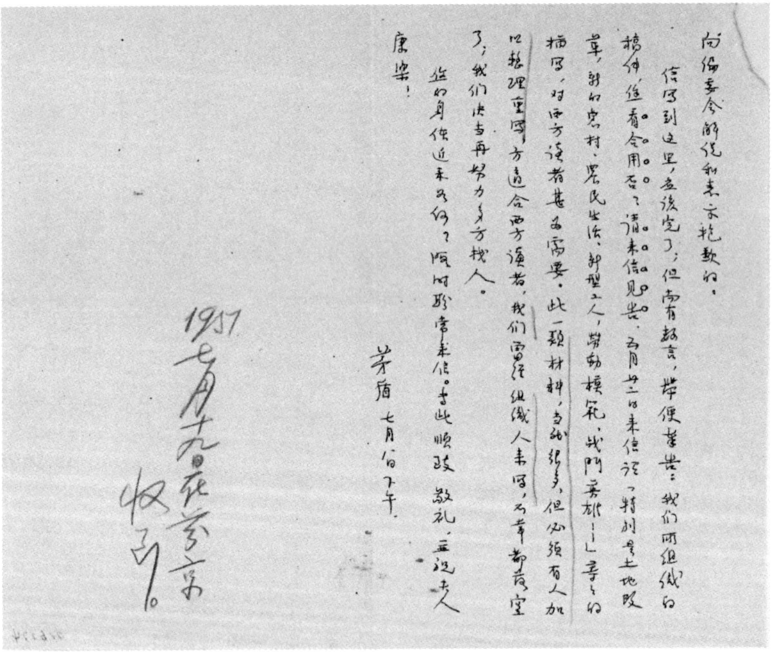
向编委会解说和表示抱歉的。

信写到这里，应该完了；但尚有数言，顺便奉告：我们所组织的稿件，您看合用否？请来信见告。五月廿二日来信说“特别是土地改革，新的农村、农民生活、新型工人，劳动模范，战斗英雄……”等等的描写，对西方读者甚为需要。此一类材料，当然很多，但必须有人加以整理重写，方适合西方读者，我们曾经组织人来写，不幸都落空了；我们决当再努力多方找人。

近日身体近来如何？阿姨都常来信。专此顺致 敬礼，并候夫人康乐！

茅盾 七月廿日下午。

1957 七月廿九日在北京收到。

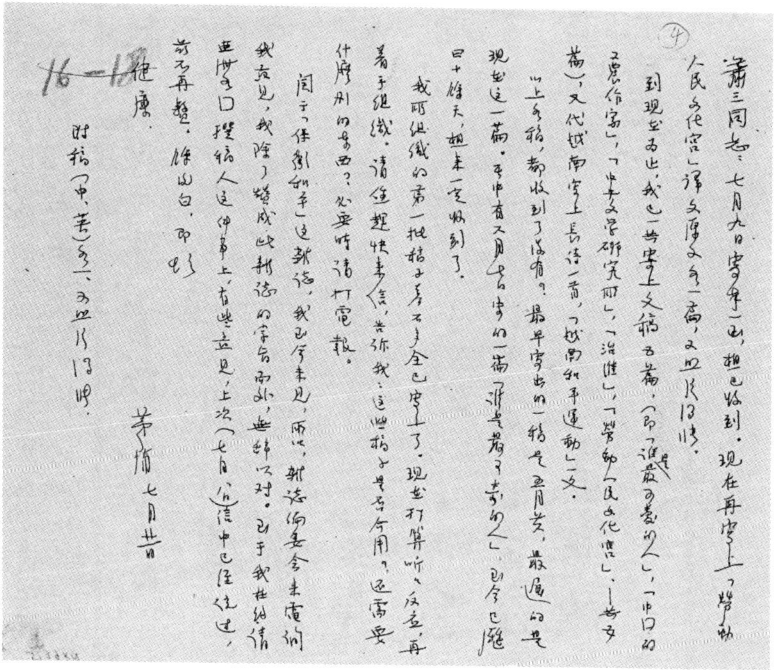
萧三同志：七月九日寄奉一函，想已收到。现在再寄上「劳动人民文化宫」译文序文一篇，又四月13時。

到现在为止，我已一共寄上文稿五篇。（即「谁是最可爱的人」，「中日的工農作家」，「中華文学研究所」，「治淮」，「劳动人民文化宫」、一共五篇），又代赵南寄上長诗一首，「赵南和平運動」一文。

以上文稿，都收到了没有？最早寄出的一稿是五月[illegible]，最近的是现在这一篇。其中有五月[illegible]寄的一篇「谁是最可爱的人」，已今已經四十余天，想来一定收到了。

我所组织的第一批稿子，差不多全已寄上了。现在打算听听反应，再着手组织。请您赶快来信，告诉我：这些稿子是否合用？还需要什么样的东西？必要时请打電報。

关于「保卫和平」这杂志，我已经看見，所以，杂志编委会来電询我意見，我除了赞成此杂志的宗旨而外，無話以对。至于我在编[illegible]委员会上，有些意见，上次（七月九日）信中已经说过，兹不再赘。储此自白，即頌

健康。

茅盾 七月廿日

附稿（中、英）各一，又四[illegible]13時。

16—18

◆ 茅盾致肖三

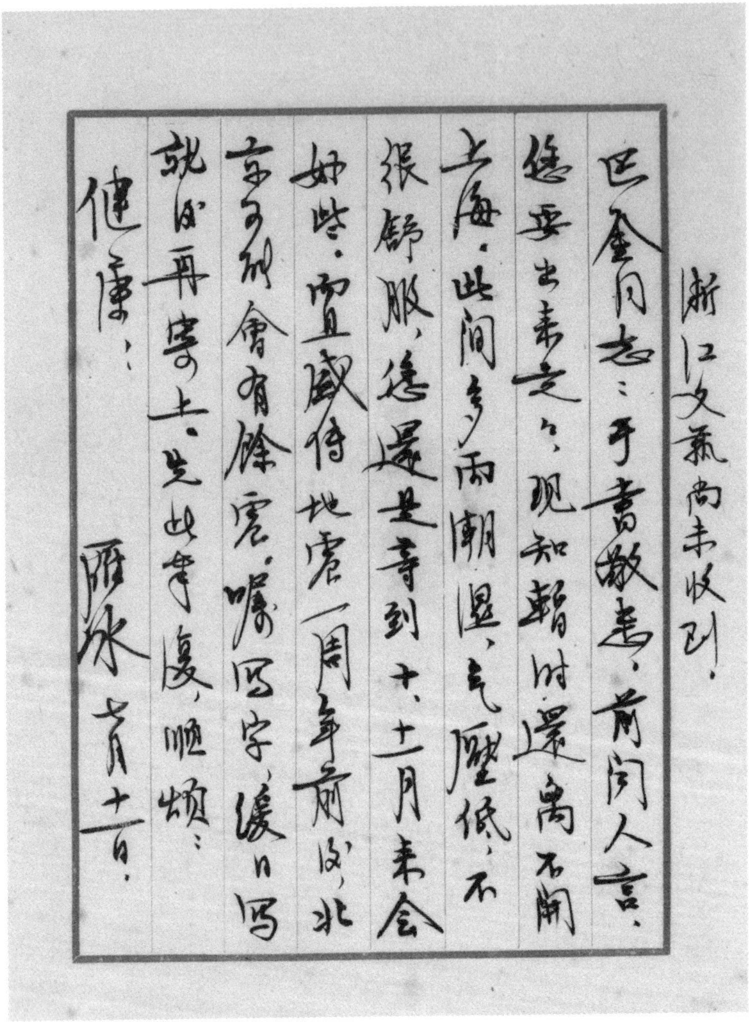
浙江文艺尚未收到。

巴金同志：手书敬悉。前闻人言，您要出来走走，现知暂时还离不开上海。此间多雨潮湿，气压低，不很舒服。您还是等到十、十一月来会好些。而且盛传地震一周年前后，北京可能会有余震。嘱写字，缓日写就了再寄上。先此奉复，顺颂

健康！

雁冰 六月十一日。

◆ 茅盾致巴金

目 录

茅盾存世最早的一封信，大谈“五四”时期大话题：妇女解放问题、家庭制度、恋爱与婚姻

——1919年11月16日致郭虞裳函解读

1919年11月16日，茅盾给郭虞裳写了一封信：

虞裳先生：

今天接到先生的信。我那篇《对于妇女解放问题的感想》，现在想去，简直是乱想。我那时有两个感想：一是根据滑德的话，以为女子解放原来是为社会进化，所以我杜撰的解放定义是不仅做到男女平权，社交公开，是要做成男女在社会上简直毫无二致，同为生产者，同为消费者。一是不取小家庭制，主张废家庭，因为小家庭制尚不能使女子都到社会上做个生产者。这两层我以为似乎有相通的地方。

我以为西洋式的小家庭有些毛病。譬如一夫一妇成立个小家庭，夫有事，妻也有事，家中便少不了一个女佣人，这是不经济，女佣人的工作又几乎可说是nonproductive labour，而且这女佣人也不好算是解放的。倘然不用女佣人，或用不起，那么，只好住寄宿舍了（boarding house）；住寄宿舍，在西洋风俗不算成立一个home，所以有许多人不喜欢，硬要创个家

庭，于是做妻的只好分一日的二、三小时管家务，因此绊住身子，不能到社会上同做生产者了。在男女分工上看，做妻的管管家务原不算倒楣，不过家家各有个妻受家务绊住身子，在社会经济上说来，实在不上算，何如组织公厨设立公共育儿所，用少数的劳力，做出多数的成绩呢；然而公厨等等，一定是没有了家庭制度之后，才可以大大发达。

所以我以为我们提倡打破大家庭之后，便欲提倡废去家庭制度；将来没有家庭（home），也没有什么叫家族（family），大家都是人，都是在同一社会中的人。社会即是大家庭，社会中各员，即是大家族，只有社会生活，没有家庭生活，社会生活即家庭生活。所以我以为将来不要现在怪噜苏的市房，一家有一家的门户和厨房；将来造房子的应该造客栈式的大厦，房间一样大小，夫妇共居一间或各居一间，这只是夜里歇歇用，一切游戏读书娱乐都可以公共。那时做妻子的更没有什么家务可管，自然可以个个都到社会上做生产者的了。

以上我的意见，和无治主义派相合，不过他们因此而谓婚姻制度可废，主张绝对的恋爱自由，我有些怀疑了。

我以为现在讲妇女解放，最宜先决者是儿童公育和公厨；儿童公育不就是育婴堂的变相，公厨也不就是包饭作的变相，这是要请旧派人晓得的。萧伯纳很主张儿童公育，不过他以为不健全的儿童，应当杀死，却又和别人不同了。

以上的话都是乱说说，先生以为怎样？还请见教。

上次的一篇感想，许多地方说的不爽不快，请您给我撕了罢，不好算数的。

沈雁冰

十一月十六日

◆ **解读：**

一、郭虞裳是徐志摩的密友

这封信是茅盾存世最早的一封信。

郭虞裳是“五四”时期四大副刊之一《时事新报》副刊《学灯》的主编，还是徐志摩的密友。

郭虞裳（1891—1971），原名传治，字虞裳，后以字行，上海人。郭虞裳早年在上海南洋中学及唐山路矿学校学习，1919年11月去英国留学。在英国期间，他曾经一度借住在徐志摩的家里。徐志摩的名文《我所知道的康桥》中写道：“初起我在离康桥六英里的乡下叫沙士顿地方租了几间小屋住下，同居的有我从前的夫人张幼仪女士与郭虞裳君。”作为徐志摩家的好友，郭虞裳还曾为徐志摩保密。那时，徐志摩每天早晨都要出去埋发，因为理发店对面的杂货铺是他收发信件的地方，他和伦敦的林徽因经常鱼雁往还。郭虞裳看在眼里，没有将徐志摩的这一秘密及时告知徐当时的夫人张幼仪。后来徐志摩干脆离家出走，前往伦敦找心上人去了。郭觉得单独跟张幼仪一起住太尴尬，才离开徐家。数年后，他才把徐志摩当年以理发为幌子偷着寄信的秘密告诉张幼仪（朱云乔撰：《张幼仪传：锦瑟年华谁与度》，工人出版社2015年版）。

郭虞裳之所以借住在徐家，可能跟张幼仪的二哥张君劢有关。

1916年4月，张君劢从欧洲回国，曾兼任《时事新报》主笔（有人说是总编辑）。年底，张君劢北上时，将主笔一职交给了张东荪。

郭虞裳曾于1919年7月27日继俞颂华出任上海《时事新报》副刊《学灯》主编，一直到这年11月中旬他因为要出国才推荐宗白华接替自己担任主编。据宗白华晚年回忆，郭虞裳不仅是《时事新报》副刊《学灯》的主编，还是《时事新报》的总经理，擅长管理和经营，不擅长文墨（邹士方执笔：《宗白华谈田汉》，载《新文学史料》1983年第4期）。宗白华在这篇访谈里还说：“这年9月，《时事新报》总编辑张东荪找我，聘请我接替郭虞裳担任该报文艺栏《学灯》的主编。”邹士方在《新文学史料》1984年第3期发表《对〈宗白华谈田汉〉的订正》一文，对宗白华的回忆做了三点“订正”。

其一，“《时事新报》负责人张东荪聘请宗白华编辑《学灯》是在1919年8月初，不是9月。”这一条没有任何问题。

其二，“宗白华编《学灯》时，郭虞裳仍是《学灯》主编，一直到这年11月中旬宗白华才接替郭虞裳担任主编。”邹士方用来改正宗白华的依据是：“1919年11月18日《时事新报·学灯》上有郭虞裳致沈雁冰的信，信的末尾说：‘这几天事情太多，打起精神，还忙不了。《学灯》编辑的事，现请定我最敬佩的朋友宗白华先生代理，以后《学灯》一定可加些光采了。”引文中所说这封信是郭虞裳给茅盾的回信。同一天，《学灯》也刊登了茅盾致郭虞裳的另一封信。邹士方根据茅盾这两封信来证明“一直到这年11月中旬宗白华才接替郭虞裳担任主编”，因为既然到了18日，茅盾和郭虞裳还在通信，郭肯定还是主编，宗还没有担任主编。如果宗已经是主编了，那么，茅盾应该转而跟宗通信了。当然，还有一个概率小到几乎可以忽略的可能：宗已经是主编了，郭虞裳虽然不再是主编，但降而为普通编辑，所以茅盾依然跟他通信。

再来细看邹士方要订正的宗白华的原话：“这年9月，《时事新报》总编辑张东荪找我，聘请我接替郭虞裳担任该报文艺栏《学灯》的主编。”这句话到底有没有问题，值不值得订正，那要看我们如何来理解这句话。邹士方的理解恐怕有点太简单直接，他想当然地以为，张东荪找宗时说要宗接替郭虞裳担任《学灯》主编，宗立即就当上了这个主编。事实应该是：1919年8月初之前，郭虞裳已经决定出国，并且已经告知张东荪自己准备离职，张当然要物色郭的后继者，这时他就找到了宗，而且预告他郭虞裳将离职，郭一离开，宗就接任主编。在郭正式离开之前，宗先以普通编辑的身份协助郭编辑《学灯》。从8月到11月这段时间，完全可以看作郭与宗两人之间的交接期、过渡期。“这几天事情太多”云云，当指他一边要准备出国诸多事项，另一方面要完成《学灯》编务的交接工作。所以，宗白华的说法没有问题，此处不需要订正。

郭虞裳和张君劢虽然在《时事新报》的工作时间都很短，郭只有4个月，张也只有8个月，而且在时间上还没有交叉，即两人并没有同时在《时事新报》供职。但《时事新报》的这段编辑生涯对他们的人生都影响很大。张君劢在主持报纸的笔政期间，讨伐袁世凯的态度无比坚决，言论也十分激烈，这使《时事新报》日益成为上海很有影响力的报纸，他自己也名噪一时。《学灯》是“五四”时期四大副刊之一，郭虞裳当编辑期间，遂与文化界人士广为接触。他对张君劢这位本报系的著名前辈应该是熟知甚至敬重的。而徐志摩跟发妻张幼仪闹离婚期间，张君劢恰好也在英国。据罗家伦在《忆志摩》一文中的追述：“志摩自己不敢和君劢说这件事，再三托从前《时事新报》的主笔郭虞裳和俞颂华两人去向君劢开口。”

郭虞裳被徐志摩所信赖乃至依赖可想而知。

二、所谈皆为“五四”时期火热的大话题

茅盾在信中谈的是“五四”时期火热的大话题：妇女解放问题、家庭制度问题、婚姻制度问题等等。

（一）关于妇女解放运动

茅盾存世最早的这两封信写作时间相隔仅仅两天。两者都于写作当天就发表在《时事新报·学灯》上。

茅盾给郭虞裳写信，谈的不是私人问题，而是时兴的公共话题。

在数千年封建制度的压迫和封建礼教的制约下，中国妇女长期受“三纲五常”“三从四德”“男尊女卑”“女子无才便是

德”等礼教的束缚，境遇悲惨，这使她们具有强烈或者潜在的革命性。“五四”一代革命思想家们引进西方最新的妇女观，尤其是马克思主义妇女观，来研究中国的妇女解放问题，迅速取得了轰动性效应。因此，有人说“五四运动是一次伟大的妇女解放运动。五四运动时期广大的中国妇女以前所未有的革命姿态，英勇地参加了五四爱国运动”［牛书成：《五四运动与妇女解放》，载《河南大学学报（社会科学版）》2004年第2期］。

作为“五四”时期思想界的风云人物，从1919年起，茅盾高调积极介入妇女解放问题的理论探讨热潮，发表了大量的文章，在信件里也是大谈特谈。据有学者统计：茅盾“在当时影响广泛的《妇女杂志》《民国日报·妇女评论》上发表有关妇女问题的文章、评论、译文多达五六十篇，从而形成了他妇女解放的思想理论”［张莲波：《论五四时期茅盾关于妇女解放运动的思想》，载《河南大学学报（社会科学版）》2005年第7期］。

茅盾这封信所展示的关于“妇女解放问题”的意见，有几点是张莲波文章中所没有特别关注到的，或者说论述不全甚至付诸阙如的。比如，茅盾连带论述了女佣人的劳动性质问题，这体现了他对底层民众的关心或忧思。“这女佣人也不好算是解放的”云云，说明他的妇女解放视野覆盖了包括女佣人在内的全体妇女。

（二）强烈的社会化思维与“毁家”设想

茅盾是杰出的“社会学家”，或者说是“社会”主义者。他对社会的方方面面有着浓厚的兴趣和细致的观察以及深刻的洞见，他的所有文学观一言以蔽之，与其说是以“人生”为主皋（他参与发起的“文学研究会”被称为“为人生”的现实主义文学流派），还不如说是以"社会"为宗旨。他热衷于从社会的角度去理解人，去解剖问题，去设想出路。他的小说里讨论妇女问题也时刻应用社会化的视野。他把妇女解放运动放在整个社会的进化过程中展开讨论。

茅盾认为："女子解放原来是为社会进化。"也就是说，一方面，我们之所以要谈妇女解放，是因为社会文明已经发展到这一步了。另一方面，妇女解放了，社会才会得到更加健康、平衡、全面的发展。

他把女子放在社会中，而不是家庭中，去赋予她们权利，或要求她们尽义务。他认为，作为生物人，或家庭人，男女有别；但作为社会人，即在社会上，男女"简直毫无二致，同为生产者，同为消费者"。在传统社会，或者说在传统社会的很多领域，女子只是消费者，而不是生产者；女子不生产社会产品，而只生产人；女子消费男子的生产成果，同时也被男子所消费，从而降格为商品。只有作为生产者，女子才能争取经济独立，只有经济独立了，才谈得上人格的独立，只有人格上独立了，才有资格谈男女平等。

张莲波替茅盾概括说："妇女解放运动不是要废除家庭……家庭是社会的基本细胞，妇女运动要求的只是改善家庭，把大家庭变为小家庭，使家庭不妨碍个人的自由。"即"五四"时期，茅盾似乎主张改善家庭，而不是废除家庭，尤其不要废除小家庭。但是，从这封信来看，张莲波的概括不无偏颇，或者说不符合茅盾当时的真实思想。

为了尽可能地社会化，关于家庭和家庭制度，茅盾不惜采取了激进的态度，即取消家庭（包括似乎是合理的小家庭）。

因为在家庭中，无论是传统的大家庭，还是现代的小家庭，妇女都受到家事所累，不能到社会上去做生产者，而只能在家里做消费者，充其量只能帮社会生产劳动者（人）。“所以我以为我们提倡打破大家庭之后，便欲提倡废去家庭制度；将来没有家庭（home），也没有什么叫家族（family），大家都是人，都是在同一社会中的人。社会即是大家庭，社会中各员，即是大家族，只有社会生活，没有家庭生活，社会生活即家庭生活。”总之是存社会灭家庭。这是“五四”时期有些学者对社会主义社会的真实设想。

为了实现人的高度社会化，茅盾还做了一些具体设计。比如，关于住房，他的设计是：“将来造房子的应该造客栈式的大厦，房间一样大小，夫妇共居一间或各居一间，这只是夜里歇歇用。”这就是后来中国许多集体宿舍的设计和分配制度的由来。再比如，为了让妇女摆脱看孩子、做家务的劳累，他力倡“组织公厨设立公共育儿所”。他强调“现在讲妇女解放，最宜先决者是儿童公育和公厨”。有了公厨，人们想吃饭时，只要去领取或购买即可。有了公共育儿所，家长只要早晚或周末接送孩子即可。这样，妇女可以把大量的时间精力解放出来，去生产，或者去娱乐，有利于她们自身的全面发展。

“五四”时期，激进的民主主义者对传统的家庭制度进行了猛烈的抨击。新式知识分子提倡废姓，抨击宗法家庭制度，批判大家族制度蔑视个人尊严、摧残个性发展。五四运动以后，中国一些地方的大家庭逐渐走向解体，难以计数的青年尤其是女青年挣脱家庭的锁链，走向广阔的社会空间。但是，许多人只是主张家庭改制，而不是直接取消家庭。所谓改制，就是由大改小，也就是改成所谓的“核心家庭”（nuclear family）——夫妻加上自己的孩子。茅盾敏锐而切实地注意到这样的家庭结构其实是不利于妇女解放的，因为妻子得照看孩子、从事家务。因此，他主张连小家庭都废除。这有他的道理和苦心，但这样的主张无疑是极为激进的。

在“五四”时期，这样激进的主张显得稀松平常。茅盾的这些说法不是他自己首倡的，而是附和了别人或前人的提法。康有为始作于1884年、成于1901—1902年的《大同书》（后发表于1913年康自办的《不忍》杂志）中说，宗族制度除了保障繁衍后代，对人类没有其他好处。所以他主张废弃家族制度，还说“去家界”是实现“大同社会”的必要条件。梁启超在《清代学术概论》中评论《大同书》说：“全书数十万言，其最要关键在毁灭家族。”可见，“毁家论”早在19世纪末20世纪初就在中国出现了。

“儿童公育”论则更早。在西方，柏拉图的《理想国》中已有此论之萌芽——要求儿童接受斯巴达式的集中训练，弱小的孩子就不该生存下去，因为他无法被培养为一个城邦的护卫者。萧伯纳完全继承了柏拉图的这一儿童教育思想。用茅盾在信中的话来说：“萧伯纳很主张儿童公育，不过他以为不健全的儿童，应当杀死。”显然，茅盾是不同意这种带有丛林法则的杀童观念的。

在中国，早在1845年，洪秀全写下的《原道救世歌》中就提到，儿童、老人及残疾者，由社会公养。康有为在其《礼运注》（康自称成书于1884年，发表于1913年的《不忍》杂志）中提出“人人教养于公产而不恃私产”，儿童更是要公养。

不过，茅盾在“五四”时期关于妇女解放的思想还没有达到极端激进的程度，即他虽然提倡废除家庭制度，但不同意废除婚姻制度，不主张绝对自由的恋爱、绝对放任的感情。这体现了他清醒和理性的一面。

（三）毁家而不废婚

“毁家”和“废婚”经常被同时提出，因为婚姻和家庭在大多数情况下都联袂出现，相互之间有着千丝万缕的联系。结婚自然就组成了家庭，没有婚姻，何来家庭？同时，家庭是婚姻的港湾和保障。

康有为在乌托邦气息浓厚的《大同书》中就阐述了“去家废婚”的理论：既然佛法求脱痛苦时要求“出家”，不如使人“无家可出”；既然家庭肇始于婚姻，“去家”就得“废婚”。康有为同时于书中提出“交好之约”论，即男女自愿定约，最长不超过一年，最短不少于一月，不得有夫妇之名，妇女不从夫姓，删除所有从夫限禁，所生子女由公家养育为“世界之天民”。

到了“五四”时期，“毁家”和“废婚”成了个人主义思想和妇女解放运动的两面旗帜。当时，不少有识之士揭露与抨击旧式婚姻和家庭制度，有一些激进分子把任何婚姻制度均视为束缚人类自由的羁绊，从而欲除之而后快。其中，以无治主义派最有影响力。此处“无治”不是庄子的“无为而治”（有政府而无为），而是“无政府主义”（Anarchism）。

无政府主义是“五四”时期最激进也最蛊惑人心的外来思潮之一种，他们要求废除一切组织和制度，其中当然包括家庭和婚姻制度。比如，刘师复是中国无政府主义的集大成者

（理论与实践都很彻底），其在辛亥革命以后不久曾专门写了两篇文章：《废婚姻主义》和《废家族主义》。其中，《废婚姻主义》中说：“婚姻制度无非强者欺压弱者之具而已。……夫妇者本以感情相结合，今乃设为名义，互相牵制，尚何爱情之可？言既非爱情，即为强制，夫妇出于强制，则又何贵其为夫妇耶？……两人之爱情，苟其互相胶漆，永无二心，则虽无夫妇之名而恋爱自由，亦可相其白首，此岂非男女之美谈，又何必藉婚姻以牵制。”而且，他认为“家族之起源，由于婚姻”。所以，“毁家”必须先“废婚”，“废婚”乃“毁家”之根本。“故废婚姻，所以去家族之根源，废族姓，所以泯家族之界域。二者相为表里者也。”

1912年，刘师复与妹妹及女友在内的身边几个理想主义者一起建立“心社”，提出“十二不”的戒条，其中就有“不结婚”一条。

1914年7月，刘师复在上海发起成立无政府共产主义同志社时，即宣告：“本自由平等博爱之真精神，以达于吾人理想之无地主，无资本家，无首领，无官吏，无代表，无家长，无军长，无监狱，无警察，无裁判所，无法律，无宗教，无婚姻制度之社会。”

刘师复是这么说的，也是这么做的。他严格坚守着自己的信条，与志同道合的丁湘田女士同居，不举办婚礼，从而废除婚约。当时他们相互的称呼是“爱人”。

“五四”时期的无政府主义团体达七十余个。跟刘师复一样，绝大部分无政府主义者一直主张废除婚姻制度，提倡男女自由结合。而茅盾只同意他们的废除家庭论，却不同意他们的废除婚姻论。

“不擅长文墨”的郭虞裳不仅与茅盾相互书信往还讨论有关问题，还把他俩之间的通信及时刊登在《学灯》上，由此可见，他俩都是把信当作“准文章”来写。当然，在文风和文体上，信件比正儿八经的文章更加灵活、随意。郭虞裳给茅盾这封信的回信中，问茅盾为何“毁家”而不“废婚”。

在18日复郭虞裳的信中，茅盾答以理由：“我以为家庭制度不靠婚姻制度而存在，我们一方面尽管无家庭，人人视社会是家庭，一方面仍有婚姻制度、夫妇名义；不过，婚姻制一定要极简极听人自由，夫妇名义要不碍男女两方的自由意见和行动。比如有两个男女，是夫妇了，他们不立门户，只住在一家旅馆里，男女各有事做……”

也许，茅盾当时以为，家庭是对个人自由的束缚，而婚姻不是。为了保障婚后的个人自由，他极力要把家庭撇出去，硬要把家庭和婚姻分开。事实上，这种“分”当然没有无政府主义的“合”更具有现实合理性。后来的历史事实证明，家庭和婚姻都没有被废弃。因此，恐怕连茅盾自己当时都有点不太相信，尽管他说“我们在已往的婚姻制度夫妇制下混得久了……因而觉得这两者是和家庭制相连不可分罢了”，但他马上有点不自信地问郭虞裳：“尊见以为怎样？”

“少取讽刺体的及主观浓的作品”

——1920年12月31日致周作人函解读

启明先生：

二十七日手书敬悉，尊体已大好否，敬念。（中略）先生论翻译古典文学的话，我很赞同。系统介绍这个办法，在科学和哲学方面，诚然是天经地义，而在文学方面，似乎应当别论；我现在仔细想来，觉得研究是非从系统不可，介绍却不必定从系统（单就文学讲），若定照系统介绍的办法办去，则古典的著作又如许其浩瀚，我们不知到什么时候才能赶上世界文学的步伐，不做个落伍者！思想方面的弊害，姑尚不说呢。而且古典文学的介绍，所需时日人力，定比介绍近代文学为多，先生所说现在人手不够，这是我们现在实在的情形……（中略）

先生说我们应该有个分别：分别那些是不可不读的及供研究的两项，不可不读的，大抵以近代为主。我以为这个办法，虽然又欲被某派人骂为包办，然而确是很要紧的事。我们很可找几个人合编定这门一个目录。而我个人的意见：以为不可不读中，还是少取讽刺体的及主观浓的作品，多取全面表现的，普通呼吁的作品。我目下很不大相信文学作品要分什么主义不主义，但是有些文学作品，能叫读者起一种相反的（与作家本意相反）感动，那是确有几分可信，不是无稽的事。似乎讽刺体及主观极浓的作品，都有向这个弊害的倾向。安得列夫的著作，我是倾倒的，然而其中如“Souoo”如“The Black Masks”如“The Wall”如“The Governor”等，我都以为给现在烦闷而志气未定的青年看了，要发生大危险——否定一切。新成英译之“Satan's Diary”我亦佩服他做的好极，然而不愿译他出来；萧伯纳的讽刺体我先前极欢喜的，现在也有些不愿多译。以我个人的见解说来，萧的著作愈好的愈有安得列夫的面目，反是他的少作，极端提倡反屏社会主义时的著作，能振兴人精神。《人及超人》第三幕遍批各种社会主义，文章是绝好的，然我也嫌太蹈入虚空；和《人及超人》相象的罗兰之“*Liluli*”我也不很满意，虽然我是极欢喜罗兰著作的。此外如阿支拔绥夫的著作，自然是绝好的文章；但我很恭维他的革命短篇小说和“The Workingman Thevyrev”［鲁迅先生已译的长（短）篇小说工人是否即为此篇？想来必是的］和“The Millionaires”等短篇，又如“The Women that Stood Between”我也喜欢，并主张翻译的；但如“Sanin”，我就不以为然，《沙宁》内肉的唯我主义唱得那么高，恐在从来不知有社会有人类的中国社会中，要发生极大的不意的反动。自然这种思想也是代表人类某时期的自然的倾向，其原因——发源——是在社会的背景，我们不能怪安得列夫和阿支拔绥夫，然而我们若把来翻译，未免欲和翻译古典一样，使人迷惑，我们中国社会现状如竟欲发生这种的思想，我们诚然无力阻制，但在这观念未明了的时候，我们似乎不该说他出来，反使人明了。我相信：个人的无政府主义的思想，自然早在斯丁纳做“The Ego and His Own”之前，一片一段地在人类生活中存伏着；但自从斯丁纳把这一片一段的归束拢来，写成一本书，这可把不明了的个人无政府主义思想，变成明了的主义，就是素来不感着这思想的人们，见了这本书，自然而然要深深地印下一个痕；而且欲随时发出来了。我因为是这样相信的，所以曾说新浪漫主义的十分好，这话完全肯定的弊端，我也时时觉着；现在我个人的意见，以为文学上分什么主义，实是多事，我们定目录的时候，自然更可不分了，唠唠叨叨说得很多，而且是极杂乱的，请先生莫笑他稚气的利害！

沈雁冰

一九二〇年最末日

◆ **解读：**

茅盾与周氏兄弟交往甚密，最初是通信，因为茅盾在上海，而周氏兄弟在北京；与周作人通信更早（此信就是目前所

◆ 周氏兄弟

◆ 周作人

见最早的一封）；那时，茅盾与鲁迅的远程交流也常常通过周作人这个“中介”。从1921年4月开始，茅盾才与鲁迅直接通信，其频率当年就超过了与周作人的通信，“平均每5天就通一次信”（钟桂松著：《茅盾传》，东方出版社1996年版）。

茅盾与周作人之间鱼雁往还的频率曾经也相当高，有时候相隔不到10天乃至5天左右就修书一封，考虑到当时北京和上海之间邮寄书信路上所需要的时间大概也要5天，因此，可以说是收到对方复信之后马上又复信，甚至对方还没有收到时，就又连发一封。比如，本信写于1920年12月31日，转过年，元月7日，茅盾又给周作人修书，相隔仅7天。又如，1921年8月3日和11日（相隔仅8天），茅盾曾连着给周作人写信。

两人通信之所以如此急（尤其是周作人），是因为当时两人都是书简家，好用书信与人交往，不仅把写信看作是交流信息的工具，而且还有把书信作为文章来做的倾向。1933年4月17日，周作人给北新书局老板李小峰写了关于编辑出版《周作人书信》一书的信，这封信后来作为此书的“序信”。其中他说：“这集里所收的书信共二十一篇，或者连这篇也可加在里边，那还是普通的书信，我相信有些缺点都仍存在，因为预定要发表的，那便同别的发表的文章一样，写时总要矜持一点，结果是不必说而照例该说的话自然逐渐出来，于是假话公话多说一分，即是私话真话少说一分，其名曰书，其实却等于论了。”他喜欢在书信中讨论问题，茅盾也是，在早期书信中尤其如此，也因此，他们往往喜欢在报刊上像发表新闻稿一样地发表他们的书信。

两人的来往书信留下来的不算多，茅盾写给周作人的只有十多封，这些信基本上写于他负责编辑《小说月报》期间，是编者与作者（译者）之间的沟通。周作人可能是把这列入工作（公务）的范畴，他没有选择将所有的信件予以公开发表，“只取其少少有点感情有点事实，文句无大疵谬的便行，其办理公务，或雌黄人物者悉不录”，但两人所讨论的又是非常专业的外国文学话题。他们的文学视野极为开阔，普通读者望尘莫及。茅盾谈论的是当时国际上时行的作家作品，迄今已有百年，虽然不能说那些作家已经“过气”，但当代中国读者恐怕连某些作家的名字都闻所未闻。这给解读带来困难。

还有一个困难是来自语言。在中国现当代史上，有两个时期兴盛过“外语崇拜”。那就是“五四”时期和1980年代。在那两个年代里，人们（尤其是在都懂外文的人们中间）说话写字，喜欢夹杂外文。

反过来说，茅盾给周作人的这些书简，无论长短，大部分都有非常大的阐释空间。

那么，茅盾在本信中提到了哪些外国文学作品？茅盾为何要提到它们？对它们又有何评价？

一、安德列耶夫及其作品

“安得列夫”，即列昂尼德·尼古拉耶维奇·安德列耶夫（Leonid Andrejev，1871—1919），俄国小说家、剧作家和翻译家，莫斯科大学法律系毕业，曾任《俄罗斯意志》报文学栏主笔，公开敌视十月革命，但其所作同情小人物的作品受到高尔基的欣赏。1917年，他侨居芬兰，两年后，即1919年9月，正当他想去美国时，却因心脏麻痹症猝死于赫尔辛基。

20世纪头一个十年是安德列耶夫创作的全盛时期，先后发表《沉默）（1900）、《墙》（1901）、《马赛曲》（1903）、《省长》（1905）和《七个被判绞刑者的故事》（1908）等一系列著名短篇小说。他还写了许多剧本，其中《向星星》（1905）、《人的一生》（1906）、《饥饿国王》（1907）和《黑色面具》（1908）等，曾轰动一时。鲁迅、周作人都颇为推崇他。

茅盾在信中提到的主要就是他这个时期的作品。如短篇小说《沉默》（茅盾根据英文标题“Souoo”音译为“萨瓦”，恐怕是并不真正了解的缘故）、《墙》和《省长》，以及剧本《黑色面具》（茅盾译为《黑面人》也是有问题的，因为“Mask”的意思不是“面”，而是“面具”）。另外，他还特意提到刚刚推出英文译本的安德列耶夫的《撒旦日记》（又译《魔鬼日记》）。

《撒旦日记》既是安德列耶夫的一篇短篇小说名，也是中短篇小说合集的名字，此处茅盾说的应该是合集，共收录了其在1900年至1919年间创作的九篇小说（以小说《撒旦日记》殿后）。直到2006年9月，才由新星出版社出版此书的中文版。

茅盾如此关注并熟悉安德列耶夫，可能就是因为受到了周氏兄弟的影响。赵稀方在《论“五·四”时期的翻译》一文中说：“自加入《新青年》以后，茅盾受到周氏兄弟的影响，开始将翻译对象逐渐集中于俄苏文学与弱小民族文学。”安德列耶夫是那时公认的俄苏文学代表之一。

早在1909年编、译《域外小说集》的时候，鲁迅就开始关注安德列耶夫（他译为“安特来夫”），选译了他的两个短篇，即《谩》和《默》。

在《域外小说集》的译者注解中，鲁迅说安德列耶夫“其文神秘幽深，自成一家”。这种文风曾让鲁迅长久沉迷，直到1921年，他又翻译了安德列耶夫作于1900年的短篇小说《暗淡的烟霭里》。在写于9月8日的《译者记》中，鲁迅概括说：“他有许多短篇和几种戏剧，将十九世纪末俄人的心里的烦闷与生活的暗淡，都描写在这里面。”

安德列耶夫对鲁迅影响颇大，“神秘幽深”不就是鲁迅早年的笔调吗？“心里的烦闷与生活的暗淡”不就是鲁迅早期的情调吗？《狂人日记》是典型的具有这种笔调和情调的小说，“一直被认为是受果戈理（Nikolai Gogol）、迦尔洵（Vsevolod Garshin）、安德列夫（Leonid Andrejev）等俄国作家的影响”。

周作人对安德列耶夫也很重视和熟悉。1920年11月30日晚间，他在燕京大学做演讲，题为“圣书与中国文学”。几乎同时，他把此演讲稿寄给了茅盾，茅盾如获至宝，马上把它发表在1921年1月《小说月报》（12卷 1号）上。在讲稿中，他引用了安德列耶夫的话：“我们的不幸，便是在大家对于别人的心灵、生命、苦痛、习惯、意向、愿望，都很少理解，而且几于全无。”

茅盾对安德列耶夫著作的态度是矛盾的，对其作品在青年心理上可能的影响是高度警惕的。他说他对安德列耶夫的著作是倾倒的，但不敢认同安德列耶夫之“否定一切”的倾向，这种倾向对青年人来说是危险的。因此，他不愿意像鲁迅那样多年坚持翻译安德列耶夫的著作。这显示了他跟鲁迅在文学观念上的不同。他比较重视社会化的价值判断，更强调文学要对社会起到正面引导的作用，信中所言“多取全面表现的，普通呼吁的作品”，说的也是这个意思（此处，“普通”的实义应该是“普遍”）。而鲁迅由于早年深受尼采影响，更看重个人，不惜以个人否定社会的视角来立言。

二、萧伯纳及其《人与超人》

茅盾之所以在这封信中提到萧伯纳，主要是因为联想和类比的思维在推动着他的笔。安德列耶夫的著作他有所不译，萧伯纳的也是，因为“萧的著作愈好的愈有安得列夫的面目”。

那么，萧伯纳也有否定一切的面目吗？他认为，一切理想都是幻觉，是偶像崇拜，因而是虚假的。理想主义者信奉并追随虚假的理想，将其绝对化，制造出一种自欺欺人的神话，掩饰或拒绝面对生活的真相。作为现实主义者，他经常用现实教训或者否定理想，但作为批判现实主义者，他连现实也否定。

萧伯纳的否定思维往往以讽刺的手法出之。而茅盾这段文字，举了多位作家的多篇作品，就是为要在相当程度上否定“讽刺体”，所谓“少取讽刺体的及主观浓的作品”。对于讽刺体作品，他有一个从感性的喜欢到理性的压抑阅读快感的过程，他说“萧伯纳的讽刺体我先前极欢喜的，现在也有些不愿多译”。他所不愿翻译的似乎是两类作品——否定的和讽刺的。然而，通过上面的分析，我们可以得出两者实际上是二合一的关系。我们要特别注意“不愿”二字，这显示了青年时代的茅盾已经具有自我克制的能力和权衡选择的意识。

茅盾把“极端提倡反屏社会主义时的著作”称为萧伯纳的“少作”，并说那些作品“能振兴人精神”。他为何这么说？

“反屏”是“Fabian”的音译（这个发音显然带有吴方言的特色，在吴方言中，“屏”不念“ping”，而念“bing”；后来，通译为“费边”）。“反屏社会主义”（Fabian Socialism）也简称为“费边主义”（Fabianism），是社会主义思潮的一支，19世纪后期流行于英国，主张采取渐进措施对资本主义实行改造。这是英国费边社（Fabian Society）的政治纲领。费边社是由韦伯与萧伯纳等共同创立的。费边社会主义的思想首先表现于1884年萧伯纳撰写的《费边宣言》。萧伯纳主编的《费边社会主义论文集》于1889年出版，标志着费边社的思想成为一套理论体系。

萧伯纳生于1856年，1889年他才33岁。在那之前，萧伯纳写的基本上是长篇小说，曾经遭遇过5部长篇小说被60家出版社拒绝的窘境。这些小说之所以没有出版社愿意出，是因为这些小说比他的费边主义要激进得多，对资本主义社会进行了尖锐的批判和无情的嘲弄。也许，正是这样的批判和嘲弄让青年茅盾觉得振奋。诚如是，那么，茅盾所谓的萧伯纳的少作就是那些一开始命运不济的小说。

《人与超人》（*Man and Superman*，1903）是萧伯纳的一部四幕哲理喜剧。Superman这个单词是萧伯纳从德语中的Übermensch一词翻译过来的。尼采在1883年的《查拉图斯特拉如是说》中首次使用这个词，来表示"一个胜过基督教传统道德观、能够创造独属于自己的价值观的未来理想优秀人士"的概念。于此可见萧伯纳之受到尼采的影响。不过，他同时也在吸收叔本华的思想。《人与超人》描写了青年男女泰纳尔与安的爱情故事。泰纳尔是革命者的代表，思想激进，机智善辩，专门写了本《革命者手册和袖珍指南》。他是安的监护人之一，安被他的"克里斯玛"（领袖气质）所吸引，有意追求他，他发觉后逃到了西班牙。但安追随而至，最后泰纳尔不得不屈服。安代表的"生命力"制服了泰纳尔代表的"革命意志"。萧伯纳意义上的"生命力"是叔本华的"生命意志"和尼采的"强力意志"的结合，当然所向披靡。

从1889年（严格说起来是1888年）开始到1992年，是萧伯纳的过渡期，或者说戏剧创作的准备期（主要的工作是研究戏剧，尤其是易卜生的戏剧）。1992年他始作戏剧，他的戏剧是对小说的否定，给他的生涯和思想都带来革命性的变化，或者说由改良倾向于革命了。他在小说中用社会主义理论批判资本主义的现实，他在戏剧中则正如茅盾所说“遍批各种社会主义”。茅盾所看重或者说倚重的文学观念是批判现实主义，萧伯纳的《人与超人》等戏剧作品是对批判的批判，原来批判的对象被悬空了，或者说基础被挖走了，因此茅盾认为，萧伯纳的创作由振奋人心，蜕变为“蹈入虚空”。萧伯纳的戏剧之所以给人蹈空的感觉，还有一个原因，那就是“观念先行”，或者说人物形象的塑造和情节的展开，都是为他的某个观念服务的，围绕着他的观念展开的。这观念，跟现实比起来，当然显得“空”。

在茅盾提到这部作品6年之后（即1926年），上海启明书局出版了由蓝文海译述（不是翻译，大约相当于我们平常说的“编译”）的中文版，在当时没引起多大的反响。在那时的中国语境中，人们普遍期待的或者说要求的是“实”的文学，“虚”的因为不合时宜而被冷落。

三、罗曼·罗兰之 *Liluli*

茅盾的笔继续着联想之旅，由萧伯纳的戏剧联想到了罗兰的戏剧。

罗兰指的是罗曼·罗兰（Romain Rolland），*Liluli*指的是他的戏剧作品《利露莉》。

与1913年泰戈尔获诺贝尔文学奖一样，1915年罗兰获奖也在中国引起了文学界的广泛关注（1925年萧伯纳获得诺奖，在中国引起更热的追捧，尽管他自己一接到喜讯就把奖金捐了，因此也就没去瑞典领取），消息传到中国，立即引起热烈反响，“据现已发现的史料，我们知道在1916年10月上海出版的进步刊物《新青年》第2卷第2号的《通讯》栏内，最初提到了罗曼·罗兰的名字”（戈宝权著：《罗曼·罗兰和中国》，载《中外文学因缘——戈宝权比较文学论文集》，北京出版社1992年版）。

茅盾应该也是在那时开始阅读与罗兰有关的英文资料的，此后几年他对罗兰的兴趣有增无减。写这封信的时候，应该是兴趣最浓、研究最深的时候。在下一年（1921年），他就展示了自己的研究成果——在自己主持的《小说月报》之“海外文坛消息”栏目中，连续发表了3篇专门介绍罗兰的文章，即第12卷第1期上的《罗兰的近作》、第12卷第4期上的《罗兰的最近著作》和第12卷第7期上的《两本研究罗曼·罗兰的书》。

在《罗兰的近作》中，他又提到*Liluli*：“法国大文豪罗兰在战后的著作，有一本剧本唤作*Liluli*，出版已久，这篇是讽刺剧，多讽刺欧洲各国的外交政策，而且也高唱非战的论调。这是已有英译的了。”“他的那部*Liluli*自然很有人称赞他，但法国人诋毁他的，也很不少，理由是：这种讽刺的格调把罗兰描写美好天真的本领抹倒，徒见其粗直了。”

茅盾在给周作人的信中一方面说他极喜欢罗兰的著作，另一方面又对《利露莉》不很满意。信中说的理由和他不喜欢《人与超人》相似，那便是这部作品中富含的讽刺意味。那么，《利露莉》讽刺的是什么呢？按照茅盾的说法，是“多讽刺欧洲各国的外交政策”。欧洲的外交政策为什么就不能讽刺了呢？如果说他是因为不喜欢萧伯纳的讽刺体而连带着不喜欢其他作家包括罗兰的讽刺体，如果他是为反对讽刺体而反对，那么，这是否就有点冤枉罗兰了。

四、阿支拔绥夫的著作

茅盾在信中提到了阿支拔绥夫（又译阿尔志跋绥夫）的4篇作品：*The Workingman Thevyrev*（《工人绥惠略夫》）、*The Millionaires*（《百万富翁》）、*The Women that Stood Between*（《站在中间的女人》）和*Sanin*（《沙宁》）。

或许是周作人向茅盾提到过鲁迅翻译了《工人绥惠略夫》，但由于茅盾当时还没有跟鲁迅直接联系，也没有看到鲁迅的译本，所以在这封信中设问道：“鲁迅先生已译的长（短）篇小说工人是否即为此篇？想来必是的。”“工人”即《工人绥惠略夫》的简称。茅盾在写这封信时，鲁迅确实已于稍早时候（1920年10月）译就阿氏的这篇作品，这既不是长篇，也不是短篇，恰恰是中篇小说。这是鲁迅自德译本转译的，旋即交给茅盾，最初连载于1921年7月至12月《小说月报》第12卷第7号至第12号。

作为《工人绥惠略夫》等阿支拔绥夫的作品的译者，鲁迅是推崇他的。在《译了〈工人绥惠略夫〉之后》（写于1921年4月15日）一文中，他说：“阿尔志跋绥夫是俄国新兴文学典型的代表作家的一人，流派是写实主义，表现之深刻，在侪辈中称为达了极致。”“写实”和“深刻”是鲁迅崇尚的文学理念，也是茅盾所心仪的。他对阿支拔绥夫大感兴趣，在某种程度上说，可能也是受到了鲁迅的影响。

茅盾说的*The Millionaires*（《百万富翁》）应该是*The Millionaire*，*Millionaire*应该是单数，全世界关于百万富翁形象的小说都以单个百万富翁为主要人物，而不是数个。此书指的应该是阿支拔绥夫作品的第一个英译本，这是他的三篇小说构成的合集，另两篇是《伊万兰德》（*Ivan Lande*）和《妮娜》（*Nina*），本书由B.W. Huebsch出版公司于1915年推出。这个出版社活跃于20世纪初的纽约，也是最早在美国出版詹姆斯·乔伊斯作品的机构。

《沙宁》是曾经掀起过舆论轩然大波的作品，因为它主要写的是性欲。鲁迅在《译了〈工人绥惠略夫〉之后》一文中对此有精练概括：

> 主人公赛宁说：“我只知道一件事，我不愿生活于我有苦痛。所以应该满足了自然的欲求。”
>
> 赛宁这样实做了。
>
> 这所谓自然的欲求，是专指肉体的欲，于是阿尔志跋绥夫得了“性欲描写的作家”这一个称号，许多批评家也同声攻击起来了。
>
> 批评家的攻击，是以为他这书诱惑青年。

跟许多批评家类似，此处茅盾在对阿支拔绥夫前面三篇作品表示喜欢之后，对这一篇也表示“不以为然”，他说：“《沙宁》内肉的唯我主义唱得那么高，恐在从来不知有社会有人类的中国社会中，要发生极大的不意的反动。自然这种思想也是代表人类某时期的自然的倾向，其原因——发源——是在社会的背景，我们不能怪安得列夫和阿支拔绥夫，然而我们若把来翻译，未免欲和翻译古典一样，使人迷惑……"

或许是因为涉及国人当时难以启齿的性欲话题，这几句话的语义有点绕，甚至含糊。大概有这么几层意思：

1.《沙宁》高调宣扬肉欲，而且是"唯我主义"的肉欲。

2. 肉欲主义也好，唯我主义也罢，首先都是"自然的倾向"，所谓"食、色，性也"，所谓"人不为己，天诛地灭"；其次，要了解其之所以发生，也要看"社会的背景"，即肉欲主义和唯我主义也是某些社会因素导致的。

3. 作者写这样的作品在主观上诚然情有可原，但从客观社会效果上说，恐怕避免不了"诲淫"的嫌疑，在中国社会中，可能"要发生极大的不意的反动"——年轻人读了之后，会情不自禁，骚动不安，从而破坏社会的正常秩序。因此批评家不能提倡它，翻译家也别翻译它。茅盾在此似乎更强调中国社会心理的特殊性，比起俄罗斯，更无法容忍肉欲主义的文学作品。

出于维护传统道德和社会秩序的考虑，茅盾在此不认可阿支拔绥夫，和前面他不认同安德列耶夫用意是一样的，即以防"烦闷而志气未定的青年看了，要发生大危险——否定一切"。他能理解他们的写作动机，但却无法原谅他们的作品可能产生的社会效果。关于文学的价值，茅盾显然更看重的是社会效果，而不是写作动机。

如果对比一下鲁迅对《沙宁》的态度，是非常有意思的，也可以看出两人文学观的差异。

笔者不知道鲁迅是否看到过或听周作人谈起过茅盾的这

封信，当时周氏兄弟同住八道湾的四合院里，关系亲睦，关键是，当时鲁迅与茅盾的联系是通过周作人进行的，因此，鲁迅看到的可能性是很大的。

鲁迅的《译了〈工人绥惠略夫〉之后》一文的写作时间，比茅盾写此信晚四个半月。文中鲁迅对《沙宁》的评论仿佛是在回应茅盾，当然，也可以说是在回应茅盾所附和的其他众多批评家（主要是俄罗斯主流社会的）。

鲁迅对《沙宁》的理解比茅盾更全面、清晰，也更深刻。茅盾说这部作品的主题是肉欲和唯我，“肉的唯我主义”这样的说法可能是指两者之间有内在联系。鲁迅更看重这两个主题后面的政治背景和政治内涵，强调主人公这个形象的客观性、社会性和典型性。

他认为，阿支拔绥夫之所以把《沙宁》的主题集中于性欲，把主人公塑造成一个纵欲的青年，是因为沙宁是当时俄罗斯许多青年的典型；而俄罗斯青年之所以普遍采取纵欲的人生态度，是因为他们在政治上的失意。他先引用了阿支拔绥夫本人的辩解：“这一种典型，在纯粹的形态上虽然还新鲜而且稀有，但这精神却寄宿在新俄国的各个新的、勇的、强的代表者之中。”继而，鲁迅自己为阿支拔绥夫辩解道：“性欲本是生物的本能，所以便在社会运动时期，自然也参互在里面，只是失意之后社会运动熄了迹，这便格外显露罢了。阿尔志跋绥夫是诗人，所以在1905年之前，已经写出一个以性欲为第一义的典型人物来。”

关于“唯我主义”，鲁迅阐释得就更加透彻了。他说：“这书的中心思想，自然也是无治的个人主义或可以说个人的无治主义。”也就是说“唯我主义”的内涵交织着个人主义和无治主义（无政府主义）这两大汹涌一时的思潮。无政府主义是一种强烈的政治主张，当个人主义跟无政府主义结合时，也打上了鲜明的政治思想的印记。茅盾把这两者的结合归结为一个词组，这便是下文中重复说的“个人无政府主义”，显然茅盾也了解到“唯我主义”所蕴含的政治色彩。

总之，鲁迅不仅理解阿支拔绥夫的创作背景和创作动机，而且从政治现实的角度为《沙宁》以肉欲和唯我为主题表示理解，进而展开辩解。当然，他的辩解并非完全向着作者，他并不认同主人公的消极人生观。他说：“这一种倾向，虽然可以说是人性的趋势，但总不免便是颓唐。”

鲁迅之所以会为《沙宁》这样看似惊世骇俗、大逆不道的主题进行辩护，是因为他不太在乎更谈不上要维护既有的道德观念和社会秩序。这便是1920年左右他跟茅盾的思想差异。

对“被损害的民族文学”的接受：茅盾与鲁迅的观念和心态有所不同

——1921年7月5日致周作人函解读

启明先生：

顷奉七月二号手书。先生已译出之波兰小说拟在《新青年》发表欤，抑尚未寄，可就与《小说月报》发表否？第八期只有犹太宾斯奇的短剧一篇，如先生译的波兰小说能惠下，更好了。

捷克小说，我尚未得到，三月前见告白，立即写信去买，但至今未到：二号《小说月报》的介绍短短的，是抄了纽约《太晤士书报周刊》上的介绍话的，想来不久总可以得到这部书了。据同书坊所出的《新希腊短篇小说》上后面的告白说，续拟出者还有巨哥斯拉夫小说等，然至今未见广告，想来还没有出。至于捷克童话集两本则去年秋就已买到，可惜代不了。德国介绍外国文学似乎无论什么地方都比英美多些。我非常想学德文，但为工作所梗，年来屡试而不成功；下半年舍弟泽民要进上海同济的德文预备科去，专攻一年德文；据说一年本可以通的，但到底也欲到将来看哩。

说了许多空话，好笑。顺颂

健康

弟　沈雁冰

（一九二一年）七月五日

◆ **解读：**

一、关于外国文学译介的“弱国模式”

茅盾在1920年底接手《小说月报》编辑权之后，就预定1921年3月出“俄国文学专号”，希望从周作人那里得到更多关于这个主题的稿子。1921年1月7日，茅盾给周作人写信说：“第三号俄国文学号相差只有一月，想来先生那时精神未必就能大好，而且我也深望先生能多将息些日子，不过一个俄国文学专号里若没有先生的文，那真是不了的事；所以我再三想，还是把这专号移到第4号中。”“不了”的意思是“不得了”

◆ 编《小说月报》时的茅盾

◆ 茅盾编的《小说月报》

吧。这期专号确实因为周的作品没有及时赶到而推迟。后来，“俄国文学号”是以“特号”的形式和名义推出的。

在提议“俄国文学号”大约半年之后，1921年7月20日，茅盾又写信向周提议：“《小说月报》在十月号拟出一个‘被压迫民族文学号’（名儿不妥，请改一个好的），里头除登小说外，也登介绍这些小民族文学的论文。”写这封信时，茅盾已经有了详细的计划。如拟请人写的论文题目有6个，分别是：波兰文学概观、波兰文学之特质、捷克文学概观、犹太新兴文学概观、芬兰文学概观和塞尔维亚文学概观。拟请人译的小说则来自芬兰、塞尔维亚、波兰、犹太、捷克和罗马尼亚等。

从1921年7月5日这封信开始，7月20日、7月30日、8月3日、8月11日，茅盾在给周作人的这5封信件中，大部分内容都在讨论这一专号，主要是催稿，不仅向周作人催，而且通过周作人向鲁迅催。也许因为茅盾催得太急，鲁迅还曾表达过不满。1921年8月6日，鲁迅给周作人写信，抱怨说：“五日信并稿已到，我拟即于日内改定寄去，该号既于十月方出，何以如此之急急耶。”

1921年10月，《小说月报》（第12卷第10号）如期以“被损害的民族文学号”的名义推出。

“被压迫”或“被损害”的，往往是所谓“弱小民族”。也因此，有人会把这一期专号误认（记）为是“弱小民族文学专号”。比如，施蛰存读这期杂志时只有16岁，多年以后，他把“被损害的”误记成了“弱小”。他说：“最先使我对于欧洲诸小国的文学发生兴趣的，是周瘦鹃的‘欧美短篇小说丛刊’，其次是《小说月报》的‘弱小民族文学专号’，其次是周作人的‘现代小说译丛’。这几种书志中所译载的欧洲诸小国的小说，大都是篇幅极短，而强烈地表现着人生各方面的悲哀情绪。这些小说所给我的感动，比任何一个大国度的小说所给我的更大。尤其是‘弱小民族文学专号’，其中又有一些论文，介绍欧洲诸小国文学状况之一斑，使我得到了初步的文学史知识。”（施蛰存：《北山散文集》之《称心如意·引言》，正言出版社1948年版）

“弱小民族文学专号”这几个字在施蛰存的这段文字中出现了两次，导致施蛰存这样误记的原因大致有三个。

1. 茅盾所列举的这些国家（大部分属于东欧），跟德、法、意等所谓“列强”（大部分属于西欧）比，确实都是既弱且小的。

2. 受鲁迅等“五四”健将的影响。初出茅庐时的施蛰存虽曾与鲁迅打过笔仗，但他内心是服膺鲁迅的。在不少观念和做法上其实是受到鲁迅的影响的。比如，对东欧弱小国家文学的译介，论时间的持续，论成果的丰富，比起鲁迅和茅盾有过之而无不及。《域外小说集》一共收录了16篇外国小说，其中除却3篇来自美、英、法外，其余13篇则来自俄国（7篇）、波兰（3篇）、波斯尼亚（2篇）、芬兰（1篇）。周作人后来写有专文《弱小民族文学》，其中关于《域外小说集》，他说：“当初《域外小说集》只出了两册，所以所收各国作家偏而不全，但大抵是有一个趋向的，这便是后来的所谓东欧的弱小民族。”而在与茅盾通信前后，周作人断断续续一直译介这些东欧国家作品，主要发表于《新青年》杂志。据赵稀方统计，“自四卷1号（1918年1月15日）至九卷4号（1921年8月1日）三年多时间，周作人在《新青年》上翻译发表了‘弱小民族’文学十六种”（《论“五·四”时期的翻译》，载《闽江学刊》2013年第5期）。

那么，周氏兄弟为何要抑强扶弱，大译这些弱小民族文学呢？鲁迅在1909年版的《略例》中有所交代：“又以近世文潮，北欧最盛，故采译自有偏至。惟累卷既多，则以次及南欧暨泰东诸邦，使符域外一言之实。”这话的意思是，在世界文学或者欧洲文学格局中，周氏兄弟最初偏向的是北欧文学，而其原因是非常内在的，那就是他们认为，在近世（近代），属北欧文学最为兴盛。而北欧这些国家恰恰都是小国，甚至弱国。这话的潜台词或可理解为：文学之是否发达与国力之是否强盛未必成正比，弱国可以是文学强国，大国反而可能是文学的矮子。

茅盾一直奉鲁迅的思想为真理，以鲁迅的做法为榜样。赵稀方认为：“自加入《新青年》以后，茅盾受到周氏兄弟的影响，开始将翻译对象逐渐集中于俄苏文学与弱小民族文学。”他根据统计结果说：“茅盾主持革新后的《小说月报》1920—1921两年时间（其后由郑振铎接任），翻译总量仍然与此相符，其中弱小民族文学85篇，俄罗斯文学75篇，其他国家文学明显较少，其中，法国文学19篇，英国文学9篇，日本文学8篇，美国文学4篇。对于俄国文学和弱小民族文学的重视，是茅盾主编时期的《小说月报》的突出特点。”（《论“五·四”时期的翻译》）

茅盾之所以把“俄国文学号”和“被损害的民族文学号”分开来做，一是因为俄罗斯文学太发达，单独就可以做个专号；二是可能他认为，把俄国跟其他国家放在一起是不合适的，也即俄国不属于“被损害的民族”。

但周氏兄弟（尤其是鲁迅）不同，直到1933年3月5日，鲁迅在《我怎么做起小说来》一文中写道：“因为所求的作品是叫喊和反抗，势必至于倾向了东欧，因此所看的俄国，波兰以及巴尔干诸小国作家的东西就特别多。也曾热心的搜求印度，埃及的作品，但是得不到。记得当时最爱看的作者，是俄国的果戈理（N.Gogol）和波兰的显克微支（H. Sienkiewicz）。日本的，是夏目漱石和森鸥外。”

鲁迅的文学视野是全世界的，包括亚非欧，但他还是侧重于东欧。这个东欧恐怕是比较宽泛意义上的，包括“俄国、波兰以及巴尔干诸小国”（倒是有点类似于第二次世界大战后地缘政治意义上的“东欧”概念）。

显然，茅盾之重视弱小民族文学，在很大程度上是受到了周氏兄弟的影响。不过，鲁迅与茅盾之侧重点或者说用意有所不同。

鲁迅的用意是“同情”加“拿来”：“所求的作品是叫喊和反抗，势必至于倾向了东欧。”鲁迅之所以极力介绍和彰显弱国的叫喊和反抗的作品，是为了要给中国人以精神上的滋养，从而培养精神界之战士。这是拿来主义的根本要义。不过，同情也并不是没有。中国虽大，也是弱国，也是被欺凌的，所以跟那些被损害的民族有着天然的情感共振。同情，并不是怜悯，指的是情感共振——类似的悲惨处境导致了类似的悲哀情感。

茅盾的用意是呼唤平等。同样在这个地球上，同样是人类（用西方话语来说，同样是上帝的子民），国家也好，民族也罢，不应该被强迫分为三六九等。任何一个民族都不能自视甚高，或看低别人。一个民族没有任何理由平白无故地欺凌别的民族；否则就是不义，就是强权。他在“被损害的民族文学号”的序言中说：“凡在地球上的民族都一样的是大地目前的儿子，没有一个应该特别的强横些，没有一个配自称为‘骄子’！所以一切民族的精神的结晶都应该视同珍宝，视为人类全体共有的珍宝！而况在艺术的天地里，是没有贵贱，不分尊卑的！凡被损害的民族的求正义、求公道的呼声是真正的正义的公道。”

言为心声，作为语言艺术的文学的基本功能是发出心灵的声音。茅盾对文学功能的期待比较本分，所以他为民族请命，替弱小民族呼吁平权。而鲁迅呢，似乎要文学起到超出本职的作用，不仅发声，还要行动，所谓“立意在反抗，指归在动作”者。

3. 其他报刊上关于弱小民族文学的译介可能对施蛰存的记忆产生更深的印象。茅盾辞去《小说月报》主编之后，并没有停止对弱小民族文学的译介，《小说月报》在郑振铎继任主编后也依然重视对弱小民族文学的译介，周氏兄弟也没有停下这方面的工作，而且他们还带动了其他编辑家和翻译家（尤其是施蛰存）致力于译介弱小民族文学，其中最重要最集中的成果如下：

首先是首都南京发行的《矛盾》杂志的“弱小民族文学专号”。这家杂志虽然是中统特务头子徐恩曾出资办的民族主义刊物，但或许由于实际负责的编辑是从左联阵营里叛逃过去的潘孑农，所以有时也发表左翼倾向的作品，最突兀的是1934年5、6月份推出第3、4卷合期为“弱小民族文学专号”，而这是《矛盾》杂志的终刊号。

其次是1934年5月上海生活书店所办的《文学》杂志（第2卷第5期）推出的“弱小民族文学专号”。这是为了应付国民党日益严峻的书报审查制度，茅盾直接参与策划决定的。专号上有茅盾化名冯夷写的《英文的弱小民族文学史之类》，还有化鲁（胡愈之的笔名）写的《现世界弱小民族及其概况》，发表了亚美尼亚、波兰、立陶宛等17个国家26个作家的28篇作品，可谓规模空前。

以上是杂志的专号，另外还出现了专著。

（1）《弱小民族小说选》，上海《世界知识》杂志社编辑，生活书店1936年5月出版，收入了印度、罗马尼亚、保加利亚、朝鲜和中国台湾等12个国家和地区的文学作品，译者是徐懋庸、黎烈文等。书中所选作品都在《世界知识》上发表过，其中有茅盾翻译的阿尔及尔吕海司女士写的《凯尔凯勃》。有意思的是，此书的主事者把台湾也列入弱小民族，那是因为当时台湾被日本占据为殖民地。书中选了台湾作家杨逵用日语写的小说《送报夫》（由胡风翻译成汉语）。顺便指出，阮温凌在《屹立宝岛的不朽雕像——杨逵及其抗日小说〈送报夫〉》（《世界华文文学论坛》2010年第1期）一文中，盛赞这篇作品给作者带来的荣誉，文中说：“1936年胡风特将日文小说译为中文小说，刊登于上海《世界知识》，后收入《朝鲜台湾小说选》和《世界弱小民族小说选》等多部文集，震响国际文坛。”殊不知，书名中并无“世界”二字。

（2）《弱国小说名著》，上海启明书局1937年7月再版。此书由施落英编纂，胡愈之、王鲁彦、叶灵凤等译，全书161页，收文13篇。

（3）《桃园》，茅盾的一部译文集，于1935年底作为“译文丛书”之一，由文化生活出版社推出。这部书虽然正标题中没有说“弱小民族文学”，但所收作品都是这个范围的，所以副标题是“弱小民族短篇集（一）”。茅盾在《我走过的道路》中写道：“翻译和介绍外国文学，是我在1934年的另一重要活动。全年，我翻译了短篇小说十三篇，写了外国文学评介十二篇。翻译的小说都是弱小民族作家的作品……上半年的登在《文学》的‘翻译专号’和‘弱小民族文学专号’上，下半年的登在《译文》上。后来我将这些译文结集，题名《桃园》……”

从20世纪初，一直到中华人民共和国成立后，弱国文学始终是中国翻译界的“香饽饽”。就是因为一代又一代中国知识分子清醒地认识到，近代以来的中国沦为弱国，与世界上其他弱国地位相当、处境类似、同病相怜、同仇敌忾，可以从其他弱国文学中汲取心灵的安慰、变革的希望和前进的动力。“弱小民族文学”这个概念可以说长期弥漫整个文学界，也深印在施蛰存们的脑海里。

而在这一专门的翻译场域中，茅盾无疑是坚持最久、努力最勤、贡献最大的人物之一。光是为了做好“被损害的民族文学号”，他连续与周作人通信，反复讨论作家作品的甄选、翻译和写作任务的分配等事项。

二、关于茅盾在信中所提到的弱小民族的作家作品

1. 周作人翻译的波兰小说应该是指戈木列支奇的《燕子与蝴蝶》和普路斯的《影》，后来均由茅盾发表在《小说月报》1921年第12卷第8期上。那就是说，周作人本来是拟把它们给《新青年》发表的，但茅盾“横刀夺爱”，说服周作人“惠下”转而给了《小说月报》。笔者揣测，茅盾之所以起意要做“被损害的民族文学号”，在相当大程度上正是因为他得到了周作人的这两篇译作。7月20日，他给周作人的信中一开始就说“承允寄波兰小说，甚感”，然后介绍了他刚刚收到的英译本《巴尔干短篇小说集》，接着就提出做专号的念头。

此两篇译作后来收入《现代小说译丛》第一集（1922年5月由上海商务印书馆出版），此书署名为“周作人译”，但实际上是周氏三兄弟难得的一次文学联手的成果。其中，鲁迅译9篇，周作人译18篇，周建人译3篇。

2. “宾斯奇的短剧”（发表于《小说月报》第8期），指的是新犹太戏剧代表人物之一宾斯奇（David Pinski）的《美尼》，译者署名为“冬芬”。这是茅盾那时用的多个具有女性色彩的笔名之一。茅盾认为，宾斯奇是“受了社会主义思想的影响，而渴慕大同世界的作者”，“能描写到灵魂的深处，透过现代文明的假面刺着内在的痛创”，“又能描写受苦者对生活改善的憧憬”。茅盾很欣赏宾斯奇，还翻译了他的另一个剧本《波兰——1919年》。他还约广晶（李汉俊的笔名）写了《犹太文学与宾斯奇》一文，发表于《小说月报》1921年第12卷第7期上。

或许就是因为茅盾的推崇，一时间，宾斯奇颇受中国文学界的关注。在商务印书馆出版的有关书籍中，他连连在焉。如1924年东方杂志社编纂的3册《现代独幕剧》中，第2册选了他的《外交》。1925年，小说月报社编辑的《新犹太文学一脔》中，开篇就是茅盾写的《新犹太文学概观》，还收录了厂晶写的《犹太文学与宾斯奇》。同年，商务印书馆甚至推出了由小说月报社编辑的专著《宾斯奇集》。

而茅盾之所以要在此信中专门谈论宾斯奇，是因为在中国译介这位犹太剧作家的始作俑者恰恰是周作人。早在写此信的一年前，即1920年7月，周作人就翻译了宾斯奇的剧本《被幸福忘却的人们》，发表于当年11月1日《新青年》第8卷第3号，后来收入《空大鼓》。《空大鼓》是1928年由上海开明书店出版的周作人翻译的短篇小说及剧作集（有的人认为只有短篇小说，是错误的）。

由于周作人和茅盾的译介，在1920年代的中国翻译文学界，宾斯奇颇受欢迎。但到1930年代之后，鲜有人再提及他。不过，在英语世界，直到最近这些年，他的剧本还在被出版和传播，显示了恒久的生命力。比如2014年12月20日，创造空间独立电子书出版社（Create Space Independent Pub）推出了一套丛书，叫作“古今独幕剧”，其中有一部叫作《独幕喜剧五种》，打头的就是宾斯奇的《一美元》。

3. “巨哥斯拉夫”之“巨哥”乃“jugo”之音译，在斯拉夫语中，“jugo”的意思是“南”，所以“巨哥斯拉夫”指的就是“南斯拉夫”。茅盾此处所说的“南斯拉夫小说”“捷克小说”“新希腊短篇小说”是同一个出版社（同书坊）出的三本国别小说集。

“捷克小说”的书名全译应该是《捷克斯拉夫短篇小说集》。《小说月报》之“海外文坛消息”栏目是茅盾亲自操刀的，在第12卷第2号的这个栏目里，他曾介绍这部作品。当时他还没有拿到这书，当然也就只能取了“纽约《太晤士书报周刊》”的耳食。“纽约《太晤士书报周刊》”后来通译为“纽约《纽约时报·书评周刊》”，以区别于伦敦的《泰晤士报·文学副刊》。“时报”与“泰晤士报”在英文中是同一个词“times”，所以后来中国翻译界采用了意译和音译的区分法。

茅盾不仅关注捷克小说，还注意捷克童话。他买的两本捷克童话集促成了他的一次翻译和一次改写。他译有捷克斯洛伐克童话《十二个月》。后来，他又改写了这个童话。原作的情节很简单。小女孩一生中只去过一回森林，在3月女神的帮助下找到了雪花。茅盾将情节复杂化：小女孩3次进森林，先后求助于3月神、6月神和9月神，采到了紫罗兰、野杨梅和苹果。他生动描写春、夏、秋三个不同的童话场景，更加突出善良和邪恶的对照。有论者以为，这是茅盾对诸多外国童话的改写案例中最成功的一例。

茅盾虽未拿到“南斯拉夫小说”“捷克小说”这两种书，但《新希腊短篇小说》他拿到了，周作人也看到了。1921年8月3日他给周作人写信说：“新希腊小说已请人译出一篇，其余尚有多篇，拟择短者译之，今附上目录，先生已译的Ephtaliotis短篇请即寄下备10号用如何？因新希腊短篇集内的几篇，大概寓意不很好也。”茅盾读了这本书之后，觉得里面的作品“寓意不很好也”，所以不打算多译。

赵稀方在《〈新青年〉的文学翻译》一文中说：“周作人在《域外小说集》翻译了希腊蔼夫达利阿谛斯的《老泰诺思》《秘密之爱》《同命》，在《新青年》上则翻译了Argyris Ephtaliotis的小说《杨拉奴媪复仇的故事》和《扬尼思老爹和他驴子的故事》。一者署蔼夫达利阿谛斯，一者署Ephtaliotis，事实上是一个人。”也就是说，Ephtaliotis就是蔼夫达利阿谛斯。

茅盾在信中所说的“已请人译出”的这一篇应该是指蔼夫达利阿谛斯的《安琪立加》，发表于《小说月报》1921年第12卷第9期，译者署名孔常。茅盾可能是为了催促周作人赶紧交稿，假称是“已请人译出”此篇。事实上，他不是请别人翻译的，而是他自己操的刀，因为孔常不是别人，正是他自己。孔常是茅盾曾用过的另一个笔名。孙中田编《茅盾笔名（别名）笺注》（百花文艺出版社1980年版）“孔常”条下注：“据茅盾说，这是他早期的笔名之一”。此篇作品由茅盾收入自己出版于1935年的译文集《桃园》中。尹康庄在《茅盾对象征主义的译介》一文中说：“1921年后，他先以孔常这一署名翻译了美国学者菲尔帕斯（William Lyon Phelps）的《梅德林克传》（发表于1921年2月25日《东方杂志》18卷4号），接着自己也重新开始给象征主义作家做传。”

周作人大概并不认可茅盾所说的《新希腊短篇小说》“寓意不很好”，后来继续翻译希腊小说，光是蔼夫达利阿谛斯的就有好多篇。可参见刘全福著《翻译家周作人论》后附的“周作人译事年表”。

三、关于沈氏兄弟想学德文的动机及其他

举世公认，德国人既善于学习外文，而且更善于通过学习外文而研究外国的学问，在人文学科领域尤其如此。茅盾在这封给周作人的信中说："德国介绍外国文学似乎无论什么地方都比英美多些。"于是，他说："我非常想学德文，但为工作所梗，年来屡试而不成功；下半年舍弟泽民要进上海同济的德文预备科去，专攻一年德文；据说一年本可以通的，但到底也欲到将来看哩。"言下之意，兄弟俩都曾计划学习德文。

我们先来看茅盾学习德文的一些情况。

他最早接触德文是在读北京大学预科时，当时可选的"第二外国语"是法文和德文，他选的虽然是法文，不是德文；但有一位法文老师，兼擅这两种外文，"在教法文时，有时忽然讲起德语来"（茅盾：《我走过的道路》上册，三联书店香港分店1981年版）。

1922年，茅盾与创造社打笔仗，其中论争得比较多的是翻译问题。"它在客观上也还是起了一点作用，例如刺激了大家去学好外文，去努力提高译品的质量等。"茅盾和商务印书馆编译所的几个同事专门找了老师，每周学三晚外语。他们发愤学习的外文主要是日文、德文和法文三种。茅盾主攻的是日文和德文，"可惜后来别的社会活动多了，不能坚持"。

他弟弟沈泽民准备到同济大学去学德文。那么，沈泽民后来去同济学德文了吗？

答案是否定的。1个月之后（8月3日），茅盾给周作人的信的最后写道："再有一事渎神：舍弟本拟于下半年进上海之同

济预科，现在听说此科并非专为预备德文而设，乃为预备入同济本科而设，故其中有物理化学算术等科，仍很注重。泽民只在读文字，进去不上算。故拟改入北大的德文班。不知此班能否旁听？每星期科目如何？敢请先生便示一二，至为感激。”

同济预科德文班不是专门的德文进修班，还要学数理化。沈泽民拟改入北大德文班，而不去同济德文班，是因为他怵数理化吗？不是的，他曾以非常优异的成绩考入南京河海大学（原南京河海工程专门学校）水利工程专业，数理化本是他的强项。但他志不在此，他更喜欢文科，想要干革命。当时，最先进的革命思想是马克思主义，马克思主义的原著都是用德文写的。因此，他想学德文的动机是能够阅读马克思主义的原著，正如研究沈氏兄弟卓有成就的钟桂松先生所指出的：“沈泽民主要是想通过学习德文读马列主义的经典著作，是为了从原著中学习理论，所以沈泽民不想浪费时间去同济大学按部就班学德文。”

茅盾委托周作人帮忙，争取让沈泽民去北大德文班旁听。那么，沈泽民如愿以偿了吗？

答案是否定的。不是周作人不帮忙，而是情况不合适。周作人收到茅盾 8 月 3 日书信的当天（8月6日）正在香山碧云寺养病，但他立刻就抱病代为打听情况。他了解的结果大概是：当时北大德文班没有最初级的课程，沈泽民必须要有一定的德文程度，才能听得懂、跟得上。第二天，周作人就给茅盾回信，说明了他了解到的实际情况。因此，茅盾在8月11日又给周作人写信说：“今得七日手书，敬悉一是。舍弟德文一无程度，大概不能入德文系旁听，只可先入英文系，随后再到德文系旁听（如此办法，应否先向顾孟余先生一说否，请先生酌示）。唯文凭一层颇为难，因舍弟从未正式读完一个学校，河海工程只差三个月，故亦没有毕业文凭；不知能否通融。大概下半年总得进个学堂，强制的振振精神。”

茅盾晚年回忆：1921年二三月间，泽民给茅盾写信说“他思想变动，渴欲研究政治，越来越觉得桥梁建筑、公路工程等功课，枯噪乏味，听不进去了，所以他想中途辍学”。茅盾当然回信竭力劝阻。但5月份的一天，沈泽民没有经过哥哥的同意，从南京来到上海，死活不愿回河海去上学了，所以茅盾说“河海工程只差三个月，故亦没有毕业文凭”。

那么沈泽民到底是在什么情况下急着要学德语的呢？

“1921年二三月间”这个时间应该是茅盾记错了。据茅盾的回忆，当年5月末一天，泽民从南京突然到上海，当年“7月初去日本，在东京住了半年，学习日文……”茅盾对年份的回忆有误差。

沈泽民去日本的时间是在1920年7月。在钟桂松著《沈泽民传》（中央文献出版社2003年版）中说：“沈泽民和张闻天一起，1920年7月14日，东渡日本，来到东京。”“1921年1月，沈泽民与张闻天毅然告别东洋，又一起回到上海，住上海南成都路新乐里177号。”沈泽民和张闻天是河海工程学校的同窗好友，两人同去日本又同回。另见陆米强《新征集的张闻天等人早年在上海合影原照》：“于是张闻天就在1920年7月前往日本东京去读书学日语，并自学哲学及其他社会科学书籍。1921年3月，他又回国移居杭州潜心读书写作。”这个说法与钟桂松的基本吻合，只是回国月份差了两个月。

可以确定的是，从1920年7月到1921年1月，长达半年，沈泽民都在日本学习，怎么可能同时是河海工程学校的在册学生？事实应该是，1920年7月之前，他已经从河海辍学了，之后不久就去了日本。

假如是1920年7月茅盾求人帮忙联系，给他寻找上学的机会，则差不多接上河海的辍学时间。但问题是，茅盾是在1921年7月5日写信给周作人联系解决泽民的继续上学问题，而且只是学德文。然而，实际上是，“1921年1月，沈泽民和张闻天又同时由日返沪，参加实际斗争。4月，经哥哥介绍，沈泽民在上海参加了共产主义小组”（见中国军网www.81.cn · 英烈纪念堂 · 沈泽民条目）。这期间，沈泽民去日本待了半年，而且已经回国，且在茅盾介绍下在上海加入了共产主义小组。1921年5月，经恽代英介绍，沈泽民又去安徽芜湖中学任化学教师，组织芜湖学社，编辑出版《芜湖》半月刊，宣传马克思主义和新文化。1921年7月初，沈泽民出席了在南京召开的少年中国学会第一次年会，翻译并出版了《第三国际议案及宣言》。

从这个背景经历上来看，1921年7月初，沈泽民所面临的绝不仅仅是上学的问题。他想学德文，是与他作为一个青年革命家的远大志向有关的，即主要是想通过学习德文读马列主义的经典著作，以实现其革命理想。

那么，茅盾为何没有在信中说明这一点？他不知道沈泽民的学习动机吗？作为资格更老的共产主义战士，茅盾对自己弟弟的信仰当然应该是清楚的，他之所以没有在信中说到沈泽民学德文的真正动机，或是因为他知道周作人对共产主义革命不仅没有兴趣，而且可能还会反感。他要是提了，反而不好。

继续讨论"被损害的民族文学"兼论转译之不妨

——1921年7月30日致周作人函解读

启明先生：

二十五日手示敬悉。先生的意见：（一）加入保加利亚文学作品一篇，（二）新希腊小说；我都很赞成。保加利亚因第一时想不出何处有短篇，故不入；如今鲁迅先生有，再好也没有。新希腊当就该集中选一二篇译出。

论文务请先生担任波兰与捷克；鲁迅先生来信说新犹太论文打算不做，我去信又申前请，一面请先生再帮着一句。

巴尔干小说集的目录遵命开上，其中哥罗的亚的一位作家想来鲁迅先生必知道。我不知此位作家。

乌克兰短篇小说没有，但在一本"Five Russian Plays"中附有一篇乌克兰人的短剧（剧名及作者名都记不得了），或者也译出来凑数。《日本诗人乙茶的诗》收到（已由鲁迅先生寄来了），即在9号中发表。

梅德林的《玛兰绮公主》稿本《小说月报》需用，且亦未经人译过，即请先生寄下。波兰小说全收到了。

转译之本不尽可靠，诚如先生所言，但Benecke女士译本，以弟观之，总还是好的。她的文章很美妙动人。我觉得只要不失原作者精意，只要能如原作一样的能够动人，字句上有点出入，倒不妨。我从前空着没事，把手头寻得到的两译对看，总觉不很能同。便是字句不改，语气及句子构造也不能同。又如鲁迅先生之《工人绥惠略夫》据德文本译，英国Percy Pinkerton的英译和他对起来，直可称吻合无间，不漏一字，但句子组织却不同，分段也有不同处。主张定要从原文直译者若观此，便一定更振振有词，但我以为却可以反证重译不妨，只要译得好。因为德与英两译本之句构既不同，二者必有一不合原文的，或两者都不合。今两者在英德都被读书界承认，便见得这译本两都有力。译本有力，读者能感动，如读原本时一样的感动，能推想，如读原本后一样的推想，那这译本便尽了责任了。我的意见如此，先生以为对否？

要和先生借《小学校里的文学》的，问过振铎，就是他写给先生的信。借者恐是他的朋友了。

沈雁冰

（一九二一年）七月三十日

◆ **解读：**

一、继续讨论“被损害的民族的文学”

1921年7月20日，茅盾向周作人写信，希望能得到周作人的合作与支持，在《小说月报》当年10月号推出“被压迫民族文学专号”。

这一专号可以说是应运而生，水到渠成。关于被压迫民族文学的话题，在中国文学界，从鲁迅的《摩罗诗力说》始，“渐热”14年了。茅盾与周作人各自译介了很多，相互之间也讨论了不少。我们对前一封信的解读就是证明。那封信还没有打出这一名目。7月20日的信是首次提出，但并不是只谈关于专号的计划，还有很多别的内容。

7月20日之后，茅盾与周作人继续谈论这一话题，而且是聚焦于专号。周作人一接到茅盾的信，就于25日回信，提出了一些意见。30日此信是茅盾跟进的一封。那么，在这封信中他谈到了哪些他们计划中想要写或译的作品？

1. 周作人建议加入的保加利亚文学作品是哪一篇？

茅盾最初的专号计划里没有保加利亚，因为他一开始没有找到保加利亚的短篇小说；但他听从周作人的建议决定加入。而周作人之所以有此建议，并非是他自己找到了保加利亚的作品，而是因为鲁迅先他俩而找到了。

这就是勃尔伽利亚作家跛佐夫的《战争中的威尔珂》。专号一共发表了18篇著译，此篇列第10篇，译者署名就是鲁迅。“勃尔伽利亚”和“跛佐夫”都是鲁迅的译名，后来通译为保加利亚和伐佐夫。

在抱怨茅盾催稿太急的那封信（1921年8月6日致周作人）中，鲁迅已经披露了他帮忙翻译的计划：“我这回拟译的两篇，一是Vazov的《Welko的出征》，已经译了大半；一是Minna Canth的《疯姑娘》。Heikki的《母亲死了的时候》因为有删节，所以不译也。”“威尔珂”是“Welko”的音译，鲁迅还对这个词做了解释：“勃加利亚语Welko＝狼。”

伊凡·伐佐夫被认为是保加利亚新文学的鼻祖，著有杰出的长篇小说《轭下》。鲁迅在1921年8月22日写的关于《战争中的威尔珂》的“译者后记”中说：“跛佐夫不但是革命的文人，也是旧文学的轨道的破坏者，也是体裁家（Stylist）。”

《战争中的威尔珂》后来被收入《现代小说译丛（第一集）》（1922年5月由上海商务印书馆出版）。关于这篇小说，鲁迅在译后记中做了题解：“他爱他的国民，尤痛心于勃尔格利亚和塞尔比亚的兄弟的战争，这一篇《战争中的威尔珂》，也便是这事的悲愤的叫唤。”也许，这篇小说吸引鲁迅的正是这“悲愤”和“叫唤”（类似于“呐喊”）。

2. 新希腊小说最终选译的是一篇还是两篇，是谁的什么作品？

最终选译的是一篇，即谒夫达利阿谛思的《伊伯拉亨》，乃周作人所译。此篇随后被收入《现代小说译丛（第一集）》（1922年5月由上海商务印书馆出版）。

3. 茅盾请周作人写的关于波兰与捷克的论文是什么题目，周作人后来写了吗？

茅盾7月20日给周作人写的信中说：

现在拟的论文题目是：

波兰文学概观（如此类之名而已）

波兰文学之特质（早稻田大学上日原文，已请人译出）

捷克文学概观

……

因此，茅盾想请周作人写的是分别关于波兰与捷克的文学的概观。

最终周作人一篇都没有写，而是翻译了一篇基本符合要求的文章，那就是波兰学者阿勒·温斯奇写的《近代波兰文学概观》。

关于捷克文学概观的文章则是由鲁迅完成的，当然，鲁迅也没有自撰，而是“译取凯拉绥克（Josef Kar á sek）《斯拉夫文学史》第二册第十一、十二两节与十九节的一部分”，并另题为《近代捷克文学概观》（见鲁迅写于9月5日的“译者附记”）。鲁迅署的是他早年用的笔名“唐俟”。约瑟夫·凯拉绥克（1871—1951，通译卡拉塞克）是捷克的诗人、学者，著有诗集《死的对话》《流放者之岛》和学术著作《斯拉夫文学史》等。鲁迅看到的是德文版的《斯拉夫文学史》（*Slavische Literaturgeschichte*）（见他1921年7月13日给周作人的信）。他在1921年7月中旬已经开始关注并翻译这部书的章节。他在13日致周作人的信中说“Kar á sek的《斯拉夫文学史》，将窠罗泼泥子街收入诗人中，竟于小说全不提起，现在直译寄上，可修改酌用之。末尾说到‘物语’，大约便包括小说在内者乎？这所谓‘物语’，原是Erzähl ǔ ng，不能译作小说，其意思只是‘说话’‘说说谈谈’，我想译作‘叙述’，或‘叙事’，似较好也。精神（Geist）似可译作‘人物’。”

“窠罗泼泥子街”乍读起来像来自天书，实际上是波兰女作家M. Konopnicka（1842—1910）的译名，后来通译作“科诺普尼茨卡”，著有长诗《巴尔采尔先生在巴西》和短篇小说《我的姑妈》等。此处，两个“似”字表明鲁迅对关键词的翻译所持态度之审慎。

在16日致周作人的信中，鲁迅还附录了他翻译的《斯拉夫文学史》第2卷第17节“最新的波兰的散文”中关于波兰作家亚当·希曼斯基的一段文字：“Adam Szymanski也经历过送往西伯利亚的流人的运命，是一个身在异地而向祖国竭尽渴仰的，抒情的精灵（人物）。从他那描写流人和严酷的极北的自然相抗争的物语（叙事，小说）中，每飘出深沉的哀痛。他并非多作的文人，但是每一个他的著作事业的果实，在波兰却用了多大的同情而领受的。”

到了8月份，鲁迅甚至有翻译全书的计划，在8月25日致周作人的信中，他说：“我译凯拉绥克《斯拉夫文学史》译得要命了，出力多而成绩恶。”也许正是因为他自己明知道这是件吃力不讨好的事儿，遂放弃了这一功德无量的学术工程。（溪纯：《鲁迅翻译〈斯拉夫文学史〉探究》，载《鲁迅研究月刊》1991年第1期）

鲁迅之所以译捷克文学作品，而不做捷克文学概观的文章，在他8月6日致周作人的信中是有解释的：“捷克材料我尚有一点，但查看太费事，所以也不见得做也。”

4. 茅盾一再请求鲁迅撰写关于新犹太文学的论文，也请周作人去向鲁迅说项。那么，鲁迅最后写了吗？

周作人收到茅盾这封信后，马上给鲁迅写信，转达了茅盾的请求。但是，鲁迅在8月6日致周作人的信中明确拒绝了这一文差：“得四日函俱悉，雁冰令我做新犹太事，实无异请庆老爷讲化学，可谓不屆之至。”

庆老爷当指周庆蕃，字椒生，鲁迅本家叔祖。清末举人，曾任江南水师学堂汉文教习。传统的汉文教习怎么可能讲化学？所以说是“不屆之至”。

最后，茅盾没有办法，只好自己动手写了《新犹太文学概观》，署名“沈雁冰”。

5. “想来鲁迅先生必知道”而茅盾自己承认不知道的哥罗的亚的那位作家是谁？

哥罗的亚即克罗地亚，早年也被翻译为克罗西亚（她的英文名Croatia确实是这么发音的）。

专号中有一篇克罗西亚作家森陀·卡尔斯基写的作品，题为《茄具客》，也出自茅盾自己的译笔，署名为沈雁冰。

应该是后来，知道这位作家的鲁迅把有关情况告知了“不知”的茅盾，茅盾才得以补译《茄具客》。为了做好这期专号，茅盾多么勉力；周氏兄弟之贡献也可谓大矣。

6. 那可以凑数的“乌克兰人的短剧”后来译出来了没有，谁译的呢？

茅盾信中所提到的《俄罗斯戏剧 5 种》是由C.E.Bechhofer Roberts编选的一部戏剧集，由Kegan Paul，Trench，Trubner有限公司出版于1916年。这家公司是伦敦比较知名的出版机构，是由Charles Kegan Paul，Alexander Chenevix Trench，Nicholas Trübner等人分别创办的三家小公司合并而成的，以出版人文学科的书籍为特色和长项。

确如茅盾所说，《俄罗斯戏剧5种》中附有一篇乌克兰人的短剧，所以此书标题还拖着一个尾巴：“附乌克兰戏剧一种”（with one from the Ukrainian）。

这个乌克兰的短剧是莱斯娅·乌克兰卡（Lesya Ukrainka）创作的《巴比伦的囚徒》。此剧由茅盾自己译出，署名为沈雁冰。莱斯娅·乌克兰卡是乌克兰历史上最有名的女作家，其头像见于乌克兰钞票。

7. 茅盾全收到的波兰小说指的是哪几篇？

应该指的是《小说月报》1921年第8、9、10三期发表的周作人翻译的波兰小说。

第8期发表的是：戈木列支奇的《燕子与蝴蝶》和普路斯的《影》。

第9期发表的是：显克微支的《二草原》。

第10期发表的是：科诺布涅支加的《我的姑母》。

二、除了“被损害的民族”（主要是东欧）的文学，茅盾在这封信中也谈到了“损害者”（国家）的文学

一个是东亚的日本，一个是西欧的比利时。

1.《日本诗人乙茶的诗》是在1921年9月号中发表的吗？

乙茶即“一茶（Issa）”，姓小林。一茶的诗虽由鲁迅寄给茅盾，但是周作人翻译的。1921年6月2日至9月21日，周作

人因肋膜炎在北京西山碧云寺养病。其间，他仍坚持写作和翻译。他翻译了不少小林一茶的诗，7月25日还写就了长文《一茶的诗/日本的讽刺诗/日本的小诗》，对一茶的俳句和在文学史上的地位做出了非常精彩而细致的评价：“他的俳谐是人情的，他的冷笑里含着热泪，他的对于强大的反抗与对于弱小的同情，都是出于一本的。他不像芭蕉派的闲寂，然而贞德派的诙谐里面也没有他的情热。一茶在日本的俳句诗人中，几乎是空前而且绝后，所以有人称他作俳句界的慧星。”

不过，一茶的这组诗并没有在9月号中发出来。日本显然不属于“被损害的民族”，所以10月份的专号中也没有。最终发表在了11月号。

2. 是谁将梅特林克的代表作《玛兰公主》首次译成中文?

梅德林即梅特林克，比利时象征主义戏剧大师，1911年诺奖得主。《玛兰绮公主》是指他的代表作《玛兰公主》。茅盾当然知道这部作品的价值，所以说“《小说月报》需用”。但“稿本”显然不是指译本，因为这部作品“且亦未经人译过”。

后来，此剧由乔大壮与徐炳昶从法文原文合译成中文，发表于《小说月报》1922年，题为《马兰公主》。这是这部杰作首次被译成中文发表。

这桩译事很可能还是由鲁迅促成的，因为乔大壮彼时是鲁迅在北洋政府教育部的同事，两人关系还相当不错。《鲁迅日记》从1915年7月19日到1929年6月1日的15年间很多次有“乔大壮来”的记录。

徐炳昶是中国近代学术史上一位颇有影响的学者，主要从事中国古史传说的研究以及夏文化的探索，在国内史学界享有盛誉，但很少有人提及他的文学翻译成果。关于其人其学比较新且全的研究成果是罗明的《徐炳昶古史研究初探》（华东师范大学2014年硕士论文），此文第一部分“生平与志业”是对徐的总体介绍。关于徐的译事，只有这两句：“1921年，徐炳昶任北京大学教授，主要讲授西洋哲学史课。其间，翻译了威伯尔（Alfred Weber）的《欧洲哲学史》，其后又与挚友乔曾劬合译波兰作家显克微支（Henryk Adam Aleksander Pius Sienkiewice）的历史长篇小说《你往何处去》。”直到最后一部分“徐炳昶著述系年”，罗明才提到徐与乔曾劬（乔大壮的本名）合译《马兰公主》，说该译著“连载于《小说月报》第13卷第1—5号”。第13卷指的就是1922年的卷号。

顺便指出，庞惊涛在《一楼波外许抠衣——钱锺书与传奇名士乔大壮》（载2019年4月2日《华西都市报》）一文中说：“早年学法文的经历又促成了乔大壮后来将比利时象征主义大师梅德林克（一译梅德林）的《马兰公主》和波兰作家显克微支的《你往何处去》等著作译介到国内。其中，《马兰公主》首刊于1922年的《小说月报》第13卷之1—6期，可能是国内最早的译本。”庞惊涛这段话有两个瑕疵。《马兰公主》似乎是由乔大壮独力翻译的，抹杀了徐炳昶的功劳；这部译作似乎一直连载到了《小说月报》第13卷第6期，事实上到第5期就全部连载结束了。

三、谈转译之不妨

首先笔者要指出，茅盾此信中所说的“重译”指的是“转译”。在1920年代、1930年代，这两个概念尚无明确的区分，时常被混用。现在学界已经把它们分得相当清楚：“由同一原本的不同译本出现的时间先后的不同，形成了首译与复译两种不同的译本类型；由译本所据原本的不同，形成了直接翻译和转译两种不同的译本类型。”“‘转译’是指以非原语的译本为依据所做出的翻译，所以有人也称为‘间接翻译’。”（杨言：《20世纪中国文学翻译中的“复译”、“转译”之争》，载《四川外语学院学报》2005年第2期）“所据原本的不同”指的是初始原本（笔者以为，称之为“源本”更妥——比原更原）或先前译本（都可作为出发语文本）。

鲁迅、周作人和茅盾都属于现代中国最早的文学翻译家行列。他们的译本基本上都是首译，即所译作家作品首次进入汉语世界。

那时候中国的外语人才，尤其是小语种人才，还非常短缺。

鲁迅精通日语和德语，粗通英语，略知俄语。周作人精通日语、古希腊语、英语和世界语。茅盾则精通英语。

三人都倾向于认为“被损害的民族”主要指的是东欧或北欧国家，那些国家的语言他们基本上是全然陌生的，不可能做文学翻译。于是，他们不得不从日语或德语或英语的译本转译成汉语。

这就迫使他们思考转译的可靠性和价值问题。

周作人当时对转译的价值存有怀疑，认为“转译之本不尽可靠”，他主张最好由原文直接翻译。而茅盾一生都为转译辩护。

从词源上讲，在“翻译”这个概念里，中文里（“翻”

者，“转”也）、英文里（tran-）、法文里（tra-）、德文里（Über-）和希腊文里（meta）都强调“转”（正好是“tran”的音译）。翻译本来就包含“转译”之义。

周作人的逻辑是：哪怕从原文翻译，已经是转了，再从别的语言的译本转译，就“二转”了（郑振铎称之为“辗转翻译”）。“转”者“变”也，“变味”也，“二转”的味变得太大了，他有点接受不了。

茅盾的逻辑是：既然翻本身就是转，多转一道，又有何妨？转的过程中，固然会变味；但变中有不变，关键是译者要敏感到那些不变的因素并在目的语（target language）中展现出来。

周氏兄弟被认为是“直译主义者”（参见姜宝君2006年硕士论文《晚清时期周氏兄弟的直译活动》和张三妮发表于2015年第1期《焦作大学学报》的《直译的现代性：周氏兄弟的日本文学翻译》等）。

早在1922年，周作人就在文章中说：“我本来是赞成直译的。”（《童话的讨论》，刊于3月29日之《晨报副镌》）

在1920年代的翻译文化语境中，“直译”有两个含义。一个是沿用到现在的、与“意译”相对应的译法。周作人的解释是：“尽中国语的能力所及的范围以内，保存原文的风格，表现原文的意义。”为了与“一字一字的把原文换为汉字”的所谓“直译法”（类似于鲁迅所主张的“硬译”）区别开来，他称之为“信而兼达的直译”。为了与林畏庐等“随意增删改窜的译法”即“随意译法”区别开来，他甚至不惜称之为“意译”。这是他对直译的比较独特但又折中的看法。

“直译”另一个含义是与“转译”对应的，即不是从源本而是从其他译本进行翻译。

周作人一方面怀疑转译的可靠性，主张直译，但在实践中，他又转译了许多国家的许多作品。这显现了他在翻译的丰满理想和骨感现实之间的矛盾。到1950年代初，他似乎在某种程度上克服了这一矛盾，主张在一般情况下可以混用直译和转译；而他用来克服的利器还是他用了一生的折中主义：“除了专门绩学之士以外，直接间接混合翻译比较是好办法，直接译固然是理想，弄得不好也会不及间接翻译的。”（见《翻译四题》，载《翻译通报》1951年第6期）周作人自己当然属于“专门绩学之士”，所以要坚持直译。许多人翻译古希腊的作品都是从英、法、德等其他欧洲语言的译本转译的，他为了更多保持原汁原味，从年轻的时候起就下了真功夫，学精了希腊文，然后翻译了大量古希腊文学作品。

茅盾之所以要在此信中专门谈及转译问题，或者说要为转译辩护，就是因为在1920年代周作人对翻译还抱着理想主义的态度，基本上是否定转译的。

茅盾则对转译自始至终都是力挺。

茅盾以为“重译不妨，只要译得好”。转译没有原罪，也可以产生精品。接下来，他列出了好译本的标准：“译本有力，读者能感动，如读原本时一样的感动，能推想，如读原本后一样的推想，那这译本便尽了责任了。”“译本有力，读者能感动”的要素或特质大概就是“原作者精意”吧。

茅盾所看重的是艺术作品的特别本色，而不是拘泥于表面字句。在写本信数月之前，他就在文章中说：“如果能不失这些特别的艺术色，便转译亦是可贵；如果失了，便从原来直接译出也没有什么可贵。”（茅盾：《新文学研究者的责任与努力》，载《小说月报》1921年第12卷第2期）因此，他主张不要拘泥于直译还是转译，不要死守理想主义翻译观，而要采取现实乃至实用的态度，应以客观可感的效果为圭臬（茅盾：《翻译的直接与间接》，载《文学》1934年第3卷第2期）。

茅盾写此信时，正在编发鲁迅翻译的《工人绥惠略夫》（连载于1921年7月至12月《小说月报》第12卷第7号至第12号），遂信手以此例来说明转译的可靠与有效。

在写于1921年4月15日的“译后记”中，鲁迅说：“这一篇，是从S.Bugow and A.Billard同译的《革命的故事》（*Revolution-geschichten*）里译出的，除了几处不得已的地方，几乎是逐字译。我本来还没有翻译这书的力量，幸而得了我的朋友齐宗颐君给我许多指点和修正，这才居然脱稿了，我很感谢。”

《革命的故事》是阿尔志跋绥夫的中短篇小说集，包括《工人绥惠略夫》（英文名为*Sheviriof*，“工人”二字为译者鲁迅所加，以强调其“工人”题材或主人公的工人身份）、《血痕》（即《血迹》）（英文名为*The Blood-Stain*）、《朝影》（英文名为*Morning Shadows*）、《托曼诺夫将军》（英文名为*Pasha Tumanof*）和《医生》。

我们先来看德文译本之可靠的基础。这是由德国的两位翻译家S.布果夫和A.比拉尔特合译的。鲁迅文中“und”一词为德文，意思是“和”。比拉尔特与阿尔志跋绥夫有通信联系（见鲁迅的译后记），直接可以解决翻译过程中碰到的问题。

我们再来看鲁迅汉语译本之可靠的基础。鲁迅本人精通德语，而且在翻译过程中得到了德语水平更高的齐宗颐的帮助。后者是从柏林大学毕业后回国与鲁迅在教育部共事的。

这样的翻译与转译到底如何可靠呢？茅盾是通过对照鲁迅的汉语译本和泊西·平克敦（Percy Pinkerton）的英译本来检验的。

平克敦是阿尔志跋绥夫的权威英语译者，译过《革命的故事》《赛宁》（*Sanin*，出版于1907年）和《百万富翁》（出版于1915年）等阿氏的几乎所有重要作品。其译本可靠无疑。

茅盾把两译对看，惊喜地发现：“直可称吻合无间，不漏一字。”正如英译本和德译本都在英国和德国被读书界所承认，茅盾由此也可以证明鲁迅的汉语译本乃“善译”，是可靠有效的。

茅盾是一个保有原则但不墨守的人。他在人生最后阶段，对于直译转译问题，总结说：“原则上应以直接翻译为主，但也不能一概而论，譬如有些小民族的文字懂得的人很少，那就只能转译。”（茅盾：《茅盾译文选集·序》，上海译文出版社1981年版）

四、郑振铎他们向周作人借的《小学校里的文学》是什么样的作品？

笔者的疑问是：周作人并没有出版过一本叫作《小学校里的文学》的书，郑振铎他们如何借法？

周作人是最早在中国全面系统倡导儿童文学的人，也是最早投身于儿童文学研究及翻译的实践者。“五四”以后中国儿童文学的产生与发展，与他的理论批评大有关系。

1920年是儿童文学进入小学语文教育关键的一年。北洋政府教育部于1920年1月训令全国国民学校“自本年秋季起，凡国民学校一二年级，先改国文为语体文，以期收言文一致之效”。以“国语”取代“国文”，是“白话文”取代“文言文”进入小学语文教育的开端。

在这一儿童语文教育革命性变化的过程中，周作人呕心沥血，建言献策，功不可没。正如论者所言：“实行白话文教学使得小学语文教育的教学内容及教学方法均出现了暂时性空白：传统的以德育为主导的古代圣贤文章不用了，分科教学以来的识字教材和综合知识教材也不用了，拿什么来教小学语文？又该怎么教？以周作人为代表的‘五四’新文化运动的学人提出了用儿童文学作为小学语文教育主要内容的设想。”［罗庆云、戴红贤：《周作人与民国早期小学语文教育的“儿童文学化”》，载《武汉大学学报（人文科学版）》2012年第1期］

1920年，周作人应邀在北京的孔德学校作题为“儿童的文学”的讲演时，正式探讨了中国儿童文学的命名。同年12月，他在《新青年》上发表讲稿《儿童的文学》，指出小学教育、小学生和儿童文学三者之间的密切关系。他开宗明义说“儿童的文学，换一句话便是小学校里的文学”，“将儿童文学解释为‘小学校里的文学’，并主张将儿童文学作为小学语文教育的内容，周作人无疑是第一人。”（罗庆云、戴红贤：《周作人与民国早期小学语文教育的“儿童文学化”》）

或许正是因为周作人径直把“儿童的文学”等同于“小学校里的文学”，有人把他的文章的题目也误传为“小学校里的文学"。

《儿童的文学》既然已经发表于《新青年》，那么，郑振铎他们莫非要借的就是那期杂志？

最后一个连带的小问题：郑振铎与周作人也是朋友，而且已经给周作人写信说过借杂志的事儿，为何还要请茅盾代借？

相比于周作人，郑振铎与茅盾的关系要亲近得多。1920年11月，他与茅盾、叶绍钧等人发起成立文学研究会，关系已经相当热络。1921年春，他毕业后到上海工作，两人过从甚密。不久郑由茅盾介绍进商务印书馆编译所工作，几乎已经形影不离。他大概之前给周作人写信提过借所谓《小学校里的文学》，周没有及时回复，所以，又请茅盾帮着说，在这种情况下，茅盾在信的最后顺便一说是顺理成章的。

“这些普遍的毛病惟有自然主义可以疗之”
——1921年8月3日致周作人函解读

启明先生：

顷得卅日手示敬悉。刘半农先生稿件即请先生寄下王尔德的散文诗。不知此外还有何项佳作可以给《说报》，请先生酌寄。刘先生法国常住否？

落华生即许地山先生的别字，他这篇比其余的好，因为这就是写他自己的事。他的妻去年亡故，现留一女，在沪上其兄寓中，不过仅只三四岁，比承欢等小得多了。但因全篇的情绪总是真实的，所以就好了。

《说报》每月收到外间投稿（大抵不相识者）总在五十份以上，长篇短制都有。但好的竟很难得：觉得他们都有几个缺点是共同的：（一）是描写的事境，本身初未尝有过经验；（二）是要创作然后创作，并不是印象深了有不能不言之概，然后写出来；（三）是不能用客观的观察法做底子；（四）是只注重了人物便忽略了境地，只注重了境地便忽略了人物，一篇中的境地和人物生关系的很少，不能使读者看后想到：这境地才会生出这种人。虽然有些先生们偶然投一二篇来，却写得实在很好，但大多数创作先生们是不很好的。弟觉得这些普遍的毛病惟有自然主义可以疗之，近来我觉得自然主义在中国应有一年以上的提倡和研究，庶几将来的创作不至于复回旧日"风花雪月"的老调里去。先生对于这意见以为对否？

《说报》中长篇都有结束，惟《妇人镇》一篇之第二幕至今未续，一则无此一大篇幅，二则泽民尚未译出，但今年内总想登他出来。

新希腊小说已请人译出一篇，其余尚有多篇，拟择短者译之，今附上目录，先生已译的Ephtaliotis短篇请即寄下，备十号用如何？因新希腊短篇集内的几篇，大概寓意不很好也。

欧化国语讨论拟在九号上辑集各方议论，先生的信便于此时一并登出。

三十日寄上一信言十月号筹备事，想已寄到，捷克与波兰两评论文，务请先生担任。余后白，即颂健康。

沈雁冰

（一九二一年）八月三日

再有一事渎神：舍弟本拟于下半年进上海之同济预科，现在听说此科并非专为预备德文而设，乃为预备入同济本科而设，故其中有物理化学算术等科，仍很注重。泽民只在读文字，进去不上算。故拟改入北大的德文班。不知此班能否旁听？每星期科目如何？敢请先生便示一二，至为感激。

又顿

◆ **解读：**

一、茅盾通过周作人向刘半农约稿，赞扬许地山的小说《黄昏后》

1921年7月30日这一天，茅盾和周作人都给对方写了信，茅盾在收到周作人30日的信后，立即就回了这封。信中所提到的《说报》（即《小说月报》）1921年10月“被损害民族文学专号”筹备事、新希腊小说翻译事和沈泽民准备学德文事，笔者已于此前的文中解读过，此处不赘。

在这封回信中，茅盾之所以一开头提到刘半农，是因为刘半农来投稿，而且是通过周作人代投的，投的是刘翻译的王尔德散文诗5首，即《美术家》《为善者》《传道者》《主》《公判室》。茅盾收到刘的译稿后，很快就在《小说月报》第12卷第11号（1921年11月）刊发了。

根据茅盾此信可知，刘半农在20世纪早期所翻译的散文诗人不止泰戈尔和屠格涅夫，还应该加上王尔德。王尔德的作品最早进入中文世界是在周氏兄弟1909年编译出版的《域外小说集》中，首篇就是周作人译的《安乐王子》（*The Happy Prince*，1888），“Wilde”被译为“淮尔特”。先是童话，接着是戏剧，再后是小说，王尔德的作品陆续被翻译成中文，这其中，诗歌（包括散文诗）是比较晚被翻译的。就王尔德的诗歌而言，刘半农的译作是最早发表的。

茅盾希望刘半农能继续供稿，但却请周作人酌寄，而不是直接去向刘半农约稿，原因是茅盾与刘半农不熟悉，而周作人与刘半农则是要好的朋友。

刘半农在其遗稿《记砚兄之称》中描述了他与周作人第一次见面时的情景："余已二十七，启明已三十三。时余穿鱼皮鞋，犹存上海少年滑头气。启明则蓄浓髯，戴大绒帽，披马夫式大衣，俨然一俄国英雄也。"

刘半农中学（常州府中学堂）没毕业就主动退学，之后，只身闯荡上海滩，编演文明戏，撰写鸳鸯蝴蝶派小说。后仅凭一席谈，其革命热情和惊人才华为陈独秀所激赏。陈独秀先是在1916年10月《新青年》第二卷第二号上发表了他的《灵霞馆笔记》，接着以文科学长的身份向校长蔡元培推荐刘半农到北大任教。1917年夏天，由蔡元培签署、陈独秀书写的聘书送到了刘半农的手上。刘半农旋即北上，初到北大时，暂居与教员休息室相连的一间房子里。在一次课间休息时，周作人与刘半农初相遇并一见如故，而在此之前周作人已经赏读过刘半农的《灵霞馆笔记》。

1917年，刘半农年方26岁（生于1891年），他说自己"已二十七"其实是论虚龄。周作人的性格文静，思虑颇重，但他喜欢跟自己性格相反的人交往；刘半农恰恰是活泼开朗的典型，而且天真烂漫（周对刘的评语）。因此，两人的友谊迅速升温，近乎知己。

刘半农1917年到北大当预科国文教授时，茅盾已经在北大预科部毕业一年了，所以两人没有交集。1921年，茅盾写作此信时，甚至连刘半农的具体行踪都不知道，所以他问周作人：“刘先生法国常住否？”

因刘半农连中学都没有毕业，到北大后，被胡适等高学历者轻视。1920年2月7日，30岁的刘半农挈妇将雏，赴英留学。后来，由于无法承受伦敦的昂贵生活，于1921年6月又举家迁居法国，转入巴黎大学学习。这离茅盾写此信只有区区两个月。当时从法国到中国的信件要走一个月，所以茅盾不太确切了解刘半农的海外行踪，也是合理的。

茅盾在回信中说：“落华生即许地山先生的别字，他这篇比其余的好。”1921 年是许地山创作的重要一年，他的第一篇短篇小说《命命鸟》发表于1921年1月的《小说月报》，接着又以落华生为笔名在同年4月、5月、6月的《小说月报》上分别先后发表了《商人妇》《换巢鸾凤》《黄昏后》等短篇小说。

茅盾信中所说的“这篇”，应该指的是许地山不久前刚刚发表的《黄昏后》。这篇作品主要写男主人公眷恋亡妻的感情，极其细腻哀婉。茅盾从现实主义文学观的角度表达了自己对这篇作品的喜爱，“因为这就是写他自己的事”，“全篇的情绪总是真实的”。

那么，许地山在这篇小说中融汇了自己的什么事呢？1920年7月许地山从燕京大学文学院毕业即留校任助教，他的第一个夫人林月森是台湾台中人，工作稳定下来后，许地山便请妻子北上团聚。不幸的是，林月森赴京途中病逝于上海。许地山把自己对妻子的眷恋和怀念之情写进诗文，比如这篇小说《黄昏后》，其中还塑造了一个女孩的形象，即茅盾信中所说的承欢，原型是许地山和林月森的女儿许攀新。

二、"狠狠提倡"自然主义

从1921年1月起，茅盾对《小说月报》进行了大刀阔斧的革新，到了8月，《小说月报》已俨然成为新文学的重要言论阵地。而作为主编，茅盾认真地读了投来的稿件后，感觉相当不满意。在此信中，他透露了一般来稿的普遍缺点。据此，我们大致可以推测出，茅盾所认为的好稿子所应该具备的几个优点，即：描写的事情和情境，本身应有过经验；有不能不言之概，然后写出来；要能用客观的观察法做底子；境地和人物应该相生。

那么，对于来稿中存在的"普遍的毛病"，如何规避呢？茅盾认为"惟有自然主义可以疗之"。

自然主义（Le Naturalisme）产生于19世纪下半叶的法国，作为一种文艺思潮，在19世纪七八十年代达到盛期。自然主义一方面排斥浪漫主义的想象、夸张、抒情等主观因素，另一方面轻视现实主义对现实生活的典型概括，而是追求绝对的客观性，崇尚单纯地描摹生活，着重对现实的再现。

中国最早输入自然主义文艺思潮的是陈独秀，早在1915年，他在《青年杂志》第1卷第2号上发表的《今日之教育方针》一文中，认为"近世欧洲之时代精神"，"磅礴无所不至：见之伦理道德者，为乐利主义；见之政治者，为最大多数幸福主义；见之哲学者，曰经验论；见之宗教者，曰无神论；见之文学美术者，曰写实主义，曰自然主义”。同年，他又在《青年杂志》第1卷第3、4号上连载长文《现代欧洲文艺史谭》，重点介绍了自然主义，并预言：“自然派文学艺术之旗帜，且被于世界。”

20世纪早期，诸多欧美文艺思潮涌入中国，一开始自然主义只是其中一种，而让它在中国的文艺格局里独树一帜并跟中国的创作实践结合起来的，贡献最大者非茅盾莫属。

茅盾接过陈独秀的自然主义旗帜，利用《小说月报》这个话语平台，一再为之摇旗呐喊。早在1920年1月，他在《小说月报》第11卷第1号发表的《小说新潮栏宣言》中就高声说：“中国现在要介绍新潮小说，应该先从写实派自然派介绍起。”

茅盾把“写实派”与“自然派”并举，并非表明他同时倡导两个“主义”，而是因为他那时对这两个流派还没有系统地辨别，从某种程度上来说是混着用的。比如，他把批判现实主义阵营的巴尔扎克和福楼拜称作“自然派的先驱”，甚至曾把“法国的福楼拜、左拉等人和德国的霍普特曼，西班牙的柴玛萨斯，意大利的塞拉哇，俄国的契诃夫，英国的华兹华斯，美国的德莱塞等人”都拉到了“自然主义”的旗下。要知道，华兹华斯是英国浪漫派的鼻祖。虽然大批评家勃兰兑斯称英国浪漫派为“自然主义”（其煌煌巨著《十九世纪文学主流》第四分册即名为《英国的自然主义》），但他可能比较侧重于华兹华斯对大自然（Nature）的崇拜和对人类本性（nature）的推崇；这跟我们平常说的自然主义其实不是一回事。茅盾混淆自然主义和写实主义问题的源头还在陈独秀，如在前面所引的他那段话里，“写实主义”与“自然主义”就是并列的。

几乎在写作此信的同时，茅盾在题为《最后一页》的文章中，又“把自然主义狠狠提倡一番”。几乎同时，在《评论四五六月的创作》中，他又呼吁：“我对现今创作坛的条陈是‘到民间去’；到民间去经验了，先造出中国的自然主义文学来。”

到了1921年12月底，在为自然主义冲锋陷阵了一年之后，茅盾作了中期总结。在《一年来的感想与明年的计划》中，他明确地指出：“自然主义的输进似乎是对症药。这不但对于读者方面可以改变他们的见解、他们的口味，便是作者方面，得到了自然主义的洗炼，也有多少的助益。”

发表于1922年7月的《自然主义与中国现代小说》一文，是茅盾用自然主义给存在“普遍的毛病”的文学创作（尤其是小说）开出的一个药方，或者说是自然主义中国化的一个方案。茅盾认为，自然主义作家往往描写意志薄弱的个人受环境压迫而无反抗之余地，个人之性格是由环境造就的，比如德莱塞是美国自然主义文学的杰出代表，其作品《嘉莉妹妹》十分注重社会环境的描写，尤其强调客观环境对人物命运的决定作用。如论者所言，这是茅盾“集中研究现代中国创作现状，深入阐明中国现代小说存在的弊病及其纠正方法的首篇论文，它第一次较系统地论述了茅盾所认识到的作家在创作过程中应遵循的具体创作法则”（徐学：《茅盾早期创作与左拉自然主义文学理论》，载《文学评论》1986年第4期）。

三、沈泽民没有译完《妇人镇》，欧化国语之讨论

"《说报》中长篇都有结束，惟《妇人镇》一篇之第二幕至今未续"，茅盾此处所提及的《妇人镇》发表于《小说月报》第12卷第2号（1921年2月），作者署名"西班牙阿尔伐昆戴罗斯兄弟"，译者署名"沈泽民"。"阿尔伐昆戴罗斯兄弟"的原名为Alvarez Quintero，后来通译为"阿尔瓦雷斯·金特罗兄弟"，是出生于西班牙塞维利亚的一对兄弟剧作家，兄名塞拉封（Serafin，1871年3月26日—1938年5月12日）、弟名华金（Joaquin，1873年1月20日—1944年6月14日）。《妇人镇》是一出两幕剧，从刊登第一幕译文（2月）到写此信（8月），已经过去半年了，或许是译者沈泽民太忙，还没有译竟。茅盾想在1921年内刊出第二幕，但直到1921年最后一期即12期发行，《妇人镇》的最后一幕译文仍没有刊出。

至于茅盾信中提到的"欧化国语讨论拟在9号上辑集各方议论，先生的信便于此时一并登出"一事，是指1921年9月号《小说月报》"通信"栏的"语体文欧化讨论"，其内容比较简单，篇幅只有一页，参与讨论者包括"记者"（或者说编者）在内，一共3个人。打头的是周作人。他是欧化派，主张"反对者自己应该先去试验一回，将欧化的国语所写的一节创作或译文，用不欧化的国语去改作，如改得更好了，便是可以反对的证据。否则可以不必空谈。但是即使他证明了欧化国语的缺点，倘若仍旧有人要用，也只能听之，因为天下事没有统一的办法。在艺术的共和国里，尤应容许各人自由的发展。所以我以为这个讨论，只是各表意见，不能多数取决"。从语气

上来说，周作人这话可以说是绵里藏针；而从逻辑上看，则有点霸道或者说执拗的意味。艺术是共和国，应容许每个人自由地选择和实验，可以选择欧化，也可以选择不欧化。欧化论者不该强迫别人去欧化，不欧化论者也不应该肆意否定欧化。

与对方阵营相比，当时欧化论者，无论理论还是实践，都处于弱势一方，只有少数人在实验。周作人则认为，在艺术共和国里，真理未必掌握在多数人的手里，或者说对真理的决断不能由所谓少数服从多数的民主原则来操作，他奉劝不欧化者用不欧化的国语去改作，或是因为他认为，那样的改作一般情况下不会有更好的效果，欧化的国语比不欧化的至少在语言的实用交流功能上更胜一筹。不难看出，在“语体文欧化讨论”中，周作人重视实用，轻视空谈。

周作人虽然倾向于欧化，但他并没有强求所有人都欧化。而给他写信的那位先生的语气则要激烈甚至激进得多，他说：“中国语之幼稚贫弱不完全，真是出人‘意表之外’，‘文’也如此。别国一句平常话，我们却说不清楚，或者非常含混，所以非‘欧化’不可的。”他指责中国语文的缺点是幼稚贫弱，不能完整清楚地表情达意。在“五四”狂飙突进的时代氛围里，欧化国语是比较和缓地对待中国传统文化（包括文字）的态度，相对比较激进的是拼音化，而更极端的则是直接废除汉字的主张。汉字似乎成了中国文化的原罪和阻碍中国现代化的祸首。某先生就是这么不无绝望和愤激地说：“这样四角方方不能变化的字恐怕终于欧化不来，无论如何改革，也免不掉拙笨含糊，这实在是我们祖宗遗传给我们的一个致命伤。”他把汉字当作历史致命伤，不治之症，而且会传染到所有使用汉字的国人，有置之死地而后快的冲动。

周作人侧重的是语法的欧化，“某先生”强调的是中国语文本身的不可救药——想欧化都不可能完成。第三个发言人李宗武则回到“五四”时期的语言革命主题——文言文与白话文之争。他在并非全面否定文言的前提下，认为白话胜于文言，“我不极端反对明白浅近的文言，如用冗长无味的白话，倒不如文言好；但在同一标准之表现力时，我相信白话比文言好”。他的这番话，正如茅盾在按语中所说：“和语体文欧化这问题有点不相关连”，但茅盾借机指出，“反对欧化语体文的先生们是反对‘欧化’，不是反对白话。”

茅盾在这个栏目的最后一段按语中说，他本来还收到另一封信，题目是《文言与白话之优劣论》，结论是文言优于白话，但作为编辑，茅盾的态度是，“这种议论，我们认为无登出来的必要”。由此可见，茅盾在这个栏目的安排上显示了非常明显的导向性：提倡白话，力挺欧化。

刘半农对勃洛克《十二个》的翻译未遂，茅盾为鲁迅的创作优先论高呼

——1921年8月11日致周作人函解读

启明先生：

前日快信亮［谅］蒙鉴矣。今得七日手书，敬悉一是。舍弟德文一无程度，大概不能入德文系旁听，只可先入英文系，随后再到德文系旁听（如此办法，应否先向顾孟余先生一说否，请先生酌示）。唯文凭一层颇为难，因舍弟从未正式读完一个学校，河海工程只差三个月，故亦没有毕业文凭；不知能否通融。大概下半年总得进个学堂，强制的振振精神。

刘半农先生所云勃洛克的《十二个》，想系俄国诗人Alexander Block的《十二个》一篇。此篇长诗英译有《自由人》杂志（Freeman）去年九月号载过，虽有三页之多，但不算甚长，刘先生之书价六先令，想来所载不止此书，或有一长序也。《自由人》上所载，不著译者姓名，后记得于他处见此诗单印本之广告，下有译者名，但已记不起，且并此广告亦无法觅矣。《十二个》刘先生译得如寄来时，也请先生寄下。

文学研究会分子只限对于文学有研究者，实际

似狭一点；先生拟设一会之办法，极端赞成；财力不怕不足，就只怕少人。我想北京一定可以先举办一个讲演会（北京人也多些），就把讲演稿作为讲义，分发远处，似尚易行。《小说月报》投稿者亦常便问种种文学上的常识话头，又有特写信来问有什么中文本书可看者，弟本思于七号起提出一段工夫来专写这些信，即在《说报》通讯栏中答复。现在工夫既没有，《说报》篇幅亦不够，已成泡影了。如北京能成立文学讲演会，则讲义印刷一事，商务定可办到。上海举行此会，很不容易，因上海谩骂之报纸太多，《晶报》常与《小说月报》开玩笑，我们要办他事，更成功少而笑骂多；且上海同人太少，力量亦不及。

捷克材料缺乏，只好付缺。先生所云Mijatovitch之书乃塞尔维亚。我前信误写，前日记起，急函先生说明，故有“仍请先生任之”一语；今当从先生之说不如缺乏。鲁迅先生说“象文学史上的一页，未必有益于国人”，真痛快，彻底讲来，自是小说有影响于人心，文学史仅仅为研究者参考，但总觉这“聋子的耳朵”，不能忍得舍去。据实说，《小说月报》读者一千人中至少有九百人不欲看论文。（他们来信骂的亦骂论文，说不能供他们消遣了！）

祝先生健康

雁冰

八月十一日

◆ **解读：**

◆ 刘半农

茅盾在这封致周作人的信中谈了几件事，首先是其弟泽民读书事，接着是刘半农对勃洛克的《十二个》翻译未遂事，以及文学研究会在京沪两地举办讲演会的可行与否的分析与建议，最后又对鲁迅提倡小说创作的观点表示赞同。关于其弟沈泽民读书事，在前几篇茅盾书简解读中均有涉及，此处不赘。此封信所谈其余几件事，所包含的信息量较多，依次释读如下。

一、关于勃洛克的《十二个》的英文译本

亚历山大·勃洛克（1880—1921）是苏俄象征主义诗派的领军人物，其英文姓氏一般译成Blok，而不是Block，因为后者有"街区"的含义，恐怕英文读者会望文生义。茅盾此处是误写了。

勃洛克的代表作《十二个》（*The Twelve*）写于1918年，是一首长诗，诗作仿照十二使徒寻找耶稣基督的故事，写十二个赤卫军战士在革命刚刚过去后的风雪之夜巡视圣彼得堡大街，以此呼应十月革命。那些旧制度的维护者——资本家、神父、贵妇人等，在黑暗中咒骂革命，而代表新时代的十二个战士则坚定前进。

《十二个》发表后，不仅在苏联，在欧美各国也引起轰

动，很快就被翻译成英语等多种语言。其英译1920年9月刊载于美国的《自由人》（*Freeman*）杂志。这本杂志当时刚刚创刊，其创办人之一叫艾尔伯特·杰伊·诺克，是一位自由主义作家、教育理论家，他们创办这份杂志的最初目的是把它作为宣传"单一税"运动的工具。他们把"十月革命"看作为一项自由主义运动，把"十二个"看作为自由主义战士，所以第一时间刊登了这首长诗的英译本。

茅盾应该就是在这家杂志上读到这首长诗的，在他印象中，这首诗不是特别长。茅盾非常敏感，而且有经验。当他得知刘半农买了这首诗的英译单行本后，就意识到可能有一长序，他记得译者的姓名杂志上是没有的，而在书的广告上反而有。

那么，英译者到底是谁？刘半农买的又是哪个版本？到底是否真的有茅盾所说的长序？

刘半农买的应该是1920年纽约B.W. Huebsch出版公司推出的初版本英译《十二个》，是"《自由人》小册子丛书"（*Freeman Pamphlets*）里的一种，封面上赫然印着两位译者的名字：Babette Deutsch和Abraham Yarmolinsky。的确不太好记，怪不得连茅盾都没能记住。里面确实有译者撰写的长篇"引言"（introduction）。

"刘半农先生所云勃洛克的《十二个》，想系俄国诗人Alexander Block的《十二个》一篇……刘先生译得如寄来时，也请先生寄下。"这段隐含着茅盾知道刘半农有翻译此诗的打算，所以才拜托周作人待刘半农译毕后，将译稿寄给自己。那么，刘半农后来翻译了吗？答案非常遗憾：没有。

顺便指出，就在茅盾与周作人在通信中谈论勃洛克期间，勃洛克于1921年8月7日在圣彼得堡去世。不过，茅盾和周作人，连同刘半农当时都未必得知这个噩耗，因为茅盾是在勃洛克去世4天后的8月11日写作的此信，从时间上推测，以当年的通信速度，无论是从圣彼得堡到中国（周作人所在的北京或茅盾所在的上海），还是从圣彼得堡到法国（刘半农所在的巴黎），消息走得没那么快。因此，他们的通信中均没有提到这一坏消息。

二、关于文学研究会的讲演会和创作优先论

1921年1月4日在中山公园来今雨轩，文学研究会如期举行成立大会，“与会者共二十一人，推举蒋百里为主席，主要讨论会章及本会的具体举措，包括读书会、基金募集问题、图书馆问题、会报问题、丛书问题、讲演会、会址问题等”。由此可见，文学研究会在成立的时候就有举办讲演会的计划。

作为文坛名流，周作人和茅盾常被各种机构请去做讲演。与茅盾相比，周作人更喜欢讲演，有《周作人讲演集》为证（止庵编，河北人民出版社2004年版）。他曾于书信中向茅盾提出举办讲演会的建议，茅盾表示“极端赞成”。但笔者以为茅盾的真心话或是“谨慎同意”，之所以这么说，原因如下：

1. 从茅盾的生平行事中可以看出，他并没有周作人那种亲自上阵去做讲演的积极性，而是更倾向于以文字去跟人交流。这是由他的个性也是由他的职业决定的。作为杂志编者，“投稿者亦常便问种种文学上的常识话头”，他跟读者的互动方式主要是通信，而不是面谈。他在《小说月报》设立有专门栏目，统一公开答复读者来函，即“读者文坛”和“通信”两个

栏目。这两个栏目不是每期都有，比如1921年7月号没有“通信”，1922年3月号和6月号没有“读者文坛”。

2. 茅盾建议先在北京搞，上海暂缓。首先因为召开讲演会，需要报纸的合作，比如前期登布告、后期做报道等，而“上海谩骂之报纸太多，《晶报》常与《小说月报》开玩笑，我们要办他事，更成功少而笑骂多”。也即，上海的报纸不仅不肯帮忙，还可能帮倒忙。

《晶报》曾对“五四”爱国运动进行嘲讽。从“五四”开始，全国学生兴起长期的激烈的抵制日货行动。1920年5月12日，扬州学生因查禁日货遭到船户殴打，学生们提起诉讼，要求准许他们拥有查货的自由。5月18日，（李）涵秋就在《晶报》发表杂感式时评《船户打学生》一文，说：“以后还需得叫那些住户居民，三更半夜，不许关门睡觉，听凭学生检查，才是彻底的办法。”语调阴阳怪气，充满了对学生正义行为的冷嘲热讽。

《晶报》又曾对“五四”新文化运动进行揶揄。1921年8月1日，《晶报》发表胡寄尘的小说《一个被强盗捉去的新文化运动者底成绩》，嘲笑新文化运动者手无缚鸡之力，只会打电报、发传单，根本没有实际改造社会的能力。

遭《晶报》攻击最厉害的还是新文化运动中的急先锋“新诗”。从1919年11月9日一直延续到次年5月，《晶报》开足火力，连续对新诗发难。比如，11月9日《晶报》发表主笔丹翁（张丹斧的笔名）的《为什么新诗都做得不好》，11月21日发表（张）恨水的《纯粹新诗决做不好》，11月30日发表寄桑的《我的新诗之意见》，12月6日发表（姚）雏的《说诗》等等。《晶报》在“围攻”新诗的战斗中，主编余大雄亲自出战，他给张恨水文章配了一首打油诗，云：“天生胡适成何用，专为新诗改革来。偏遇对头张恨水，可能从此战端开。”“战端”云云，体现了当时《晶报》同人对新诗及新文化人的态度，有几分唯恐天下不乱的姿态，这是一般小报“不怕闹事，越闹越热闹”的典型心理。现在客观地来看历史上的这场纷争，张恨水他们对新诗的意见不无可取之处，尤其是关于新、旧结合的说法难能可贵。但当时的论战，无论是发难者，还是接受者，都不可避免地带有情绪化。

在茅盾这样的新文学大将看来，所有这些哪怕打着“商榷”旗号的辩论文字都不啻是箭矢，这让他耿耿于怀，所以要在这封信里专门提一下《晶报》的“笑骂”习性。

暂不在上海举办讲演会的另一个原因，是“上海同人太少，力量亦不及”。召开讲演会，需要“兴师动众”，跟北京比起来，上海的同仁力量相对薄弱，所以事情“很不容易”办成。也许周作人读到本信之后，感受到了茅盾对讲演会的不甚热衷，后来便也不怎么提了。于是，文学研究会举办讲演会的计划就此被搁置，后来在京沪两地也都没有真正好好地搞起来。

在给周作人这封信之前的上一封信中，茅盾曾在信末写下“捷克与波兰两评论文，务请先生担任”的话。茅盾本来准备用于10月号专刊的这两篇评论文，周作人因为缺乏材料，最终没有撰写。或是周作人曾劝茅盾不如干脆不要这样的论文了，所以茅盾在8月11日的这封信中表达了放弃的态度：“先是捷克材料缺乏，只好付缺。”

之前，茅盾还想给周作人提供资料请他写，但在提供给周作人的资料中，误将塞尔维亚的Mijatovitch（米亚托维奇）当成波兰的（专号上发表了沈泽民翻译的米亚托维奇的《塞尔维亚文学概观》），错误发生后，茅盾不仅及时道歉，并表示听从周作人的意见。不过，茅盾并没有完全放弃论文。也许是在他的坚持下，周作人翻译了波兰学者阿勒·温斯奇的《近代波兰文学概观》，鲁迅帮编译了凯拉绥克的《近代捷克文学概观》。

比较有意思的是周氏兄弟不太积极撰写评论文字的另一个理由：这些概观文字，都属于“文学史上的一页”，其作用“仅仅为研究者参考”，“未必有益于国人”。那么，相比较而言，什么是有益于国人的呢？是真正的文学作品，“自是小说有影响于人心”。文学的目的在于以本体的审美特性，影响世道人心，从而促进社会的进步、文明的发展。周氏兄弟也好，茅盾也罢，虽然都是大学者，都研究并撰写文学史著作，却都认为作品的影响力远胜过评论。

在此之前，周氏兄弟尤其是鲁迅已经创作了在社会上产生较大影响的作品，而茅盾依然以评论家的形象屹立文坛。其实茅盾一直想搞创作，鲁迅这话说到他心里去了，于是他情不自禁地高呼“真痛快”。茅盾在信的末尾告诉周作人，读者来信骂论文，语气中虽然不无调侃，但内心的触动应该很大，也许那时他已经开始动了心思，要调整自己的文学形象——不仅是评论家，更应该是创作家。

1926年，茅盾开始动笔写小说，自此一发不可收，才有了后来影响深远的巨作《子夜》等，而追溯其创作小说的初始动机，是否有鲁迅这句话的作用力，我们不得而知。

陈独秀之被捕与出狱、周作人并未实质参与《新时代丛书》、茅盾第一次请辞《小说月报》主编始末

——1921年10月12日致周作人函解读

启明先生：

前信想已达览矣。仲甫先生已出，并闻法公堂有19日公讯之说，大概什么事都可用律师来解决了。

《新时代丛书》已交两稿，一为高畠素之的《社会主义与进化论》，一为堺利彦的《女性中心说》，此外没有了。先生的两部不知已着手否？何日可以望成？祈函示知。建人先生已当面和他说了。

关于《小说月报》编辑一事，自向总编辑部辞职后，梦旦先生和我谈过，他对于改革很有决心，对于新很信，所以我也决意再来试一年。但明年体例，究竟如何，我没了主意。

◆ 陈独秀

请先生开示一些意见！前天见仲甫先生，他说可以放得普通（通俗）一些，望道劝我仿《文章俱乐部》办法，多收创作而别以“读者文艺”一栏收容之。我

觉得这两者都是应当的。先生意见以为怎样？译件自然不可无，我以为译剧或者不妨少些。一切都盼先生尽情指教。

雁冰

（一九二一年十月）十二日

◆ 解读：

一、陈独秀一生到底几次被捕入狱？茅盾所提到的这次是因何被捕又如何出狱的？

1919年6月，陈独秀在《每周评论》上发表了一篇题为《研究室与监狱》的随感录，文中称："世界文明发源地有二：一是科学实验室，一是监狱。我们青年要立志出了研究室就入监狱，出了监狱就入研究室，这才是人生最高尚优美的生活。"此言如谶语，文章发表没多少天，陈独秀就被捕入狱了，后来又多次系狱，一生累计被监押时间达五年之久，过足了"人生最高尚优美的生活"。

然而，关于陈独秀一生入狱的次数，学术界却有两种不同的说法。

（一）四次说

2008年1月1日，李伶伶和王一心在陕西人民出版社出版了专著《日记的胡适：他和影响了那个时代的他们》。书中说："陈独秀一生四次被捕，胡适每次都积极参与营救。看他的日记，其中记录陈独秀的文字，也多半涉及于此。1919年6月12

日，陈独秀第一次被捕，原因是散发自拟的《北京市民宣言》传单。"

2008年第1期《党史博览》杂志发表了散木的文章《陈独秀在"五四"后的第一次被捕案》，说"陈独秀一生中曾四次入狱，这也一向是陈独秀研究中的重点。先前也曾出版过一本《陈独秀被捕资料集》，但随着研究的深入，发现了许多未收入的资料和被人忽略的材料。这些新发现的文献和资料，有不少是可以重新予以阐释的，比如他的第一次被捕，即在以他为旗手的'五四'新文化运动兴起不久发生的那一场被捕案"。

散木认为，陈独秀一生中曾四次入狱，第一次被捕是在以他为旗手的"'五四'新文化运动兴起不久发生的"。

8年之后，《世纪风采》杂志2016年第5期发表陶炳才、奚金芳的文章《陈独秀最后一次被捕掀起"全国性营救"》，说"陈独秀一生四次被捕，每次被捕，都是轰动事件，引起各方进步人士的关注与营救。第一次是在1919年的北京，五四运动期间他声援学生运动，同年6月11日在北京新世界游艺场散发传单被捕，坐了98天牢后被释放，他也成了'思想界的明星'。其余三次都是在上海租界被捕，分别是1921年、1922年、1932年，那都是他成了'共党领袖'后的事情。"

陶炳才、奚金芳基本上沿用了李伶伶和王一心的说法：陈独秀一生四次被捕。不过，具体日子有一天之差。他们说第一次是在1919年6月11日（即"五四"新文化运动兴起一个多月之后）。而李伶伶和王一心说那是在6月12日。

（二）五次说

如果散木在2008年时提出"四次说"情有可原的话，那么，陶炳才、奚金芳在2016年还持这种说法就不应该了。因为，早在2014年8月，丁晓平在其专著《硬骨头：陈独秀五次被捕纪事》（中国青年出版社）中已经对这种说法进行了纠正。有关报道中说："《硬骨头：陈独秀五次被捕纪事》是一部完整翔实的以陈独秀（1879—1942）五次被捕为主线创作的陈独秀传记。五次被捕，都发生在陈独秀一生中最为重要的几个时期。1913年第一次被捕，展现了陈独秀在辛亥革命前后英勇献身的精神。"（陈菁霞：《首次完整呈现陈独秀五次被捕坐牢经历》，载《中华读书报》2014年11月12日）

丁晓平认为，陈独秀一生五次被捕坐牢，而不是四次；第一次不是在1919年，而是要往前推6年，即1913年。

其实，散木在2008年也不应该有"四次说"，因为"五次说"也不是丁的研究成果，而是1980年代初起就有的现成说法。答案就在散木自己文章里提到的《陈独秀被捕资料集》一书中。那书是由强重华、杨淑娟、王树棣和李学文合编的，早在1982年6月就由河南人民出版社正式公开发行了。那书的正标题是《陈独秀被捕资料汇编》，副标题或说明词是"1913—1937年5次被捕之报导、评论以及陈本人的答辩和知情人的回忆共107篇"，很明确有"1913年"和"5次"的说法（在2008年之前，不止这一部书有此说法）。散木之所以提到此书，却还是提出错误说法；是因为他只是耳闻这本书而已，没有真的看到过此书，也因此，他连书名中的"汇编"都记成了"集"。

那么，为何不止一人会认为1919年那次是第一次呢？笔者揣摩有四个原因。一是1913年更久远，不好考证和记忆。再是1919年6月，是在"五四"运动期间，大家更容易连带着记住。

三是在“五四”运动轰轰烈烈的氛围激荡下，在1919年6月11日陈独秀因亲自上街发传单而被捕前夕，在《每周评论》上发表《研究室与监狱》一文，慷慨陈词，这几句豪言流传得太广了，以至于随后的那次被捕也成了最“响当当”的一次。四是如李伶伶和王一心等只从胡、陈这两位安徽老乡交往的角度来说事，1913年两人还不认识呢，哪谈得上胡去营救陈?

茅盾信中所说的是第三次。那么这次陈独秀是因何入狱，又如何出狱的呢?

丁晓平在《陈独秀第三次被捕到底是谁营救的?》（载2014年5月28日《中华读书报》）一文开头说：“1920年10月4日，是一个非常平常的日子……陈独秀和他的夫人高君曼以及到他家里的几个客人，都在当天下午六点钟的时候被法国巡捕房抓走了。陈独秀第三次遭到逮捕。”

陈独秀一生五次被捕的时间分别是1913年、1919年、1921年、1922年、1932年，并没有1920年，应该改为1921年。丁晓平的书中有正确的记述。此处说“1920年10月4日”应该是他的笔误或者报社排版的失误。

茅盾当年与陈独秀关系颇为密切，他在回忆录中说：“1920年5月上海共产党小组成立了。发起人是陈独秀、李汉俊、李达、陈望道、沈玄庐、俞秀松……我是在1920年10月间由李汉俊介绍加入共产党小组……”（《我走过的道路》上册第153页，香港三联书店1981年版）

茅盾这部晚年撰写的回忆录巨著里有许多小错误。首先，当时一开始陈独秀他们成立的组织不叫“上海共产党小组”，而叫“上海共产主义小组”（一年后，即1921年，中国共产党才在上海成立）。其次，1920年5月，只是发起人陈独秀等“开了一次会”，筹备成立上海共产主义小组，并不是真的成立了。正式成立的时间是1920年8月。再次，发起人的人数和名单也有出入，不是茅盾说的6人，而是7人，他们是：陈独秀、俞秀松、陈公培、李汉俊、沈玄庐、王仲甫和施存统。最后，8月份成立时，茅盾已经被列入名单（等同于参加），而不是要迟至他自己说的10月间。成立时的人员有李汉俊、李达、陈望道、俞秀松、杨明斋、沈玄庐、邵力子、沈雁冰等15人。茅盾加入上海共产主义小组之后，与陈独秀并肩作战，成为陈主持的上海版《新青年》杂志的“铁杆”（不取分文稿酬）撰稿人。

作为知情人，茅盾此信中关于陈的被捕与出狱情况的信息虽然只有寥寥数字，但绝对是“信史”。他在信的开头就向周作人通报此事——要知道周作人并不是共产党阵营中的人，可见，茅盾对此事之重视！而此信恰恰写于陈被捕仅仅8天之后（据此将年份界定为1921年是最为可靠的）。顺便提一下，茅盾在回忆录中说陈被捕的时间是在1921年残冬（见《我走过的道路》上册第156页），也有误。实际上的日子是阳历1921年10月4日，阴历为九月初四，在江南，初冬还没有到呢，说“残秋”还差不多。

最最坚实的证据当然是历史档案：陈独秀刑事记录卡。此卡现藏于上海市档案馆。据石磊所写《陈独秀刑事记录卡》文（2018年1月22日发表于上海档案信息网）披露，卡上面明确记录了有关陈被捕及入狱的基本信息。

1. 姓名：王旦甫即陈独秀。王旦甫是陈独秀刚刚被捕、身份尚未暴露时给自己临时取的化名；后来暴露后，巡捕房的人在化名后加上了他的原名。

2. 地点（即住址）：route vallon（法租界环龙路，“环龙”是法语“vallon”一词的音译，原义指希腊神话中文艺女神缪斯的住处）。4–10–21（今南昌路100弄2号），这就是茅盾在《我走过的道路》中多次提到的“渔阳里2号”。

3. 时间：1921年10月4日。

4. 职业：商务印书馆编辑（实际上是商务印书馆为了打名人牌给他挂上的“名誉编辑”）。

5. 编号：B9523。

卡片的右上方还贴有陈独秀在狱中所拍的照片。

那么，陈独秀这次是因何被捕的呢？

石磊在文中说：“1921年10月，刚辞去广东省教育委员会委员长职务的陈独秀来沪主持中共中央局日常工作。由于报上刊登了有关消息，引起法租界公董局巡捕房的注意。10月4日下午，巡捕房派出巡捕包围并搜查了陈独秀的寓所，将积存在那里的《新青年》和印刷机器一并搜去。”似乎陈从广州到上海一直处于被全国通缉的状态中，因此，到上海不久就被捕了。

丁晓平在《陈独秀第三次被捕到底是谁营救的？》一文中，引用唐宝林所著《陈独秀全传》（香港中文大学出版社2011年发行；不是丁文说的《陈独秀大传》，那是另外一部陈的传记，作者为任建树，由上海人民出版社1999年5月推出）说到的另一个重要原因：

共产国际代表马林带着大笔钱，突破荷兰、意大利、新加坡等多个国家政府设置的重重关卡，潜行至上海。法租界巡捕房本来重点要抓的是他（正是因为他的行踪暴露，本来在法租界贝勒路树德里3号召开的中共“一大”中途不得不迅速转移到嘉兴南湖的游船上举行）。陈独秀从广州回到上海，就和马林两次会晤，遂迅速被密探们发现并开始秘密跟踪。也就是说，密探们是在跟踪调查马林的过程中，逮住了与马林有联系的陈独秀，即陈独秀是受到马林的牵累而被捕的。

笔者以为，此次陈独秀被捕固然与共产国际代表马林有着密不可分的关系，但综合来研判，是两个原因共同造成的，陈自己的原因还是首要的，作为“中国过激党首领”，在1920年代前后，他是被高度妖魔化的（如到处传闻他主张万恶孝为首、百善淫为先），几乎成为保守阵营（尤其是军阀政府）的眼中钉、肉中刺，他到哪里，哪里的当局都想捕之而后快（见南京第二档案馆保存的秘密档案《步军统领衙门探员刘汉超等关于苏联共产党人在京、沪、鄂活动情报》，10月6日《时报》所发联合通讯社的报道披露了他此次被捕的直接原因，“住居法新租界，平日以提倡新文化为职志之陈某，迩因编辑共产、社会主义、工党主义、劳动主义、新青年等书籍，有过激行为，被探日等于前日至该处，抄出是项书籍甚伙。当将陈及妻林氏，并牵涉褚、牟、杨、胡等四人，一并带入捕房。”（转引自丁晓平《陈独秀第三次被捕到底是谁营救的？》）

茅盾在10月12号说“仲甫先生已出”，是指陈独秀“保释候审”；那么陈到底是几号在什么条件下被放出来的呢？“19日公讯（公审）”的结果又如何呢？

丁文转述判决结果道：“从10月4日被捕，5日第一次庭审，6日经褚辅成和张继交押金五百两获保释候审。”

陈独秀在狱中实际上只待了10月4日和5日两天，6日就被保释出狱了，而且后面也没有被判重新收押。这是因为他被捕的消息“立即在上海闹得满城风雨，营救行动立即展开”。胡适、蔡元培和孙中山等大人物都及时出手。有的人在暗地里找关系疏通，有的人发表公开声明给巡捕房施加压力。

保释的条件是押金500两银子，经褚辅成和张继替他缴纳。

茅盾在10月15日给周作人的信中一开头就对19日公审结果做了预测：“仲甫先生的事大概罚金及逐出租界可以了局，闻此次仍为《新青年》事，因（据别人说）近来《新青年》在《觉悟》上登告白，请上海自定之户，速来取书，故法公堂以为‘目无官宪’，用野蛮手段来了。《新青年》销售方面因此不免有些受影响，想来自是意中事。”这包括三个方面：缴纳罚金、被逐出租界、影响《新青年》销售。

先说罚金。

茅盾在回忆录中说陈需要交纳的罚款是5000元。这种说法可能来自包惠僧（当时在陈的家里而一同被逮捕的几个客人之一）。包在《我所知道的陈独秀》（原载《党史研究资料》1979年6月20日）中说：“经过马林的种种活动，结果罚款五千元了事。”丁晓平认为，包把五百元记成了五千元（《陈独秀第三次被捕到底是谁营救的？》）。积极参与营救他这位安徽老乡的胡适还提出了另一个数目，他在1922年8月19日的日记中写道：“法公使即发电去上海，今天已得回电，说独秀罚洋四百元了案了，也没有逐出租界的事。”（《胡适的日记》，中华书局1985年版）

那么，到底是400元、500元还是5000元呢？事实上都不是，而是1000元。丁文继续转述判决结果道："19日再次开庭审理，除陈独秀外均获释放，26日法庭结案：查《新青年》已被封闭禁止出售，被告明知故犯，罚洋一千元，销毁查抄书籍，释放陈独秀。"

茅盾提出了一个有意思的问题："陈独秀何来五千元？"哪怕是1000元，也不是一笔小数目——当时商务印书馆请陈任名誉编辑，月薪300元，是非常高的，但他9月份刚刚从广州回到上海，还没有到领第一个月薪水的时候呢。

那么，这笔钱是谁帮出的呢？

茅盾认为这笔罚金是马林出的（见《我走过的道路》上册第157页）。后来，有人证明，这1000大洋还是孙中山先生任总董事长的广东银行通过汪精卫支付的。当时在上海中华银行工作的谢菊在1985年回忆说："记得1921年10月初，陈独秀被上海法租界警务处当局捕去，须以现银五百两保释，其时汪精卫在沪，代为电粤设法，结果10日由广东省银行电嘱中华交汪精卫银元一千元，以供此用途。"（黄嘉树：《陈独秀第三次被捕是谁营救的？》，载《党史研究》1985年第2期）上海中华银行系广东银行在上海的代理行，他们的1000大洋是10日取出的，那时陈已经被以现银500两保释，没必要再把钱花在保释这个环节上，而是用来支付了罚款。

此次，陈并没有被判"逐出租界"。后面两次，1921年10月5日和1922年8月9日，陈独秀都是被法国巡捕房抓去，最后也都没有被逐出法租界。上面所引胡适日记也可作证。

这个实际结果跟茅盾的预测有很大出入，尤其是《新青年》销售不是"有些受影响"，而是"被封闭禁止出售"。

不过呢，马林应该也是出了钱的，他出的八成是律师费。茅盾在此信中说：“大概什么事都可用律师来解决了。”在回忆录中，茅盾则说：“马林为此事是出了力的。他请一个外国律师为陈独秀辩护。”（见《我走过的道路》上册第157页）这个外国律师就是当时在上海滩赫赫有名的法国律师巴和。以法国之大律师对付法国之巡捕房。可见马林也是用心良苦，而且效果也的确不错，尤其是在陈独秀迅速得到保释这件事上，巴和的辩护起到了直接的作用。正如10月6日《时报》所发联合通讯社的报道说：“昨日传至公堂，被告陈独秀，延巴和律师代辩称，此项书籍，是否有过激性质，敝律师尚未详细查察，求请展期讯核。官判陈交五百两，人银并保，陈林氏开释，余均交寻常保出外，听候展期讯夺。”

二、《新时代丛书》是为一大秘密召开所挂出来的一个幌子，周作人参与了吗？

（一）《新时代丛书》是什么时候由谁为何发起的，包含哪些书？

1921年6月，李大钊、李季、李达、李汉俊、邵力子、沈玄庐、周作人、周佛海、周建人、沈雁冰、夏丏尊、陈望道、陈独秀、戴季陶、经亨颐15人发起成立新时代丛书社，其中多为早期的共产主义者，当然彼时他们都有安全的公开身份，而隐瞒了自己与共产主义的“危险”关系。

关于这套丛书的缘起，也就有了明里和暗里两个。

先说“明”的。1921年6月24日，上海《民国日报》的

《觉悟》副刊曾登载《“新时代丛书”编辑缘起》（4天之后，即6月28日，北京《晨报》也刊登了此文），曰：“起意编辑这个丛书，不外以下三层意思”，就是“想普及新文化运动”，“为有志研究高深些学问的人们供给下手的途径”，“节省读书界的时间与经济”，“本丛书内容包括文艺、科学、哲学、社会问题，及其他日常生活所不可缺乏知识”。

再说“暗”的。这套丛书之所以要设立，而且其编辑部或者说通信处之所以要放在上海贝勒路树德里一百零八号（即望志路108号）暨李书城、李汉俊兄弟俩的寓所，是为了掩人耳目，是为了中国共产党第一次全国代表大会在那里筹备并召开期间，方便代表们安全出入。说白了，它是为一大秘密召开所挂出来的一个幌子。

茅盾是这套书的发起人之一，一度甚至是总联络人。一开始，对外公布的新时代丛书社的“通信处”为望志路108号，它与望志路106号后天井相通，两处实为一处，同为会址。后来，移至宝山路商务印书馆编译所即茅盾当时的工作单位。

在关键时候，明的还救了暗的。众所周知，1921年7月23日，中共一大就是在望志路108号暨李书城、李汉俊兄弟俩的寓所秘密开幕的。前后共开了7次会议。30日晚，举行第六次会议时，突然有一陌生男子闯进了会场，当被询问时，他答称走错了地方。其实这个人是法租界巡捕房的一个暗探。他的行动引起了与会人员的警觉。会议立即中断，代表们迅速分头离开。十几分钟后，法国巡捕赶来，包围并搜查了会场，但一无所获。

巡捕们为何会一无所获呢？后来，李氏兄弟作为会场房子的主人是以什么名义把巡捕们支走的呢？

原来，在会议召开之前，李氏兄弟早就做了预案，所以胸有成竹、应对自如。当法籍警官率巡捕闯进李公馆，厉声质问李汉俊：“你们在开什么会？”李汉俊用熟练的法语回答：“北京大学的几位教授谈编辑‘新时代丛书’的问题，并不是开会。”“为什么有许多社会主义书籍？”“我兼商务印书馆编辑，什么书都要看看。”（朱少伟：《“新时代丛书”社与中共“一大”会址》，载2008年6月26日《人民政协报》）。

因此，这套丛书扮演了革命斗争中非常重要的政治烟幕弹的角色，有效蒙过了法国巡捕，保护了“一大”。

不过，这套丛书可不仅仅是个政治幌子，还真的出过不少政治题材的好书。那么，到底出了多少种？具体哪些书？什么时候出的呢？

关于书籍数目，有“10种”和“9种”两类说法。

持“10种”说的有朱少伟等人。他在《“新时代丛书”社与中共“一大”会址》一文中说，“1922年1月至1923年12月，新时代丛书社相继推出《马克思学说概要》（施存统译）、《马克思主义和达尔文主义》（施存统译）、《遗传论》（周建人译）、《进化论》（太朴译）、《妇人和社会主义》（祁森焕译）、《儿童教育》（沈泽民译）、《社会主义与进化论》（夏丏尊、李继桢译）等10种书籍，皆由商务印书馆发行……如今，上海图书馆仍然收藏有新时代丛书9种（缺少‘第二种’）。”

朱说总共有10种，但他只列举出了7种。他又说“上海图书馆仍然收藏有新时代丛书9种”，还说缺少的是第二种。从上下文来判断，这第二种便是《马克思主义和达尔文主义》。那么，朱没有列举的另外三种到底是哪几部著作？

持“9种”说的有陆萍等人。其《中共一大会址曾是编辑马克思主义丛书的地方》一文中说：“新时代丛书社从1922年1月至1923年12月，先后出版9种书籍，分别是《女性中心说》《社会主义与进化论》《马克思主义和达尔文主义》《马克思学说概要》《遗传论》《产儿限制论》《进化》《妇人和社会主义》《儿童教育》。”（载《上海革命史资料与研究》丛刊2002年）。

通过仔细比对这两个书单，笔者发现陆萍比朱少伟多列举了两种，即《女性中心说》和《产儿限制论》，可补朱说之缺。

如果真是10种的话，那么，另外一种是什么书？这有待进一步考证。假如朱少伟是知道的，那么，希望他能提供全部10种的基本信息：他提供了译者名，而陆萍没有提供任何著作权人的信息。

笔者这里只讨论茅盾信中所提到的其中三种。

1. 先说高畠素之及其《社会主义与进化论》。

高畠素之（たかばたけ もとゆき），也有人误写为“高岛素之”，日本社会思想家、国家社会主义的倡导者。

中国早期马克思主义者们之所以看重他，可能是因为他是10卷本日文《资本论》的翻译者。“在1909—1910年之间，安部矶雄曾经翻译了《资本论》的开头部分。”“从1920年6月到1924年7月，高畠素之（1886—1928年）陆续把《资本论》分为10册翻译成日文出版。”（刘南燕：《第一位翻译〈资本论〉的中国学者——陈启修传略》，载刘南燕主编《中国农工民主党一干会议人物传略》，中国医药科技出版社2006年版，第286页）

《社会主义与进化论》一书洋洋洒洒，非常庞杂，不太像一部逻辑严密的专著。作者从进化论本身的历史谈起，继而从生物学、社会学、认识论、人口学等多个学科角度谈进化论，给人的感觉是作者把19世纪后期20世纪早期的西方哲学转述了一遍。只有倒数第二章讲的是社会主义，但聚焦于犯罪学。

夏丏尊和李继桢所合译的此书连载于《民国日报》之《觉悟》副刊，其中第一部分发表于1921年3月10日，最后一部分则发表于4月21日。差不多一年之后，《社会主义与进化论》被列为“新时代丛书”第10种，于1922年3月出版。

跟这套丛书里的其他书一样，此书也曾不止一次再版，目前比较容易看到的是1927年商务印书馆的再版本。

2. 堺利彦及其《女性中心说》。

关于本书的著作权问题和出版时间，中日都有讹传。

关于著作权问题。

茅盾说“一为高畠素之的《社会主义与进化论》，一为堺利彦的《女性中心说》”。按照一般的常理，或者习惯性说法，“堺利彦的”（或者在堺利彦和《女性中心说》之间没有“的”字）意味着堺利彦是《女性中心说》的作者，正如“高畠素之的”意味着高畠素之是《社会主义与进化论》的作者；后者是确定无疑的，但说堺利彦是《女性中心说》的作者，却是有疑问的。

有些学者不加考辨，径直把堺利彦说成是《女性中心说》的作者。如尹旦萍在《西方思想的传入与中国女性主义的崛起——新文化运动时期女性主义的思想来源》［载《武汉大学学报（哲学社会科学版）》2004年第4期］一文中说：“李达翻译了日本堺利彦著的《女性中心说》。”

以笔者所见大部分的中文史料来看，要么不说堺利彦到底是著还是译还是编（可能作者觉得此书的著作权情况有点复杂可疑，干脆没有标明），要么说他是“编”或“编写”或“编述”。“编述”的意思大概相当于“复述”（paraphrase），即用自己的语言方式说出原著的大概内容。

任向阳在《论李达与马克思主义妇女思想中国化》（载《甘肃社会科学》2012年第6期）一文中提道：“堺利彦编，李达译，《女性中心说》。”胡为雄在《赴日留学生与日本马克思主义在中国的早期传播》（载《马克思主义与现实》杂志2015年第3期）一文中说：“堺利彦曾据美国社会学者乌德（L.F. Ward）《纯理社会学》书中一章编写了《女性中心论》。”两人都用了“编”字。

此书日文版封面上没有任何有关信息。书脊上明确标的是“堺利彦、山川菊栄　译”。而版权页上明确标的是“堺利彦　译”。

可以肯定的是：不管是两人合译还是一人独译，堺利彦只是《女性中心说》的日文译者，而不是作者。程荣在《夏丏尊翻译活动的研究》一文中说夏曾转译“日本堺利彦翻译的《女性中心说》”（杭州师范大学硕士学位论文，2012年），明确说堺利彦是翻译了《女性中心说》。葛晓燕与何家炜亦持此说，他们所编著的《夏丏尊年谱》（中国文史出版社2012年版）中说：“［美］瓦特原著，据［日］堺利彦达恉转译。”

可见，在堺利彦的著作权属性上，用得最多的是两个字“编”和“译”。因此，说堺利彦是编译者，李达和夏丏尊都是通过堺利彦的日文编译本转译了《女性中心说》，才是正确的。

胡为雄在《赴日留学生与日本马克思主义在中国的早期传播》一文中说：“爱国学者夏丏尊……曾翻译过《全译女性中心论》汉文本，由民智书局1924年出版。这个汉译全本是根据日本马克思主义学者堺利彦有关妇女问题的译述著作，而堺利彦曾据美国社会学者乌德（L.F. Ward）《纯理社会学》书中一章编写了《女性中心论》，李达对之翻译过，汉译本由商务印书馆1921年出版。”

其实，李达早在“译者序”中交代得非常明白：“女性中心说是美国著名社会学者乌德《纯理社会学》（*Pure Sociology*）书中的一章，经日本堺利彦根据原书另行编述出来，作为单行本发行的。我曾经把乌德的原本和堺利彦的编述本对照着看过了。堺利彦完全照乌德的原本编述，用显明顺畅的笔法，充分说明了乌德的精义。我认定，我们与其看乌德的原本，还不如看堺利彦的编述本，尤易明瞭。所以我特意就堺利彦的编述本翻译出来。”“堺利彦编述”说的源头应该就是李达的这个序。如果以文字的“显明顺畅”为标准，那么李达的看原著不如看编述的说法还能站得住脚；但从真正的精义的传达而言，肯定还是要看原著。他这么说有为自己的译本做“王婆卖瓜”一般的广告之嫌。

原著者是乌德，或译为“瓦特”，通译为“莱斯特·弗兰克·沃德”（1841—1913），美国社会学家、植物学家和古生物学家，曾担任美国社会学会首任主席。真正的原著是他写的《纯理社会学》，通译为《纯粹社会学》。

胡为雄的文章资料比较丰富；越是信息量丰富的文章，问题可能也越多。就这段文字而言，有以下几个问题。

首先，文法有不通之嫌，比如“他曾翻译过《全译女性中心论》汉文本”。汉文本还需要翻译成汉语吗？再如“李达对之翻译过”。“翻译”是及物动词，后面直接加宾语即可，或者用“把”字句也可，用“对之”是很别扭的。

其次，逻辑有自相矛盾之嫌。假如堺利彦真的是根据一章编写的，那么日文译本本身就不全，哪谈得上《全译女性中心论》的汉译本？难道他胡为雄是说李达的译本是堺利彦的编述本的节译本，而夏丏尊的译本是堺利彦的编述本的全译本？程荣只说夏翻译了《女性中心论》，没有用“全译”；这恐怕是因为他没有深入全面地了解而不敢下判断。

葛晓燕与何家炜编著的《夏丏尊年谱》（中国文史出版社2012年版）对此有非常详细的介绍：夏译最初是在《民国日报》《妇女评论》副刊上连载的。其最初部分即第一章早在1921年8月3日就发表了，上编的最后一部分即第14章发表于1922年1月11日；接着开始发表的是此书的下编，下编之第一部分发表于3月8日，最后部分即“下编（完）”则发表于1922年5月17日。6天之后，《民国日报》之《觉悟》副刊（而不是《妇女评论》副刊）发表了夏撰写的“译述”。

从年谱的记述我们可以断定：夏译本是全译，而他是根据堺利彦的日译本转译的；因此，堺利彦的日译本也是全的；也因此，胡为雄说，“堺利彦曾据美国社会学者乌德（L.F. Ward）《纯理社会学》书中一章编写了《女性中心论》”，是错误的。

关于出版时间问题。

夏译《女性中心论》，是什么时候由哪家出版机构初版的？程荣在《夏丏尊翻译活动的研究》一文中说是初版于1922年1月，他没有说出版机构的名字。胡为雄说，夏译由民智书局于1924年出版。那么，到底是1922年还是1924年？是民智书局还是什么别的出版机构？

从年谱的记述我们可以回答：夏译本初版于1924年（1925年出了第2版），而非1922年。要知道，1922年1月，夏丏尊只译完了上编。如果当时他就急于出版，只有一种可能，即他不打算译下编了；但事实是，约两个月后，他就开始逐渐发表下编。因此，等他把全书整个儿翻译发表完之后，再由出版社出版，才是合乎逻辑的。

程荣之所以在《夏丏尊翻译活动的研究》一文中错以为夏译初版于1922年1月，可能是因为他把夏译和李译搞混了。李译本确实是于1922年1月由商务印书馆发行的，作为“社会科学小丛书”之一种。

顺便指出，李达译本的出版时间目前流传最广的说法是1921年，尤其是7月。如，胡为雄说，李达译本“由商务印书馆1921年出版”。再如，丁俊萍和吕惠东所写《李达对中国共产党创建时期宣传工作的贡献》（载《江汉论坛》2013年4月）一文中说，“李达翻译的《女性中心说》由商务印书馆1921年7月初版，1946年6月有重印本”。还如，关威《李达与妇女解放》（载《红广角》2014年第4期）一文中也说“1921年7月，李达翻译的日本堺利彦著《女性中心说》一书由商务印书馆出版”（“著”字是以讹传讹）。

但是，按照茅盾此信的说法，1921年10月李达才交书稿。

另外，1921年7月6日李达才写译后记。怎么可能7月就出版了呢？解放前出版书籍没有现在这样麻烦的繁文（文件）缛节（环节），速度是比现在要快，但也不会那么快！

支持1922年说的，还有两条证据。李志在《女性解放的可能性及其现实道路——李达女性解放理论的再思考》（载《山东社会科学》2013年第9期）一文中说："［日］堺利彦编述：《女性中心说》，李达译，商务印书馆1922年版。"宋镜明《李达主要著译书目》（载《图书情报知识》1985年第4期）明确说李译初版于1922年1月，此书后来再版过4次。

有意思的是：中国这边有人以讹传讹把此书中译本的时间往前推；而日本那边呢，为了卖个好价钱，把此书的初版时间往后挪。

此书曾上雅虎拍卖，其说明词曰"女性中心说、大正十二年初版"。初版本的拍卖价当然要远远高出其他版本，于是拍卖行把日本国大正十二年即公元1923年的版本说成是初版。但是，此书1922年1月已经在中国出现中文译本，难道其所据的日译本在日本反而还没有出版？可见商家之利欲熏心，不惜篡改时间。

堺利彦（1870—1933年）是日本早期社会主义活动家，生于福冈县一个士族家庭，自幼受儒家思想影响，后接受自由民权学说。

中国早期马克思主义者之所以青睐他的作品，可能是因为他是日文版《共产党宣言》的最早译者之一。据胡为雄介绍，"由他与幸德秋水两人合译的《共产党宣言》于1904年11月15日首次刊登在《平民新闻》周刊第53期上。该周刊把《共产党宣言》首次引入东亚，这不仅是日本思想史上的一件大事，也间接对中国留学生产生了很大影响。1906年3月，堺利彦负责的由分社出版《社会主义研究》月刊，亦刊载‘解释《共产党宣言》’。这其实是第一次全文刊登《共产党宣言》的日文全译本，这个日译本《共产党宣言》即成为最初汉译本的文本依据。《天义报》1908年2—5月第16—19卷刊登了民鸣译的《共产党宣言》第1章，据其广告，他就是根据堺利彦日译本翻译的”（参见《赴日留学生与日本马克思主义在中国的早期传播》）。

况且，最关键的是，陈望道是这套丛书的发起人之一。在发起这套丛书之前不到一年，即1920年8月，他完成了《宣言》的首个中文全译本，而他所据的就是幸德秋水和堺利彦的这个日文全译本。（参见陈红娟《版本源流与底本甄别：陈望道〈共产党宣言〉文本考辨》，载《中共党史研究》2016年第3期）

《女性中心说》包括男性中心说与女性中心说、男性中心说之内容、女性中心说之历史、自然之命令、生殖之方法、历史上的妇人、妇人的将来等14章内容。为了防止某些读者，尤其是女性读者，在革命情绪高涨的氛围中，矫枉过正，革掉男性中心说的命，代之以女性中心主义，李达在译者序中，特地强调指出：“我并不是提倡崇拜女性的人，也不主张应用女性中心主义学说来改造社会的组织。”“我是素来反对男女斗争的人，以为男女之间只有互助。”“有志改造社会的男女们彼此不可不有共存的阶级的自觉，共同携手参与改造事业，和那共同的社会的敌人奋斗，建设男女两性为本位的共同生活的社会。这也许是我翻译这书的一点用意了。”无论是男方还是女方，都不应该有自我中心主义的幻觉与偏见，否则双方的关系就会沦为敌对，而忘了他们共同的真正的敌人，从而阻碍他们共同走向美好生活与和谐社会。这是李达作为早期支持并领导妇女解放运动的马克思主义者的先知先觉和警惕心理，非常难能可贵！

3. 周建人译的《遗传论》。

周建人也是这套新时代丛书的发起人之一，因此，丛书中包含有周建人翻译的《遗传论》。茅盾当面和周建人说的应该就是这部译著。

那么，这是谁写的什么样的一部书呢？出版于何时？

冯永康《20世纪上半叶中国遗传学发展大事记》（载《中国科技史料》2000年第21卷第2期）一文说“1922年上海商务印书馆还出版了周建人翻译的《遗传论》等专讲遗传的书籍”。蒋功成著《淑种之求：优生学在中国近代的传播及其影响》（上海交通大学出版社2014年版）之序言中提到“1922年周建人翻译的英国人唐凯司德（L. Doncaster）所著的《遗传论》”。

从以上两条材料里可以看出，此书原著者是唐凯司德（L. Doncaster），其在科学上最大的贡献是1906年和雷诺（Raynor. G. H）一起发现了所谓“性连锁（sex linkage）”现象。①

周建人译本初版于1922年，现在比较易见的是1926年的第3版。

1921年10月，经周作人介绍，周建人离开北京，到上海商务印书馆任编辑，与茅盾成为同事。茅盾写此信时，大概周

① 指性染色体上的基因所控制的某些性状总是伴随性别而遗传的现象，又称伴性遗传。

建人刚刚到上海。两人很容易见面，所以茅盾在此信中写道：“建人先生已当面和他说了。”

（二）周作人是否参与了这套丛书的翻译？

本来，周作人也是这套丛书的发起人之一。这套丛书全都是翻译引进的书，尤其是从日本引进的——直接翻译日语的原著，或者间接由日译本转译其他语种的著作，而周作人是这方面的行家里手，理应参与。周作人一开始也答应了，并且还具体说到了两部备选书目，所以茅盾在信中追问：“先生的两部不知已着手否？何日可以望成？启函示知。”

但是，据笔者掌握的材料来看，周作人最后没有参与。原因很可能是：他发现这套丛书的马克思主义政治倾向有点过于强烈，对于他这个不愿意过问政治的人来说，有点不适合。

三、茅盾第一次请辞《小说月报》主编的根本原因是什么？他为何要向周作人、陈独秀和陈望道等人请教杂志的办法？

茅盾此信最后一大段谈的是《小说月报》编辑事宜，并就此向周作人等征求意见。但他先说的却是辞职之事。“关于《小说月报》编辑一事，自向总编辑部辞职后，梦旦先生和我谈过，他对于改革很有决心，对于新很信，所以我也决意再来试一年。”

茅盾曾两度辞去《小说月报》主编之职。第一次就是此信中所说的这次，是未遂，或许正是因为未遂而鲜为人知；第二次他成功请辞，带着很大的委屈和不满，因此弄得在文学界几乎众所周知，而且他一生都耿耿于怀。

首先，茅盾自己在回忆录中就有大段的文字交代第二次辞职之前因后果。1922年夏秋之际，他向他的顶头上司、新任编译所（商务印书馆最重要且最庞大的部门）所长王云五提出辞职。《我走过的道路》上册165页说："他们（指以王云五为首的商务印书馆当局中的保守派——引者按）……对《小说月报》发排的稿子实行检查。当这件事被我发觉了以后，我就正式向王云五提出抗议，指出当初我接编《小说月报》时曾有条件，是馆方不干涉我的编辑方针，现在商务既然背约，只有两个办法，一是馆方取消内部检查，二是我辞职。商务当局经过研究，允辞《小说月报》主编之职……"

也许正是由于茅盾自己对第二次辞职"大书特书"，学界很多人都曾论及。如，2005年复旦大学的洪锡英在其硕士论文《茅盾〈子夜〉再评价》中说"两年以后1923年，茅盾辞职《小说月报》主编，原因是商务印书馆董事会的顽固派对《小说月报》的改革，商务当局开始干涉茅盾的编辑。"再如孔雪在《茅盾：从"革命文艺理论家"回望"进步青年"》一文中说"在革新《小说月报》两年后茅盾被迫辞职"（《新京报·书评周刊》2016年12月24日）。似乎茅盾辞去《小说月报》主编职务，只发生过一次（第二次），那第一次似乎从未发生过似的。

因此，借助此信的有关信息，我们有必要在这里论述一下他第一次辞职的相关情况。

从原始资料角度来说，关于这次辞职，目前只有茅盾给周作人的三封信中提及。

最初是在1921年9月21日的信中，茅盾写道："《小说月报》出了8期，一点好影响都没有，却引起了特别的意外的反动，发生许多对于个人的无谓的攻击，想来最好笑的是因为第一号出后有两家报纸来称赞而引起同是一般的工人的嫉妒；我是自私心极重的，本来今年揽了这劳什子，没有充分的时间念书，难过得很，又加上这些乌子夹搭的事，对于现在手头的事件觉得很无意味了。我这里已提出辞职，到年底为止，明年不管。"

也就是说，茅盾萌生退意，是在9月21日的样子。请注意把这个日子跟商务印书馆历史上的另一个重要日子结合起来看，我们能看出一些端倪。

钟桂松《茅盾与王云五的那些往事》（载《读书文摘》2015年第1期）说："王云五在商务印书馆高管的再三恭请下，于一九二一年九月十六日正式到编译所。"

王云五新官到任三把火，有新思维和新作为，对商务各项事务进行大力改革，对之前的改革做法有推进的，也有收缩的。在王到任后的第5天，茅盾就提出辞职，肯定跟王的改革措施有关。正如钟桂松先生所说"王云五调研三个月之后，于一九二二年一月正式上任，并以改革的姿态，大刀阔斧地整顿编译所，从机构设置、业绩考核、人员调整等等方面实行全面改革，编译所一下子膨胀了不少。而正在红红火火主编《小说月报》的茅盾也受到冲击。"也就是说，王云五的改革和茅盾之前的改革发生了冲突。

1921年1月茅盾接受主编《小说月报》之前，曾与时任商务印书馆编译所所长的高梦旦约法三章（提出三个相当苛刻的条件）："一是现存稿子（包括林译）都不能用，二是全部改用五号字（原来的《小说月报》全是四号字），三是馆方应当给我全权办事，不能干涉我的编辑方针。”（见《我走过的道路》）高梦旦他们居然全部都接受了，放手让茅盾“为所欲为”。

大概除了无关紧要的第二条之外，其余两条都受到了王云五的质疑甚至要求整改。

王云五是有干涉茅盾的编辑方针的想法的。比如，在选题方面，他提出要激动潮流而不要追逐潮流的理念。这是否暗讽茅盾过分追逐外国的所谓新潮文学？后来，他曾暗地里指使人检查乃至撤换茅盾编定的稿子，从而导致茅盾第二次辞职并获准。这是后话。

那些被茅盾强行封存的旧小说稿子却要在王云五手里起死回生了。王云五提出“以新方法利用旧资料”的改革措施。茅盾所说的“现存稿子（包括林译）”是指在他对《小说月报》进行改革以前，商务印书馆已经购买了大量“礼拜六派”的旧小说以及林纾翻译的小说稿子，而且稿费已付出，准备陆续发表。但茅盾在出任《小说月报》主编之后，全部予以封存，商务的这笔投资整个儿就等于泡汤了。商务是个企业，投资是需要回报的。况且，包括茅盾自己也承认，那些旧小说其实颇有读者市场，都是能卖钱的，比他鼓吹的新文学的市场更大。茅盾可以站在纯粹文人的角度去做他认为有意义的事，而王云五作为出版社当家的，必然要考虑生意。茅盾到了晚年还骂王是“官僚与市侩的混合物”（《我走过的道路》上册164页）。“市侩”指的应该就是王比较注重经济效益，不惜迎合市民的阅读趣味和消费心理。王云五在约谈茅盾的时候，应该是明确提出要想方设法把被他封存的稿子重新利用起来，变成银子。

掌柜的王云五不得不考虑柴米油盐，应该还过问了《小说月报》改版后的销售情况，而且还表达了不满。财大气粗的商务倒是并不指望茅盾办《小说月报》能带来多大的利润，只要保持收支平衡就差不多，反正从编辑成本的角度来算，只有茅盾一个人在那里既当主编又当编辑，拳打脚踢，左右开弓，人力资源成本并不高。但杂志哪怕不叫座也应该叫好，能赚吆喝，因此发行量还是要考虑的。

关于《小说月报》的销量，茅盾自己的说法是：在他接手之前，1920年第11卷“销数步步下降，到第十号时，只印二千册”。而在他改版之后，“第一期印了五千册，马上销完，各处分馆来电要求下期多发，于是第二期印了七千册，到第一卷末期，已印一万册。”有学者指出，茅盾自己报的这个数字有水分。事实是：“如果改版之前的《小说月报》真如茅盾所说的那样，仅印二千册的话，改版后的《小说月报》第12卷的销量，应该不会超过二千份，第13卷则进一步有所下降。”（段从学：《〈小说月报〉改版旁证》）笔者以为，“应该不会超过二千份”只是估算甚至是猜测；2000册应该是不止的，不过茅盾的说法恐怕也确实有泡沫成分。

茅盾之所以如此不惜在销量上“夸大其词”，是因为他要给王云五的印象是：在他茅盾接任《小说月报》主编之后，对杂志进行空前改革并取得了辉煌成就，商务因此名利双收。杂志的销售势头很好，照他的思路办下去就行，不用进行“再改革”。王云五何等精明之人，恐怕很快就搞清楚了真相，而且还以领导的身份给茅盾施加了压力，要他想办法增加发行量。这就给茅盾以“官僚”的不好印象。

在保守派围攻、发行量上不去、领导层不再力挺此三重压力下，茅盾产生了三种不良情绪：沮丧、冤枉和焦虑。给周作人的信中他适度地宣泄了这三种情绪。

在9月21日的信中，他首先表现了沮丧的情绪，《小说月报》在他手上出了8期，他所期待的良好局面并未出现；相反，“一点好影响都没有，却引起了特别的意外的反动，发生许多对于个人的无谓的攻击”。接着他显得很冤枉，觉得自己没有功劳也有苦劳，一个人单枪匹马，约稿、编稿、改稿甚至还要亲自操刀写稿、译稿，如此兢兢业业、忙忙碌碌，却吃力不讨好，在商务印书馆内外有不少的人在诅咒他、嘲笑他甚至挤兑他。他说“今年揽了这劳什子，没有充分的时间念书，难过得很，又加上这些乌子夹搭的事，对于现在手头的事件觉得很无意味了”。作为作家，他更喜欢做的事是读书写作，而不是干编辑这样为人做嫁衣裳的事情。现在他为了编好刊物，牺牲了那么多本来可以用来读写的时间和精力，结果却还没有多少人同情乃至赞扬。怎不让他气恼？！“乌子夹搭”是我们吴方言，形容事情一团糟、纠缠不清。

要知道，当时他才25岁，正是血气方刚、容易冲动的年龄。他一气之下，决定辞职。

他的辞职信给了总编辑之后，也不知道是他去找的高梦旦还是高找的他。如果是高梦旦找的他，可能是王云五委托的，也可能是高闻讯后主动找来的。高作为商务的元老级人物，为人和善，处事公道，深得各级员工尊崇，因此是整个商务里里外外人事系统的“润滑剂”（散木：《高梦旦：承前启后的“老商务”中流砥柱》，载2015年12月2日《中华读书报》），而且他是一年前荐举茅盾当《小说月报》主编的对茅盾有知遇之恩的老领导，由他出面与茅盾进行一番推心置腹的谈话，鼓励他要对改革有决心和信心，效果立竿见影。茅盾收回辞职之心，“决意再来试一年”。王云五他们呢，也想再支持或者说观察他一年半载。双方还要继续博弈。

鼓励茅盾要有耐心，要继续奋斗的当然不止高梦旦一个人，还有比如周作人。在10月15日写给周作人的信中，他说“辞职事现在取消，再试一年看；先生教我奋斗，我不知怎的，求效心甚切，似乎非一下成功，就完全无望，现在且领教下一年水磨工程，再看如何。如再一年而无效验，无论如何，无颜为之矣。”

茅盾为何说“无颜为之”？如果这指的是与保守派的思想斗争，那么哪怕失败，也是虽败犹荣啊。况且，在当时的中国文化语境中，文学杂志就是思想阵地，文学观念之争往往流于意识形态之斗。而在思想高度活跃甚或混乱的1920年代，谁能服谁？谁能统一谁？杂志办得越红火，引来的非议可能越多。所以，大家对于观念斗争，无论输赢，都是习以为常的。让茅盾真正感到无颜以对的，多半是某一事实方面的不成功，即“无效验”。还有什么比销量更硬性、更有说服力的指标呢？

如果销量陡然上去了，比如真正达到了茅盾所说的一万份，那么，商务不仅可以收回成本，还有一定的利润。王云五他们也就不会算计那些已经买下来的稿子了，换句话说，他们不仅不会给茅盾施加压力，反而可能加大支持力度呢。如果销量陡然上去了，表明新文学正在深入广大的人心，取得一步步的胜利，旧文学阵营投射来的明枪暗箭也就自动失效，可以不在乎他们的抱怨或谩骂。总之，如果销量陡然上去了，三重压力都会大幅减轻甚至消失。

那么，让茅盾非常焦虑的问题就是：如何在接下来的一年试验期里，吸引更多读者来购买杂志呢？茅盾在问自己，也在问一些师友。他们给他出的主意，也基本上围绕这个目标。哪怕是体例的变化，恐怕也得服从这个关键目标。

陈独秀帮他开出的方子是："放得普通（通俗）一些"。"俗"才能与普罗大众相"通"，才能让他们舍得掏腰包。现成的例子就是通俗文学刊物《礼拜六》杂志，1914年创刊之初，"每逢星期六清早，发行《礼拜六》的中华图书馆门前，就有许多读者在等候着。门一开，就争先恐后地涌进去购买"，恰如"清早争买大饼油条一样"（周瘦鹃：《关于文学工作种种》，载王智毅编《周瘦鹃研究资料》，天津人民出版社1993年版，第250页）。其销量达到了二万份左右（周瘦鹃：《〈礼拜六〉旧话》，载王智毅编《周瘦鹃研究资料》，天津人民出版社1993年版，第241页）。《小说月报》之前走的是曲高和寡、纯粹先锋的路子，很难在销量上与之抗衡。所以，陈独秀劝茅盾不妨放低身段，迁就一下普通百姓的审美水平和阅读趣味。

陈望道帮他开出的方子是："多收创作"。之前我们说过，茅盾认同鲁迅的观点，即创作比批评更重要。但他自己那时毕竟是批评家、学者，他是把杂志当作大家引进思想、发表意见的平台；所以，之前他相对比较侧重于译介和评论。茅盾也深深知道，创作比论文更吸引普通读者，因为创作才能让他们消遣。在1921年8月21日写给周作人的信中，他抱怨道："据实说，《小说月报》读者一千人中至少有九百人不欲看论文。（他们来信骂的亦是论文，说不能供他们消遣了！）”因此，段从学认为，“就《小说月报》本身的内容来看，论文和译作过多而创作太少，也是难以广为行销的一个原因”（《小说月报》改版旁证）。

茅盾对两个方子表态说：“我觉得这两者都是应当的。先生意见以为怎样？”为什么一方面认为“应当”，另一方面还要问“怎样”？如果他真觉得应当，照办即可，何来疑问？

原来茅盾是有苦衷或者保留自己的想法的。

他之所以要锐意改革《小说月报》，就是因为他觉得原来的《小说月报》跟《礼拜六》那样的下三烂刊物没什么区别，只是迎合大众的阅读趣味。如果为了所谓的销量，要他牺牲理想和情怀，不就回到改革之前了吗？这不是要他向“旧恶势力”妥协吗？他可能会有所妥协，但到底在多大程度上妥协是合适的呢？他拿不稳这个度，干脆就没有妥协。另外，他的文学观还是精英主义的，即俗众的水平是用来提高的，而不是俯就的。从后面一年他所具体执行的编辑方针来看，他对陈独秀的建议的“应当”态度只是当场一时的“漫应之”而已，基本上没有按陈独秀的方子去抓药。

茅盾从道理上是完全认可陈望道的方子的。其实，《小说月报》改版之初，就有让本土原创作品和翻译作品并驾齐驱的计划（见《小说月报》第11卷第12号之“本刊特别启事一”）。后来之所以出现原创作品不及翻译作品的问题，一方面是因为他自己更加青睐当代外国作品，另一方面是因为他收到的中国原创作品的投稿鲜有令他满意的。1922年6月6日，他曾无可奈何地向周作人诉说“《月报》中最缺创作，他人最不满意于月报之处亦在不多登创作，其实不是我们不愿意多登，只是少好的，没有法子”。同时他急得向周氏兄弟求救：“鲁迅先生如有创作，极盼寄来。”关键是，当时全国能让他满意的作家也就那么几个，他们的新作又不能都给《小说月报》，所以他总是觉得稿源匮乏。

在这种情况下，他抱着宁缺毋滥的态度，宁愿继续多发翻译作品，也不多登粗制滥造的原创作品。这封信的最后，他说“译件自然不可无”。这实际上是为他接下来的编辑方针之变化而留有余地的说法。

可以这么概括，茅盾事实上把陈独秀的方子放在了一边，陈望道的方子呢，他倒是很重视，时时带在身边，到处去抓药；但他抓不住多少有真正文学效力的，只好作罢。

就这样，茅盾在自己的改革步伐和商务当局要求的改革步伐之间，进三步，退两步，甚至进退两难。过了将近一年之后，即1922年9月20日，茅盾给周作人的信中几乎垂头丧气地说：“今年说报的销数比去年减些，我觉得非常惭愧。尚有三期，未必即能有多大影响，挽回些什么。我想不出今年的报要比去年的坏，坏在哪里。先生有所见，请不客气的指教。”从他自己的编刊标准来衡量，肯定是1922年比1921年的更好；可惜读者不认可，商务当局不认可；不仅不认可，还认为那是“坏”。而茅盾自己可能也认可他们所说的“坏”，因为销量不升反降，事与愿违，回天乏力。他只能辞职“谢罪”。

《小说月报》之改名、英美之翻译出版俄国文学

——1922年1月10日致朱湘函解读

雁冰先生：

《小说月报》自改革后兼登剧本诗歌，原名与内容似不切合，现在十二卷近完，何不乘此把名字改了？下面几个问题如蒙答复，感谢之极：一，英美可有专门研究翻译俄国文学的杂志，专门出版俄国文学译本的公司？二，托尔斯太最好的译本，出版处详细地址；三，Merezhkovsky：Tolstoi & Dostoevsky出版处详细地址；四，Drama出版处详细地址。

朱湘

十一月二十七日

朱湘先生：

《小说月报》自12卷1号起，本已照文学杂志办理，一面请北京文学研究会中会员帮撰，作为非正式之文学研究会代用的月刊；《小说月报》四字实已不能包括现在的《小说月报》的内容，但因从前已有十一年的历史，骤然改名，恐发行方面，难免

有所窒碍，所以现在还是不能就改。

尊询数条，兹就所知者谨答如下：

（1）英美专门研究翻译俄国文学的杂志好像简直没有；出版家中发行俄国文学译本的如伦敦的Maunsel & Co.出版的“Modern Russian Library”（已出约有六种），纽约的Alfred A. Knopf出版的The Borzoi Russian Translations（约有小说十二种），伦敦Constable的“Constable’s Russian Library”（已出约有三四种；此丛书注重在翻译俄国“新派”“Modernist”的著作）等等都是。专门出版翻译俄文学书的书店，倒不曾听得过。

（2）托尔斯泰最好译本，恐怕还是Walter Scott（伦敦）的全集了。

（3）英译本名“Tolstoi as Man & Artist”末附一章评论陀氏的，出版处偶忘。

◆ 朱湘

（4）59 East Van Burren Street， Chicago.

记者　雁冰　复

一月十日

◆ **解读：**

一、浪漫主义后生与现实主义旗手的罕见通信

这是现存朱湘和茅盾之间的唯一一次通信。1921年11月27日，朱湘以一个《小说月报》的读者兼初出茅庐的作者的身份，给该刊主编茅盾写信，提出建议，并请教问题。1922年1月10日，茅盾则以“记者”口吻回信作答。两人之间的关系非常生疏，因此，相互以“先生”称呼对方。

这一来一回两封信当时就由茅盾刊登于《小说月报》第13卷第1号（1922年1月10日出版）。朱湘当时才18岁，还是清华大学的在校生；不过，已经充分显示了对文学的兴趣、抱负、眼光和才华，并且开始在《小说月报》发表诗作。作为文坛先进，茅盾可能也正是看出了朱湘是可造之才，不仅刊发了他的诗作，还跟他通信，而且相当耐心地回答了他比较粗浅稚嫩的问题。

宫立曾撰文解读过这次两人的通信，见《诗人朱湘佚简一封》（载《中华读书报》2013年8月21日7版），但有语焉未详之处，尚存进一步解读的空间。

另外，笔者从学生时代起，就喜爱朱湘的诗歌，同情其遭遇，扼腕其自沉。

况且，茅盾与朱湘，一个是隶属于文学研究会的现实主义文学大师，一个是隶属于新月派的浪漫主义诗歌名家；两人似乎并不搭界，也的确没多少实质性的交往。这次通信是难得一见的两人之间的文字交往，至少说明茅盾虽然主张文学要立

足于人生、聚焦于社会，但作为杂志主编，他采取的还是相对开放包容多样的编选方针，也刊载别的流派或倾向的作品，不仅刊载朱湘的作品，还刊载徐志摩的。文学研究会不是铁板一块，而是吸收了朱湘和徐志摩等人作为会员。这是很少有人重视的一个现象。

因此，两人的通信值得我们好好说一说。

二、《小说月报》并不是文学研究会会刊，那么，哪个刊物是会刊？

文学研究会于1921年1月4日在北京正式成立，发起人为郑振铎、沈雁冰（茅盾）、叶绍钧（叶圣陶）、许地山、王统照、耿济之、郭绍虞、周作人等。后来陆续发展的会员有谢婉莹（冰心）、顾毓琇、黄庐隐、朱自清、王鲁彦、夏丏尊、舒庆春（老舍）、胡愈之、刘半农、刘大白、朱湘、徐志摩等，共达170余人。

茅盾是主要发起人，而且始终是灵魂人物；1921年1月他正式接任《小说月报》并实施编辑理念的新政，使之脱胎换骨，由传统文学的渊薮革命性地转化为现代文学的重镇。

也许正是由于这时间上的“巧合”，而且从此《小说月报》的作者绝大部分为文学研究会的会员，不少人把它当作了文学研究会的会刊。

比如，2007年华东师范大学周雪梅在其硕士论文《持重中的流变——1921年后〈小说月报〉研究》里说文学研究会把“由沈雁冰接编的《小说月报》（自第十二卷第一号起）作为自己的会刊”。

其实，早在1980年代初，就有学者指出“长期以来，人们都把《小说月报》说成是‘文学研究会’的‘机关刊物’、‘代用机关刊物’或‘会刊’。其实，这些说法是不对的。”［顾智敏：《〈小说月报〉不是“文学研究会”的机关刊》，载《上海师范大学学报（哲学社会科学版）》1983年第2期］

茅盾在这封给朱湘的信中也明确说，《小说月报》“非正式之文学研究会代用的月刊”。既然是“非正式”（unofficial），那么就不能叫“机关刊物”或“会刊”。但此处茅盾的意思是，可以把它叫作“代用刊物”或“代用机关刊物”。

不过，在具有盖棺定论性质的晚年回忆录里，茅盾有点无奈地说：“《小说月报》是商务印书馆的刊物，却因我担任主编，文学研究会会员以个人身份投稿，外间却误以为《小说月报》是文学研究会的代用机关刊，发生不必要的误会。”（《我走过的道路》上册，第158页）连“代用机关刊”的说法他都认为是“误会”。

茅盾之所以如此强调这一点，是因为他觉得《小说月报》“始终是商务印书馆的刊物”。商务印书馆当局对这个刊物或者说对它旗下的所有书刊都有两种比较保守或者说谨慎的负面态度：1.“如果《小说月报》的言论为商务印书馆董事会中的守旧派所不能容忍时，商务当局就要横加干涉。”2.“商务的老板们最怕得罪人，我们对有些文艺上的问题，就不便在《小说月报》上畅所欲言。”

茅盾深切体会到文学研究会和商务印书馆之间的不同、机关刊和非机关刊之间的差异。假如《小说月报》是文学研究会的机关刊，那么会员们在上面就能享受比较充分的言论自由。

正是因为《小说月报》的编务被商务当局横加干涉，茅盾作为主编，深感不能自主的痛苦和烦恼。在他辞职之前，就另辟自由空间了。

他和郑振铎等文学研究会的同仁们创办了本会真正的机关刊物《文学旬刊》。《文学旬刊》有上海和北京各自编辑的两种，上海《文学旬刊》自1921年5月作为《时事新报》副刊面世，到1929年第9卷第5期为止，共出380期；第81期改名为《文学》，每周一期，因此到第172期改名为《文学周报》已名副其实，并且开始脱离《时事新报》单独发行。从此摆脱了任何“婆婆”的管束。北京《文学旬刊》自1923年到1925年共出82期。

另外，随着更多诗人加入文学研究会，他们创办了《诗》月刊，从1922至1923年共出7期。《诗》月刊没有依傍于任何别的机构，也可算是文学研究会的机关刊物；或者说，是准会刊。

从言论自由的角度而言，茅盾对这两种机关刊是满意的。他在晚年回忆录中说“《文学旬刊》创刊时曾公开说是文学研究会的会刊，我们在它上面发表文章就不必存什么顾忌了”（《我走过的道路》上册，第158页）。因此，我们也可以说，文学研究会的宗旨，不仅是研究人生和社会，而且还在争取自由发言的空间；也许后者是更加根本的诉求。

三、《小说月报》不改名的原因

《小说月报》顾名思义，登载的都是小说，或者说，以小说为主。

茅盾对《小说月报》的革新，不仅仅是把它猝然由旧文学营垒改为新文学堡垒，而且体裁上，也由原先单纯的小说扩展为多种体裁并举，诗歌、戏剧、散文、论文均有一定的篇幅。

当时有些人就纳闷或者说质疑，既然包含文学的各个门类，就该名副其实地改称《文学月刊》，于是有人就来信问茅盾。其中包括朱湘。他建议茅盾从第13卷第1期（1923年1月）开始，把刊物名改了。在这一点上，茅盾对他的回信可以说是针对所有那些对此有疑问的读者的。他的答复是不能改，并道出了真实的原因：“骤然改名，恐发行方面，难免有所窒碍。”发行问题始终是压在出版社和茅盾身上的一块石头。《小说月报》本来就发行得不是太好，如果因为改名而减少，则谁也担当不起这个责任。所以还是只能名不副实地沿用原名。

四、欧美系的朱湘居然也关心俄国文学。茅盾推荐的发表俄罗斯文学作品的是什么样的英美出版社？他推荐的又是哪些丛书？

在现代中国，留学生文化大致可以分为三类：留日、留苏和留欧美。

作为清华留美预备学校的学生，朱湘当然属于欧美派，他的知识谱系和学术方向都具有英美系特点；但从他给茅盾的信中可以看出：他居然对俄国文学也曾很感兴趣，一连向茅盾提出了四个问题，其中三个有关于俄国文学在英语世界的翻译和出版情况。而且，他提问的目的是想要借阅甚至购买俄国文学的英文译本。

这是否能说明：在当时象牙塔里的大学生也受到了茅盾等力倡的革命文学的熏陶和影响？具体来说，是否是朱湘读到了《小说月报》第12卷号外（1921年）“俄国文学研究”专号而产生了给主编沈雁冰写信请教的冲动？

朱湘是个很认真的人。为了更多了解俄国文学，他曾经打算学习俄文。他在美国留学时给赵景深写信说：“我如今很想在文字方面多下一番苦工。我想在已经学习的希腊文，拉丁文，法文，德文，英文外，加学俄文，意大利文，梵文，波斯文，阿拉伯文。能作到哪一种田地，如今也不敢讲，不过我觉得要这样一番工夫，才不辜负来西方一趟。”（见《朱湘书信集》，上海书店影印本，第59页）后来，他还真学了俄文并翻译了俄国古老的英雄史诗《意里亚与斯伐陀郭》，在译诗之前还写有关于这部史诗的简介，收入他的译诗集《番石榴集》。

日前有据可查的，朱湘与俄罗斯文学的关系则始于这次他与茅盾的通信。

宫立说茅盾在回信中“还就朱湘提到的四个小问题逐条答复”，但没有解释具体答复的内容。

朱湘问的第一个问题是：“英美可有专门研究翻译俄国文学的杂志，专门出版俄国文学译本的公司？”

要论“专门研究翻译俄国文学”，在1922年时候的英美，茅盾说，杂志呢“好像简直没有”，出版社呢“倒不曾听得过”。

但茅盾在指出“没有”的同时，还是列举了几个出版社及其出版的几套与俄国有关的丛书，那些丛书虽然不一定是专门的文学丛书，但好歹是包含俄国文学的。那么，茅盾推荐的是什么样的出版社或丛书呢?

1. 伦敦的蒙赛尔出版公司（Maunsel & Co.）推出的"现代俄国文库（Modern Russian Library）"。蒙赛尔出版公司本来是都柏林的一家出版社，在20世纪初，他们主要的业务或者说任务是向外推广爱尔兰文学，例如詹姆斯·乔伊斯的作品；但后来，他们不仅在伦敦办了分社，而且业务范围也扩大到了出版外国作品的英文译本。

2. 纽约的阿尔弗雷德·诺普夫出版社（Alfred A. Knopf）出版的"狼狗俄罗斯译丛"（The Borzoi Russian Translations）。关于这套译丛，《茅盾全集》（人民文学出版社1997年版）第36卷第42页有个注解："波尔佐依的俄文译本"。朱湘问的是英美的译本，茅盾答的也是英文译本；注解者偏偏还要说是"俄文"？！注解者不知道"Borzoi"是什么意思，就想当然地以为是译者的名字；按照英文的文法，在这种情况下，不会在译者人名的前面加定冠词"the"，因此"Borzoi"不是译者的名字。那么，这到底是个什么概念呢?

阿尔弗雷德·诺普夫出版社由老诺普夫创办于1915年，为了吸引读者，从1920年代初开始，他们印制了一个宣传册，叫《狼狗》（*The Borzoi*），上面登载的是他们的新书的广告，有时也包括作者的简介，定期发行。这是全世界出版行业的创举。"俄罗斯译丛"（Russian Translations）是他们在1920年代初重点推出的一套书，也冠以"狼狗"一名。这套丛书包括下面这则广告里说的两种：

（1）《伟大的俄国》，作者是查尔斯·萨罗利亚。本书副标题是“她的成就与希望”（Her Achievement and Promise）。萨罗利亚之前研究的是英国和德国，以著作《盎格鲁日尔曼之问题》而闻名。他的这部著作有过度宣传俄罗斯帝国的嫌疑。其宣传语是：全面、精彩、富于同情心地介绍俄国各个方面的成就与希望，涉及外交、政治、艺术、文学等等。显然，本书虽然涉及文学，但文学只是一个部分而已。

1916年的俄罗斯的真实情况如何呢？在沙皇尼古拉二世的统治下，穷兵黩武，对内对外都施行残暴政策，所谓的成就就是镇压“中亚民族大起义”。所谓的希望就是帝国的覆亡。转过年，1917年（俄历）2月（公历 3 月），发生第一次革命，沙皇就被废除了。

（2）莱蒙托夫的长篇小说《当代英雄》。小册子对这部作品没有做更多介绍。第一可能是因为作者和作品都已经非常有名，第二可能是出版社认为反正它不会像上面那部一样大卖。

可见，这套丛书并不局限于文学，但文学占的比重颇大。茅盾说，这套丛书约有小说12种。如果是真的，那么这应该是一套比较大型的丛书。

3. 伦敦康斯太勃尔（Constable）出版公司推出的“俄罗斯文库”。茅盾说这套文库“已出约有三四种”，实际上是5种。它们分别是：

（1）列夫·托尔斯泰的代表作《安娜·卡列尼娜》（*Anna Karenina*）。

（2）陀思妥耶夫斯基的名著《卡拉马佐夫兄弟们》（*The Brothers Karamazov*），以前一般人都翻译为《卡拉马佐夫兄弟》，好像是只有兄弟二人，不确；事实上，是兄弟仨，所以应该翻译成“兄弟们”。

（3）柳博芙·陀思妥耶夫斯基（Lyubov Dostoyevskaya，1869—1926）的散文作品《移民》（*The Emigrant*）。柳博芙是散文家、小说家兼传记作家，是陀思妥耶夫斯基的女儿。

（4）弗拉斯·多洛舍维奇（Vlas Doroshevitch）的《十字架之路》（*The Way of the Cross*），作者是俄罗斯记者，讲述的是第一次世界大战开始的日子里，俄罗斯和波兰的难民们的痛苦遭遇。“十字架之路”这个概念来自基督教（尤其是天主教），有时也被称作“十字架诸站（Stations of the Cross）”，更加普遍的称呼为“苦路（The Way of Sorrow）”或“拜苦路”，是指天主教的一种模仿耶稣从被判处死刑到被钉上十字架所走路程的活动。在许多天主教教堂里，都有表现这一主题的壁画。因此，基督教世界的人们爱用这个短语作为各种艺术作品的标题，包括书名。

《十字架之路》一书前面有斯蒂芬·格拉汉姆（Stephen Graham）撰写的“引言”。格拉汉姆（1884—1975）是英国记者、小说家、游记作家。他不仅为此书写了引言，还选编了一部俄罗斯短篇小说选集，作为这套丛书的一种；因为他认为，在欧洲，短篇小说的重要性不亚于长篇。他选的都是在俄罗斯雅俗共赏的作家的作品，如梭罗古勃（Fedor Sologub）、库普林（Alexander Kuprin）和布留索夫（Valery Brussof）等。

格拉汉姆可能还参与了这套丛书前期的选题和后期的推介。他之所以选定柳博芙的《移民》，固然因为柳博芙是大文豪的女儿，更是因为他自己也曾关注过美国的移民问题并且撰写过与此有关的文章。

这套书可称得上是“文学丛书”。格拉汉姆的评价是，这套书“集合了当今俄罗斯文学之美”，抓住了世纪之交俄罗斯的时代精神，展现了在战争、饥馑和革命之中俄罗斯人所进行的精神与肉体的斗争。尤其是他自己选编的俄罗斯短篇小说集，可能有助于给英国文学界“提供新的概念、模式和新的文学形式的可能性”。

格拉汉姆对俄罗斯及其文学的热爱是从青少年时期开始的。他年轻时就学习俄语，并到俄罗斯游历，后来在25岁时还娶了一位40岁的俄罗斯女士。他写过好几部关于俄罗斯的书，如《变革中的俄罗斯》《俄罗斯与世界》《穿越俄罗斯的中亚地区》等，都是关于他在十月革命之前在俄罗斯的亲身游历。

茅盾说，此丛书注重翻译俄国“新派”“Modernist”的著作。我们如何来理解他的这句话？或者说，如何来理解他所说的“新”？

在“五四”新文化运动时期，在有些人的心目中，“新”意味着“新见的”或“闻所未闻的”，古希腊古罗马的作品，因为刚刚输入中国，以前是没有见过的，因而也归入“新”的范围；因此，“新”在某种程度上等同于“外”，只要是外来的都是新的。从这个角度来说，在茅盾写这封信时（1922年），19世纪的陀思妥耶夫斯基（1821—1881）可以是新的，活到了20世纪初的列夫·托尔斯泰（1828—1910）更可被列入“新”的谱系。而且，这两位批判现实主义大师也契合于茅盾自己作为现实主义文学家的形象。

但是，茅盾的文学视野可不限于现实主义，在1920年左右，绝对称得上是“先锋”甚或“时髦”，比如他对象征主义尤其是风头正劲的后期象征主义的引进用力甚猛，或者自己动手译介，或者优先编发别人的有关稿子。而众所周知，象征主义是全世界第一个现代主义（“Modernist”）文学流派。茅盾在这里把现代主义跟“新派”并列或者说等同，正说明了他的追新姿态。

因为这种姿态，茅盾甚至与周氏兄弟“不敢苟同”。周作人几乎一生都主张系统介绍外国文学，身处“五四”时代维新是论的氛围，他曾跟茅盾说要翻译古典文学。茅盾一方面客气地表示“很赞同”，但进而表达了“不赞同”的观点：“系统介绍这个办法，在科学和哲学方面，诚然是天经地义，而在文学方面，似乎应当别论；我现在仔细想来，觉得研究是非从系统不可，介绍却不必定从系统（单就文学讲），若定照系统介绍的办法办去，则古典的著作又如许其浩瀚，我们不知到什么时候才能赶上世界文学的步伐，不做个落伍者！”（见一九二〇年最末日给周作人的信）鲁迅曾委婉地说茅盾过于“趋新”。

茅盾主持《小说月报》笔政的使命或者说宗旨，便是力图让中国文学与最先进的世界文学同步。1922年7月10日，他在给万良濬的回信中说得更辩证而全面：“翻译《浮士德》等书，在我看来，也不是现在切要的事；因为个人研究固能惟真理是求，而介绍给群众，则应当审度事势，分个缓急。”茅盾认为，外国古典文学固然也需要翻译，但可以缓行，紧急的应该是译介现代主义，因为从时间之轴上说，中国已经处于现代。茅盾让“新”与“现代主义”并驾齐驱，显现了识时务之明智。

五、大名鼎鼎的英国浪漫主义文学殿军司各特还翻译过托尔斯泰吗？

茅盾答复朱湘说，“托尔斯泰最好译本，恐怕还是Walter Scott（伦敦）的全集了”。关于此处，《茅盾全集》（人民文学出版社1997年版）第36卷第42页有个注解，说“华特·司各特（1771—1832），英国诗人、小说家”。这里指的是一家以他的姓名命名的出版公司，出版了很多文学书，包括托尔斯泰的。

在整个20世纪不断再版的英文版《托尔斯泰全集》的译者是与托尔斯泰同名的一个人，叫列夫·维恩纳（Leo Wiener，1862—1939），此君是美国的历史学家、语言学家和作家，成就多，而且多样。他的译本全名叫《托尔斯泰伯爵作品全集》，早在1904年就由波士顿的爱思特出版公司（D. Estes & Company）推出，到21世纪还在再版。他还编过一些比较通俗的托尔斯泰的书。比如《托尔斯泰教育文选：含〈伊阿斯拿耶·波良纳学校〉和〈纺亚麻的人〉》（Pedagogical Articles: Including the School of Yasnaya Polyana and the Linen-Measurer），《伊阿斯拿耶·波良纳学校》一文的全称是《11、12两月中的伊阿斯拿耶·波良纳学校》（写于1862年）。再如《上帝之国在你心中：托尔斯泰杂论基督教与爱国主义》。

朱湘还问到一部具体研究托尔斯泰和陀思妥耶夫斯基的梅瑞兹可夫斯基（Merezhkovsky）的专著，当然是英译本。茅盾提供了书名“Tolstoi as Man & Artist”，并说“末附一章评论陀氏的”。至于哪家出版社，他说忘了。那么，这部著作的作者梅瑞兹可夫斯基是何许人？这部书又如何呢？

梅瑞兹可夫斯基（Dmitry Sergeyevich Merezhkovsky，1866—1941），生于圣彼得堡，卒于巴黎，是俄罗斯诗人、作家、文学评论家，著作甚丰，经历更富。他写过但丁和达芬奇的传记，也写过托氏和陀氏，还自诩是两位大师的传人。朱湘所想了解的他的这部专著，实际上是关于托氏的（他跟托氏有交谊）。关于陀氏的，只是附录了他的一篇有关文章而已。所以，这部书的英译本（*Tolstoi as Man and Artist: With an Essay on Dostoievski*）的正标题是“托尔斯泰其人其艺”（直译为“作为人和艺术家的托尔斯泰”），副标题是“附论陀思妥耶夫斯基”。《茅盾全集》的编者在注解中把正标题译为《托尔斯泰其人与艺术家》，是有问题的，会让人产生误解：好像这部书谈论的是托尔斯泰与艺术家的关系似的。

茅公何以“非”宗教？

——1922年4月6日致张闻天函解读

闻天兄：

昨天从嘉兴回来，看见《觉悟》上登着你底《非宗教运动杂谭》，句句都赞成，并且觉得句句都有甚大的力量！

你反驳现在一派以为“现在的教会只存一个躯壳，不值得反对”的一番话，显透极了。现在的教会和资本主义及军国主义狼狈为奸的地方，随处可见，罗曼·罗兰（Romain Rolland）底剧本“Liluli”上，写这一点，最是痛快。罗兰深恨战争，但是近代的教会却无处不煽扬战争，教会的人，嘴里说“爱和平”，实际天天散播战争的种子。这是罗兰反对教会的一个理由。罗兰又是酷爱真理的，他在“Jean Christophe”里描写的理想人物就是酷爱真理的；但是近代的教会的人，嘴里说“真理”，实际天天遮掩真理。“Liluli”上描写“真理”被教会里人缠住了手脚，堵住了嘴，遮掩了面目，却又把这个被修改过的“真理”抬得很高，号召群众，说这是真理，真理在我们这里，我们是宣布真理的！假冒真理愚弄众人，是罗兰反对教会的又一理由。罗兰又极恨现在的教会里人善于适应——不如说是偷换——环境。每逢一种新思想初起，教会第一必猛力反对，但是后来一看新思想底势力太大了，便又顺水推船地偷用起来，把新思想的话头附和他们那《圣经》的话头里去，扬扬然自得地说，这倒本来是我们有的……（引者略）这是罗兰反对教会的第三个理由；因为现在的教会是作恶的、欺诈的、商贾似的东西。

以上是罗曼·罗兰底话，也就是他对于现代教会的观察；但是以我所见，证之以罗兰底话，觉得他底话千真万确。近代思想自由的西洋名人，尤其是文学家，几乎没有一个不反对教会；法郎士描写的牧师，简直是灰色的毒虫。托尔斯泰底人格，有良心的应该钦仰的，然而教会恨他，因为他反对现在的教会。细数起来，基督教在世间造下的罪恶多极了，却不见有一点好处。

教会在中国又是一个面目，谁都知道。我记得《先驱》的“非基督教号”上有一篇说，基督教是海外殖民的先锋队，这话对极了！只看印度，还不是几个传道人替英国觅来的殖民地么？

你的第四段，更好！现在藉口于宗教战争而施弄挑拨手段的教徒，我已经见过许多了；这种卑劣的手段也只有他们最会用罢！此外也有一些非教会人，这样腮腮过虑；所以我觉得你第四段的话，真是字字有力！

我已说得多了，改日再谈罢。

雁冰

四月六日

◆ **解读：**

一、总说：此信为茅盾“以信为文”的佳例，对于中国现代思想史（尤其是茅盾个人思想史）颇有意义

笔者之所以不厌其烦地要把这么长的一封信录入电脑并抄写在这里，是基于以下几个原因：

1. 茅盾年轻时曾跟周作人等一样有“以信为文”的习惯，这样的信写出来之后很快就会拿到报刊上去发表。这封信，尤其是第一个超长段，通过分析罗曼·罗兰的剧本《利露莉》的思想倾向，概述了罗曼·罗兰反对（现代）教会的三大理由，本身就是一篇精文。茅盾写出来后第二天，即4月7日，《民国日报·觉悟》就发表了此信，或者说此文。

2. 茅盾（及其弟沈泽民）与张闻天一生都保持亲如兄弟的关系，但留下来的他给张的信件只此一封，无比珍贵，但至今鲜有人提及。

3. 这封信显示茅盾和张闻天曾经有过非常激进的反宗教思想倾向。在现代中国，这种思想倾向起源于1920年左右，影响至于后来尤其是共产党执政之后的整个无神论史，因此，此信具有一定的思想史意义。其特殊价值在于：它告诉我们，茅盾虽然是马克思的信徒，但他的马克思主义思想（包括无神论思想）不仅仅来自马克思们，也来自像罗曼·罗兰这样的自由思想家。

二、茅盾情不自禁表达对张闻天的《非宗教运动杂谭》一文的赞成，两人都是“趁热点”回应当时方兴未艾的“非宗教运动”

张闻天的《非宗教运动杂谭》分两次发表于“五四”时期“四大副刊”之一《民国日报》的《觉悟》——1922年4月6日和16日。因此，茅盾此信是他看到张文的前半部分后急就的。

张闻天此文和茅盾此信是对当时刚刚在中国兴起的“非宗教运动”鼓与呼的。非宗教运动可以说是“五四”运动在宗教领域里的延伸和成果，是“五四”运动“反帝”口号的一次落实，其所反对的是帝国主义的宗教，由于当时的帝国基本上都是西方列强，他们的宗教是基督教，因此，这场运动又被称为“非基督教运动”。

中国历史上曾经发生过两次大规模的反基督教运动。第一次是毁誉参半的晚清义和团运动；第二次就是1922年—1927年的“非基督教运动”。义和团运动持续差不多3年，其口号或者说观念也戏剧性地经历了三个阶段的变化：从“反清复明”到“扫清灭洋”再到“扶清灭洋”。后面两个口号一看就是“矛盾”的，甚至是“互否”的，对清王朝既“扫”又“扶”；但在“灭洋”上倒是前后一致。到了1920年代呢，“清”已被扫灭，当时中国名为“民国”，实际上是军阀混战、“城头变幻大王旗”的时期。就说从1922年到1927年这5年吧，政权先是由北洋军阀掌控，旋即又转手给奉系军阀。也许是为了汲取义和团运动的教训，也许真的不知道对军阀政权是该“扫”还是该“扶”，更不知道“扫”谁“扶”谁，“非基督教运动”的发起者们干脆避开这个话题，把注意力聚焦于“灭洋”，把火力集中于“反基督教”。

按照“五四”运动的思想逻辑，帝国主义侵略中国，也包括文化侵略，其主要工具之一就是基督教。这就是茅盾在信中所说的“基督教是海外殖民的先锋队”。他说这话来自《先驱》杂志“非基督教号”的一篇文章。那是哪篇文章呢？

且让我从头说起。1922年，世界基督教学生同盟（World Student Christian Federation）拟定于4月4日借用北京清华学校（清华大学前身）召开第11届年会。在《张闻天早期文集（1919.7—1925.6）》一书中，收入有《非宗教运动杂谭》一文，编者所加的题注中说：“北京首先发起非基督教运动，成立了非基督教大同盟。”（中共党史出版社2010年版，张闻天选集传记组、张闻天故居和北京大学图书馆联合编辑，第156页）这个说法是不对的，北京学生成立的是“反宗教大同盟”，而不是“非基督教大同盟”，即北京所反对的不仅仅是基督教，而是所有宗教。

首先发起非基督教运动的，不是北京，而是上海。3月9日，上海学生成立“非基督教学生同盟”，通电反对这个年会在中国召开，呼吁全国支持。同日（这说明此次运动发起之前是有充分的组织和绸缪的），《先驱》杂志推出“非基督教学生同盟专号”，里面包括被称为打响“非基督教运动”第一枪的“非基督教学生同盟”宣言。那个宣言一共8段，其中第5段是：

> 世界的资本主义，已发生成熟而将崩坏了。各国的资本家……不论是英是美是日是法…… 因而大起恐慌，用尽手段，冀延残喘于万一，于是就先后涌入中国，实行经济的侵略主义了。而现代的基督教及基督教会，就是这经济侵略的先锋队。

茅盾认为，帝国主义“海外殖民”的最集中表现是“经济侵略”，但“海外殖民”包括的范围更广，于是他把这最后一句中的“经济侵略”改成了“海外殖民”。

上海的宣言发出来之后，引起了北京方面很大的反响和呼应，响应的不仅有学生，而且有教师，甚至有校长。

3月11日，北京学生成立“反宗教大同盟”，北大校长蔡元培等人均予支持。蔡元培早在德国访学时，可能受到尼采“反基督教”和“以艺术为准宗教”等思想的影响，看透了基督教的式微和虚伪，于1917年4月8日在北京神州学会的演讲中，提出“以美育代宗教”的口号，其演讲稿后来发表于《新青年》杂志第3卷第6号。因而这次他高调支持学生“反宗教”是顺理成章的。北京的口号中把基督教扩展为全部宗教，这可能也是受到了他的“以美育代宗教”的影响，即美育要代替的不是某一种宗教，而是所有宗教。

3月21日，北京也发表了宣言，由蔡元培和李石曾、陈独秀、李大钊、汪精卫、戴季陶、吴稚晖等77位学者名流以该同盟的名义联署发表，通电全国，提出：“我们要为人类社会扫除宗教的毒害。我们深恶痛绝宗教之流毒于人类社会十倍于洪水猛兽。有宗教可无人类，有人类便无宗教。宗教与人类，不能两立。”

4月4日至8日，世界基督教学生同盟第11届年会没有因为京沪两地高校师生的反对而作罢，在大批军警的保护下，在清华学校如期召开。就在开幕式当天，即4月4日，李石曾、李大钊、邓中夏等12人在《晨报》上发表《非宗教者宣言》。

张闻天的《非宗教运动杂谭》的前半部分发表于4月6日，茅盾的信发表于4月7日，正是在那个年会期间，真是“趁热点”、针锋相对、有的放矢啊。

由于受“五四”时期激进甚至偏激的风气的影响，跟张闻天一样，茅盾在这封信中也展现了反对宗教的狂飙思想姿态。他以偏概全地断言说“细数起来，基督教在世间造下的罪恶多极了，却不见有一点好处”。

三、茅盾用来反对基督教的道理和事实都是外国的

在此信中，茅盾用来反对基督教的道理和事实，主要有6条，其中前3条来自罗曼·罗兰，即罗曼·罗兰在剧本《丽露丽》中所表达的反对（现代）教会的三大理由。

（1）“罗兰深恨战争，但是近代的教会却无处不煽扬战争，教会的人，嘴里说‘爱和平’，实际天天散播战争的种子。”罗曼·罗兰曾旗帜鲜明地反对两次世界大战，他因为痛恨战争，而痛恨假装和平而实际好战的基督教。基督教呢，也确实有挑起战端的前科，从公元1095年至1270年，这将近200年

的时间里，搞了8次十字军东征，真可谓穷兵黩武。

可能正是因此，有人对非宗教运动有所忌惮，生怕引起战争。别有用心者则利用人们害怕战争的心态进行挑拨，威胁人们不要反对宗教。这就是茅盾在信的最后说的“现在藉口于宗教战争而施弄挑拨手段的教徒”。对此，张闻天在《非宗教运动杂谭》一文中予以专门论述。首先，他说，所谓宗教战争，是指发生在宗教与宗教之间的战争；宗教与宗教之间是比较容易发生战争的，因为“宗教的信仰，是冲动的，感情的，盲目的，彼底排他性非常之强，其危险如炸弹一样”。其次，他说，非宗教运动并不是以一种宗教反对另一种宗教，而是以理性反对冲动；“唯其所申诉的是理知，所以其目的是在达到真理，不在排斥异类。唯其不在排斥，所以不会引起像从前一样的宗教战争”。最后，他说，万一真的引起了战争，那么，运动的参与者也不会回避和害怕，因为那是“为了真理而引起的一种战争”。

（2）罗曼·罗兰酷爱真理，而教会不仅遮掩真理，甚至伪造真理。他没有像张闻天一样主张为了真理不惜引起对宗教的战争。诺奖评委会的授奖词中就有对他热爱真理的表彰：“为了向他的文学著作中体现出的崇高理想主义，以及他对真理的热爱和对人类的同情；以这种爱和同情，他描写了种种不同类型的人物。”比如，茅盾在信中提到的“Jean Christophe”，指的是罗曼·罗兰的同名皇皇巨著《约翰·克里斯托夫》，主人公克里斯托夫为人爽直真诚，富于正义感，认为艺术家为了表现生活的美好理想，应当向社会上虚伪轻浮的消极势力展开不妥协的斗争。因此，茅盾评价说克里斯托夫是酷爱真理的人物。

“但是近代的教会的人，嘴里说‘真理’，实际天天遮掩真理。”更有甚者，教会还往往以假乱真，把谬误打扮成真理，迷惑欺骗愚弄大众。教会的人总是自以为或者宣称自己是先知，比大众先行掌握真理，然后要大众没有任何条件地去相信乃至践行他们所说的真理。而罗曼·罗兰强调每个人都要通过自己的努力，去获取真理。他说“经过自己的尽力即便知道一半真理，也比随声附和地知道悉数真理要好得多”。因此，他深恶教会。

（3）“罗兰又极恨现在的教会里人善于适应——不如说是偷换——环境。”“善于适应”本来是个褒义词组；但茅盾在这里说的是反话，因为首先：教会里人的所谓“适应”实际上是“偷换”，或者说是“妥协”，或者说“投机”。“每逢一种新思想初起，教会第一必猛力反对，但是后来一看新思想底势力太大了，便又顺水推船地偷用起来。”教会有势利的一面，谁的腿粗，他们就抱谁的，就跟谁走，甘愿仰人鼻息，为其服务。近代以来，欧洲新兴势力最大的，茅盾说是“商贾似的东西”，而张闻天说得更加直白：“这新势力和资本主义有密切的关系”“彼所鼓吹是金钱万能和伪道德”（《非宗教运动杂谭》）。笔者以为，张闻天此处所说的“伪道德”指的是：某些教会人士自命清高，实际上铜臭气十足。

以上说的是教会像变色龙一样适应环境，尤其是拜金主义的观念环境。教会同时还想方设法让社会上兴起的新思想牵强附会地去适应古老的《圣经》。茅盾说他们善于“把新思想的话头附和他们那《圣经》的话头里去”。他们以此证明上帝无所不知，《圣经》无所不包，而且《圣经》所说的都是真理，所含的真理又都是永恒的。比如，近代科学的许多新知往往被他们利用，来证明《圣经》里的种种荒唐的传说是事实。好像基督教不仅能与科学相容不悖，而且科学是内涵于教条的，是教条所衍生出来的，因此科学有助于他们加强信仰。这种逻辑和论调委实迷惑过许多人，包括科学界的人；到后来，有些科学家都在教会面前，甘愿被矮化、工具化，以至于助纣为虐。结果呢，正如张闻天所愤愤而言的：“科学不过是一种为恶者的工具，不但不足以造福人类，并且为人类幸福之大敌。”（《非宗教运动杂谭》）也就是说，我们并不能一提倡科学，就动摇宗教的根基，宗教的大厦并不会就此自动倒塌；恰恰相反，在科学与宗教的较量中，最终被招安的是科学，宗教只不过是伪装出一副科学的面目而已，其实质依然故我。这是张闻天在1920年代初对科学的社会角色的一种比较深沉的警惕和深刻的反思。

除了援引罗兰反对现代教会的以上三个理由，茅盾还找了三个另外的理由。

（4）法郎士之反对教会。“法郎士描写的牧师，简直是灰色的毒虫。”茅盾这里所说的“法郎士描写的牧师”可能指的是法朗士的反基督教杰作《苔依丝》里的牧师形象。《苔依丝》是根据他早年发表的诗歌《圣女苔依丝的传说》改写成的小说。故事梗概是：牧师先是感召贵族子弟巴福尼斯皈依基督教，欺骗后者说只要他皈依了，就会洗尽凡尘杂念，摆脱正在折磨他的爱情的苦恼。巴福尼斯到尼罗河畔的沙漠里苦修了10年。但是，他仍旧忘不了美貌放荡的女演员苔依丝，赶到亚历山大城去找她。牧师又跟他说，苔依丝长期浸淫于世俗快乐的罪恶深渊，灵魂已经堕落，需要拯救，于是巴福尼斯忍痛割爱，又把苔依丝送进了女修道院，自己则回到沙漠。可是，巴福尼斯之后还是一直坐卧不宁。最后，牧师所说的堕落者苔依丝死后升入了天堂，而拯救者巴福尼斯却被打入了地狱。

这个牧师形象的确如同“灰色的毒虫”，自己过着无趣枯燥的“灰色”生活，而且还像“毒虫”一样去毒害别人，禁锢别人对正常的快乐的追求。这部书引起了教会的猛烈抨击，导致后来法朗士的所有作品都被罗马教廷列为禁书。法郎士遂与罗马教廷势不两立。

（5）托尔斯泰之反对教会。茅盾说：“托尔斯泰底人格，有良心的应该钦仰的，然而教会恨他，因为他反对现在的教会。”1880年代，托尔斯泰写了多本关于宗教的小册子，例如：《我的宗教——我的信仰何在》《宗教与道德》《宗教为何》《理性与宗教》《天堂就在你的心中》《对神的察考》等。那时，他之所以要集中写这么多宗教论文，或者说，他这些论文所要表达的核心思想是：跟罗曼·罗兰一样，他也要经过自己的努力去获得信仰。他说：“我必须通过头脑领悟我将要信奉的东西。”“要信仰我们觉得是欺骗的东西——则不可能。”（致堂姑亚历山德拉·安德烈耶夫娜的信）他这里所说“欺骗的东西”指的是东正教，更具体地说是俄国主教公会。他对教会的不满导致了教徒们对他的不满。他们公开威胁他说：“你对基督教的想法是错误的，所以我们要将你开除，在你死后，也不可能得到本教的葬礼祝福。”

1901年2月22日，主教公会真的革除了托尔斯泰的教籍。

对此，托翁做出了针锋相对的反应。3月24日，他写道：“我相信上帝。我把他当作精神、爱和万物的起源。我相信：上帝在我心中，我也在上帝的心中。我也相信：上帝的意志再没有比在基督这个人的教义中表现得更清楚的了。但我认为，把基督当作上帝并向他祈祷是犯了最严重的亵渎罪。”他相信上帝，但不同意把所谓上帝的独生子当作上帝；他认为，杜撰这一自欺欺人学说的教会“犯了最严重的亵渎罪”。

（6）茅盾痛斥基督教为虎作伥、充任帝国主义海外殖民的急先锋。他举了大英帝国殖民印度的例子，说：“只看印度，还不是几个传道人替英国觅来的殖民地么？”

茅盾的痛斥是痛快的，有很多拥趸者；不过，茅盾所举的这个例子是缺乏说服力的。从主观意愿到客观效果上说，基督教传教士确实有过为西方殖民主义张目乃至打前站的所谓“丑行”；但是，说到印度，情况比较复杂，并不如茅盾所说印度是几个传道人替英国觅来的殖民地，即不是传教士主观故意地在殖民主义者到印度之前就为后者当马前卒。

首先，基督教在印度有很长的历史，据说早在公元4世纪，叙利亚传教士托马斯就把基督教传入印度西南部喀拉拉邦（黄心川主编：《南亚大辞典》，四川人民出版社1998年版，第471页）。那时候还没有殖民主义，基督教当然跟它没有一丁点关系。

其次，罗马天主教，尤其是西班牙和葡萄牙的传教士固执地认为天主教是普适宗教（Catholic的意思是“普遍广大”），他们有责任和义务把所谓上帝的福音传播到全天下，进而喜欢跟殖民扩张勾肩搭背；所以，这两个国家的殖民靠的是航海技术和传教热情。最早跟殖民主义者一起到印度的是葡萄牙传教士。1498年葡萄牙航海家瓦斯科·达·伽马抵达印度的马拉巴尔海岸，即有教士前往传教（黄心川主编：《南亚大辞典》）。即便如此，我们也不能说瓦斯科·达·伽马抵达印度，是因为传教士给他当了先遣队。

再次，英国、德国和荷兰等新教国家的基督徒对传教不像天主教徒那么热心。英国的殖民扩张主要靠的是坚船利炮和价廉物美，即主要用的是军事和经济的手段。在很大程度上，可以说是殖民者帮助了传教士，是“英国圣公会传教士随东印度公司来印”，而不是相反（黄心川主编：《南亚大辞典》）。尽管早在1680年英国圣公会传教士们就在马德拉斯建立了第一座教堂，但他们在印度的传教事业一直没有得到很快的发展。直到19世纪初殖民主体英国东印度公司用暴力手段在印度夺取政权。威斯雷·卡瓦托（Wesley Kawato）在《奥里萨——暴力之邦》一文中记载道：“1803年，蒙兀儿帝国和英国东印度公司发生战争，印度因战败而成为英国殖民地，为基督教传教士开启了一扇大门。当时，隶属于伦敦传教社的浸信会传教士在毗邻的孟加拉邦异常活跃。他们中的一些人就从那里来到奥里萨邦，向当地民众宣讲福音。”（见http://www.missionpathway.org）丹尼尔·珀茨（E. Daniel Potts）在《印度的英国浸礼会传教士（1793—1837）——塞兰坡市及其传教史》（*British Baptist Missionaries in India, 1793—1837: The History of Scrampore and its Missions*）一书中记载道：“1813年，英国议会通过一项法案。其中规定，要给传教士发放传教执照，以便他们能帮助完成一些慈善计划，去增进印度当地人的利益和福祉。”（New

York：Cambridge University Press，1967，第276页）由此，英国浸礼会传教事业才在印度开始比较顺快地发展起来，1814年成立了加尔各答大主教区。

总之，英国传教士并不全然是英国殖民主义者的先锋，两者的关系也不是前者附庸于乃至听命于后者，而是有依附有独立，有合作有矛盾。正如左振在《19世纪英国在印度的传教士与殖民扩张》（北京师范大学2008届硕士毕业论文）中所阐明的“传教士和英国的殖民扩张之间的矛盾关系：既相互促进，又相互不满。英国的殖民扩张促进了传教士的活动，为他们提供了活动的舞台，并且保护他们的活动；传教士更多的时候需要依靠殖民当局和殖民政策的保护，所以支持英国的殖民扩张。尽管如此，殖民当局和殖民政策曾经一度禁止传教活动，传教士也不断地批评殖民扩张和殖民行径，并且改变了传教策略，脱离殖民当局，宣讲纯粹的教义”。

四、茅盾著译中的基督教人物形象有正面的，也有反面的

张慧佳在《茅盾爱国主义思想与基督教形象建构方式论》（载《石家庄学院学报》2015年第1期）一文的最后总结说：“茅盾笔下的基督教形象应时代所需而几经变更，从20年代翻译文学中突出克制己欲、博爱、宽容的基督精神，或是反抗、不屈于威权的精神；经30年代大胆重现耶稣形象，突出耶稣的救世魄力以及劝世精神；至40年代建构‘人’化的斗士、社会家耶稣形象。”按照张的理解，无论在哪个阶段，虽然几经变

更，但茅盾所塑造的基督形象或者说性格特征都是正面的，充满了值得我们提倡和效仿的美德，他高度肯定并挖掘基督教中合乎理性和人性的要素，为中国人的现代化人格建设提供动力资源；尤其是在艰苦卓绝的抗战时期，更值得在中国弘扬和推广所谓“基督精神”。

茅盾非常熟悉基督教题材，到了信手拈来的程度。从1920年代到1940年代，他翻译、写作了大量基督教题材的作品。在其中大部分作品中，基督教人物的形象尤其是耶稣的形象都是光辉的、可敬的；似乎与这封信中所说的正好相反。这是为何呢?

茅盾对基督教的看法或说法，有一个历史发展和变化过程，其间的具体事实情形并不像张慧佳所概括的那样只有一个方向，即：至少在写这封信的前后，茅盾笔下的基督教人物形象并不是正面的，相反，基本上是反面的。

张慧佳之所以以偏概全，可能是因为她在论证的过程中，没有全面细致地去阅读并把握她所用来论证的茅盾的著译。

让我们聚焦于与本信时间上比较接近的也即张慧佳用以例证的茅盾的三篇翻译作品，看看那些作品中的基督教人物形象及其与本信中茅盾所表现的对基督教的看法的内在关联。

关于茅盾1920年代有关基督教题材的译介，张慧佳在文章中首先概括说：“在茅盾20世纪20年代译介的相关短篇小说和剧本中，我们看到的是基督精神于人的品格建立之重要。”也就是说，她认为，在那些译介中，基督精神是可贵可敬的，所以对于我们中国人的品格塑造具有非常重要的榜样作用。接下来，她具体举例分析说：“因为信仰，《拉比阿契巴的诱惑》中的拉比阿契巴沉醉于钻研圣书，坚持苦守禁欲主义，以修养自我、教导他人；《美尼》中的女尼海特威敢于战时冒着性命和名誉受到侵犯的威胁守护礼拜堂中圣母像前的长明灯，不惧凌辱，以坚定的眼神对抗凶残的士兵；因为信念，《却绮》中的亚美尼亚人更是无惧于自然界诅咒般的威胁以及异族的欺凌，为了同族得以生存，勇于挑战命运，向克尔支人发起挑战。在他们看来，教义犹如‘生命之真正的泉源’，可启人生虔诚之心、向善之心、坚忍之心，亦可启人生斗争之勇气，使得弱者变身英雄，成为‘自己支配自己命运的伟人’。”

那么，在张慧佳所列举的这三篇作品中的基督教人物形象果真都是如此正面的吗？

1.《拉比阿契巴的诱惑》中的基督教人物形象。

这是新犹太作家宾斯奇著的训诫式短篇小说，小说分为前后两个部分，分别描绘主人公拉比阿契巴所受到的两次美色诱惑以及他的几乎完全不同的反应。

第一次，拉比阿契巴来到一个地方，按照那个地方的奇异风俗，当地的长官派了两个年轻貌美的辣妹来伺候他，她俩使出浑身解数诱惑他；但是拉比阿契巴“坐在她们中间——不睬。一个全夜，不朝这个看，也不朝那个看”。这次他的确“克胜莫大的诱惑了，——而且充满了对于上帝的感谢，因为上帝把如此可惊的毅力给了他的心。”他把这次胜利归功于上帝，归功于自己对上帝的信仰。

第二次，阿契巴来到一个野外处所，遇到“一个出奇美丽的裸露女郎在一枝棕树的顶巅”。那女郎诱惑他说：“脱下你的衣服；无论如何，你到了上面，衣服是用不着的。使你身体轻些，用出你如今苏生的青年之力，爬上来到我……”当时，阿契巴已经是闻名遐迩的拉比，已经拥有了来自许多地方的超过12000名信徒；但在这位如同幻象一般的神秘女郎面前，他鬼使神差，不顾自己的形象，一把老骨头变得轻狂起来。他“被迷惑而且狂乱了，躁急鞭策着他，能怎样快就怎样快的就脱了衣服”，“抱住了棕树干，开始向上爬”。“他也不顾他的皮肤被树干的糙皮擦破而且流血染遍了全身。”很显然，阿契巴没有能抵制这第二次诱惑。之所以如此，可能是因为这次跟第一次的情形不同。第一次诱惑他的两个女郎如同职业性工作者，他认为她们不洁；当那位长官问他为何不接受她们的热情服务时，他答道：“她们未到我处时，一定先已吃过什么不干净的东西，所以她们身上放出来的气味是那样的腥膻臭秽。”更重要的是，那两位女郎是长官派来的，那长官是知情者，而且是掌控者。也就是说，那两位女郎后面是有一双眼睛的，这使得他不自在，也放不开。那两位女郎和那长官一起，组成了一个社会化的环境；尽管那个地方的风俗奇异，但毕竟那算得上是个文明社会，或至少是半文明社会。拉比是所谓“文明社会”中的宗教伦理的导师，当然要强力压抑自己的本性。而第二次呢，虽然色诱本身跟第一次一样；但诸多相关因素都发生了变化，那个棕树女郎似乎不是现实生活中的，因而似乎也没有受到世俗情欲的污染，她的诱惑好像是出于本真的自然。当时，只有阿契巴和她两个人，没有有形的监视。而且是在大自然的环境下，春光暧昧，更容易激发人的本性的爆发。

不过，棕树女郎的诱惑最终也是未遂，当阿契巴“爬到棕树的半身，忽然他回到他自己了”。这一未遂的举动，从律法层面上说，阿契巴似乎抵制住了诱惑；但从宗教伦理角度说，他是失败了。

可以看出，宾斯奇是用对比手法来写这篇小说的，而且是以第二次的失败来否定第一次的成功，以第一次来反衬第二次。小说的结尾说阿契巴“觉得羞愧而卑贱。而且他方想到从此以后他不能讥笑那些做下淫罪的人们了”。而开头是这么写阿契巴的：“他整日整夜钻头在圣书里”，“并且教人怎样修养精神”。这也就是张慧佳对这部小说的概括，“阿契巴沉醉于钻研圣书，坚持苦守禁欲主义，以修养自我、教导他人”。

张慧佳对这篇小说的主旨的概括几乎跟作者的用意正好相反。《拉比阿契巴的诱惑》这个论据，对于她的论点“我们看到的是基督精神于人的品格建立之重要”起不到论证的作用，更准确地说，起到的是反作用。

2.《却绮》中的基督教人物形象。

作品主人公、亚美尼亚人却绮确实“无惧于自然界诅咒般的威胁以及异族的欺凌，为了同族得以生存，勇于挑战命运，向克尔支人发起挑战”。他手无寸铁，却反杀了全副武装的克尔支人。“可怜的下贱的却绮现在变为英雄了。他是自己支配自己命运的伟人。他玩命运于手掌之上。”按照张慧佳的说法，却绮这种勇敢、沉稳、坚毅、机智的品格来自基督教的教义。她说：“在他们看来，教义犹如‘生命之真正的泉源’，可启人生虔诚之心、向善之心、坚忍之心，亦可启人生斗争之勇气，使得弱者变身英雄，成为‘自己支配自己命运的伟人’。”

事实真的如此吗？小说中只有一处提到宗教：“还有教堂里的领袖——不问他宣讲些什么——归结总落到命运两字。”这位宗教领袖跟掌握财富的密列支和掌握权力的村长一样，没什么超越性的力量，“大家都是屈伏于这个威权甚重的命运之下的”“教义犹如”云云是张慧佳牵强附会、自己平添的，作品中没有说这一点；作者要告诉我们的恰恰相反，教义不仅没有教人抗争，反而教人屈从。那真正让却绮战胜命运的是来自山野的生命意志本身，而这正是基督教教义所反对的和力图压制的。

因此，跟《拉比阿契巴的诱惑》一样，张慧佳所列举的第二条证据《却绮》也不能让“我们看到的是基督精神于人的品格建立之重要”。

3.《美尼》中的基督徒人物形象。

这部独幕剧塑造了一个年轻貌美而又坚强勇敢的修女形象。在敌军士兵闯入教堂之际，修女海特威是有理由而且有机会逃离的，而且修道院主持也劝她离开；但她主动请愿，冒着被凌辱的危险，守护礼拜堂中圣母像前的长明灯；因为她虔信圣母，也坚信自己的美貌不会带来灾祸。她甚至天真地认为，美貌也是宗教。基督徒是不会亵渎这两种神圣的。她对那个步步紧逼的士兵说：“你总允许我继续礼拜圣母，念祷告吧。你，也是基督徒罢。”那士兵的确是基督徒，刚进教堂时他还下意识地做了一下祷告的动作。但他对基督教对圣母已经没有虔敬之心，而是用枪打灭了长明灯，从而剥夺了修女海特威所要守护的职责的基础。最后，海特威自然没能逃脱那两个士兵的魔掌。

就《美尼》这部作品所塑造的基督徒形象而言，实际上有三类。

一是修女海特威的形象。她的信仰是无条件的，不会因为任何情况而减弱或丧失。这是一个坚定、勇敢、镇静的正面基督徒形象。当然，有点天真，以为别人会跟她一样笃信；当士兵打灭了长明灯，她的信念也还是没有熄灭，还在坚持说：“我会另找一个灯，燃着了，替你们祷求上帝恕罪。”

二是两个侵略士兵的形象。他们不仅侵略别国的国土，还侵犯无辜的少女，最不可饶恕的是他们直接粗暴地亵渎了神灵，打灭了作为基督教信仰象征之一的圣母像前的长明灯，还在教堂这样的神圣之地强暴修女；可谓是犯下了不可饶恕的罪行。可以说，他们俩代表的是基督徒的恶的形象。

三是另外三个修女的形象，其特征是非正面也非负面。一个老尼姑，一个丑尼姑，还有一个是主持尼姑。她们都因为害怕被侵略士兵欺负而选择逃离，其实，就被凌辱的威胁程度而言，她们都没法跟“美尼”相比。

那老尼为自己的逃离进行辩护的理由是：“但是想起野蛮敌人那样的完全无法无天，谁又料得到？他不认识上帝，也不认识圣母，而且他也不顾年纪老不老。我活了这么多的年纪，犯不着再受罪恶的淫污了。”她倒是看透了侵略士兵的没有神性和人性，只有兽性。

丑尼丑得恐怕她自己在镜子里见到自己的脸都会晕倒、恶心得“吃不下一片面包”。但她为自己的逃离进行辩护的理由是：“美貌往往仅是一种‘口味’罢了。你知道敌人兵士的‘口味’怎样？”她的逻辑或者说逻辑前提与老尼的类似：侵略者一旦兽性发作，才不管对象的相貌丑不丑呢！

主持尼为自己的逃离进行辩护的理由是：“如果我没有引导众姊妹们到平安地的责任，可以独留在这里。”这个理由非常堂皇，她考虑的不是一己之安危，而是要负担起她作为主持得保护所有尼姑安全的责任。

这三个尼姑各有各的逃离的理由，不管她们的理由是否正当或堂皇，就虔诚信教的精神和勇敢护教的人格而言，她们无法与美尼相提并论。她们的基督徒形象谈不上正面还是负面。而她们心目中和语言中的那两个基督教士兵的形象则完全是十恶不赦的。

综上所述，戏剧《美尼》所塑造的基督教人物形象并不全都体现基督教的美德和精神，并不全都能作为其他人效仿的榜样；况且，那三个在危险面前选择逃离的尼姑是多么平庸和怯懦，那两个渎神又害人的士兵则是我们所要鞭挞的形象。

因此，张慧佳所列举的第三条证据《美尼》中的基督徒形象也不能完全有助于论证她的观点：“我们看到的是基督精神于人的品格建立之重要。”

总之，至少就茅盾1920年代有关基督教题材的译介材料来说，他所要表现的基督教人物形象既有正面的，也有负面的，以负面的为主。跟这封信中他所咒骂的基督教形象倒是比较一致。

五、从某种程度上可以说茅盾在这封信中所表达的对基督教的敌视和厌恶是特殊氛围里的政治表态

我们先来看茅盾发表这些译作的具体日期及其与这封信写作之间的关系。

《美尼》（［犹太］宾斯奇著）发表于1921年8月10日（《小说月报》第12卷第8号），译者署笔名“冬芬”，比写作此信的时间（1922年4月6日）早8个月。

《拉比阿契巴的诱惑》（［犹太］宾斯奇著）发表于1922年1月10日（《小说月报》第13卷第1号），署笔名“希真”，比写作此信的时间（4月6日）早仅仅3个月。

《却绮》（［亚美尼亚］阿洛宁著）发表于1922年9月10日（《小说月报》第13卷第9号），署笔名“希真”，比写作此信的时间晚5个月。

在这三篇作品中，《拉比阿契巴的诱惑》的翻译离写作此信的时间最近，因此拉比阿契巴由成功而失败的宗教伦理形象对写信时的茅盾影响最大。

正是因为这些译作与这封信在时间上比较接近，它们所表现出来的反基督教倾向是一致的，只不过，信中表达得更加强烈、尖锐、直率且情绪化一些，这也跟那个时候正值运动进行之中的时代氛围有关，所谓“文变染乎世情”也。

然而，话说回来，茅盾对基督教的微词和否定主要表现于他1920年代的著译。到了1930年代和1940年代，他在作品中所塑造的耶稣形象，则确实如张慧佳所分析和概括的，具有多得多的正面意义。正是因此，笔者以为，“茅盾笔下的基督教形象应时代所需而几经变更”之真正的大变更出现在1920年代和后面年代之间，前面阶段以负面形象为主，后面阶段以正面形象为主。

那么，茅盾在这封给张闻天的信中到底为何要对基督教表现出如何深恶痛绝的态度？

笔者的答案是：茅盾这么说，固然有其思想深处的真实的一面，但同时也具有一定程度的政治表态性质。

1922年3月发生在上海的“非基督教运动”是由中国社会

主义青年团组织的“非基督教学生同盟”发起的。其后面的指导者或者说领导者是刚刚成立不久的中国共产党。

早在1920年10月，茅盾就参加了上海共产主义小组。同年7月，中国共产党成立，茅盾就由上海共产主义小组成员转为正式党员。他不仅自己参加共产党，还在1921年4月，介绍他的弟弟沈泽民参加了上海共产主义小组，使得沈泽民成为中国共产党正式成立前最早的50名党员之一。茅盾自己尽管没有加入中国社会主义青年团，但沈泽民早在1922年1月就出席了中国社会主义青年团第一次全国代表大会，并当选为团中央委员，参与了团中央领导工作。可以说，茅盾是非常熟悉并且支持中国社会主义青年团的工作的。“非基督教运动”既然是由中国社会主义青年团发起的，并且后面还有中国共产党的作用，可以说中共暨中国社会主义青年团成立不久发动的第一次范围广、影响深的政治思想运动，他作为党员，作为其中的领导者之一沈泽民的哥哥，理所当然、义不容辞要公开表态予以支持。

那时，张闻天虽然还没有加入这两个组织（1925年才加入中国共产党），但他早在1919年就参加了“五四”运动，早在1919年8月19日至21日在《南京学生联合会日刊》第50号至52号上发表《社会问题》一文，此文摘译了《共产党宣言》第二章中的十条纲领，突出地宣传了共产主义理想。有专家认为：“张闻天的全文摘录‘十条纲领’是中国早期介绍《共产党宣言》的重要文献之一。”（程中原：《张闻天在中共党史上的十大贡献》，载2011年2月15日《北京日报》）可以说，张闻天是中国最早的马克思主义学者之一，那时他对适才成立的中国共产党是完全理解和支持的，这其中包括为“非基督教运动”

呐喊助威。

再说，茅盾此信不是私信，写的时候就做好了发表的准备，写出来后第二天就刊载在了当时重要的进步舆论阵地《民国日报·觉悟》。因此，笔者以为，我们可以把这封信看作是茅盾对领导这场运动的两个组织的一个表示共同作战的决心。

茅盾是英文版中国小说集《草鞋脚》最初最主要的参与编选者

——1934年7月14日茅盾、鲁迅联名致伊罗生函解读

伊罗生先生：

来信收到了。关于小说集选材的问题，我们的意见如下：

Ⅰ.蒋光慈的《短裤党》写得并不好，他是将当时的革命人物歪曲了的；我们以为若要选他的作品，则不如选他的短篇小说，比较好些。至于选什么短篇，请您自己酌定罢。

Ⅱ.龚冰庐的《炭矿夫》，我们也觉得不好；倒是适夷的《盐场》好。这一篇，我们已介绍给您。

Ⅲ.由一九三〇年至今的左翼文学作品，我们也以为应该多介绍些新近作家，如何谷天的《雪地》及沙汀，草明女士，欧阳山，张天翼诸人的作品，我们希望仍旧保留原议。

再者，茅盾以为他的作品已经占据了不少篇幅，所以他提议，将他的《秋收》去掉，只存《春蚕》和《喜剧》。

除此以外，我们对于来信的意见，都赞成。

我们问候姚女士和您的好！

茅盾　鲁迅

七月十四日

再：鲁迅的论文，可用左联开会时的演说，载在《二心集》内。又及

◆ **解读：**

一、伊罗生请鲁迅和茅盾帮他编《草鞋脚》

在茅盾留世的众多信件中，有3封信颇为特殊。因为这3封的落款人都是茅盾和鲁迅联名，收信者是美国的一个年轻人——在中国做记者的伊罗生［原名哈罗德·R.伊罗生（Harold Robert Isaacs）］。

伊罗生之前在上海主持编辑英文杂志《中国论坛》，不时会刊发一些中国现代小说的英译。1934年1月13日，《中国论坛》停刊，伊罗生有个比较大的设想——利用那些已经在《中国论坛》发表的作品，再扩充一些，选编一部英文版的中国小说集，主要是中短篇，然后拿到美国去出版。一开始，他给这部书拟的名字为《中国被窒息的声音》。“后来，他又从鲁迅的一篇演讲中吸取灵感，将书名改为《草鞋脚》，征得鲁迅同意而确定。”（黎辛：《我常想起伊罗生》，载《百年潮》2001年第8期）

那么，伊罗生为这本英译中国现代小说集取名“草鞋脚”

的灵感，是受了鲁迅哪一篇演讲的激发呢？

1932年11月27日，鲁迅受邀在北京师范大学发表讲演，题为《再论“第三种人”》，观众达2000余人，不得不临时改为露天举行，这是鲁迅一生60多场公开演讲中最为轰动的一次。

鲁迅在演讲的开头说：“这个题目应该从五四运动的时候讲起，那时所谓文艺的园地，被旧的文学家关住了，占领了，西装先生的皮鞋踏进来了，这就是胡适之先生、陈独秀先生的‘文学革命’。于是，那时一些文学家发生了斗争，结果，新文学家胜利了，他们占了当时的文坛。时代的前进，是没有停止的时候，不料想三四年前，下等人的泥腿插进了文坛，此时前者反对后者，即是皮鞋先生反对新兴普罗文学。”

鲁迅认为，“五四”时期所兴起的是文学革命，1930年左右所发起的是革命文学。前者的主体是西装先生，后者的主体是下等人。他高度概括而又无比生动地分别用“皮鞋”和“泥腿”来形象地指称两种不同的主体。

“泥腿”或“泥腿子”指的是农民，因为农民在庄稼地里忙碌时，免不了让泥水弄脏了衣裤和身体尤其是双腿。在所谓城里人和自命高贵的人嘴里，这个称呼带有贬义。有时农民们光着脚，有时穿着鞋子，当然不可能是皮鞋，只能是自己编织的草鞋。伊罗生可能由此得到灵感，用草鞋去对应皮鞋，“草鞋脚”的英文名为“Straw Sandals”，这在1930年代初的中国文化语境里，可以说是一个非常贴切而形象的书名。

为了选编《草鞋脚》集子里的篇目，伊罗生找到鲁迅和茅盾，说“他不打算当记者了，准备集中精力编译中国现代进步作家的短篇小说集”（茅盾：《我走过的道路》中册，香港三联书店1984年版）。请注意，这里虽然说是“编译”，但其实伊罗生主要负责编选，而译的工作则是他请别人做的（参见戈宝权《谈在美国新发现的鲁迅和茅盾的手稿》，载中国社会科学院内部文献资料刊物《文献》1979年第2辑）。因此，有些人以为伊罗生是《草鞋脚》的译者是错误的。

伊罗生希望鲁迅和茅盾为他提供一个选目，以及一份关于中国左翼期刊的介绍。为此，伊罗生在上海时还专门去鲁迅府上拜访、讨教。选目初稿由茅盾拟定、鲁迅审定之后，寄给伊罗生。此间顺便提一下，茅盾在《我走过的道路》中回忆说，他“拟定的选目包括二十三位作家的二十六篇作品”，这个记忆有误，从后来重新发现的他的手写稿复制件上看到，应该是27篇（参见戈宝权《谈在美国新发现的鲁迅和茅盾的手稿》）。

对于这样一个具有历史开创性意义的翻译出版选题，鲁迅和茅盾都认为非常有价值；况且，从当时中国文学的现实需要来说，他们“认为这是一个难得的机会，可以把左联成立以后涌现出来的一批有才华而国外无人知晓的青年作家的作品介绍到国外去”，这将有益于推动革命文学力量的发展壮大，并能赢得国际社会的同情和了解。于是，鲁迅和茅盾开始热心地以实际行动支持此事，“对伊罗生提出的要求，决定尽量予以满足”。

1934年3月底，伊罗生夫妇俩从上海迁居到北京，继续未完成的编译工作。两个月以后，伊罗生给鲁迅写了他到北京之后的第一封信。从此，双方开始用通信的方式讨论选编工作，主要是来回磋商哪些该选、哪些不该选。对于鲁迅和茅盾给出的选目，伊罗生并没有全部采用，他更倾向于1918年之后发表的、在文坛有一定影响力的作家作品，而非鲁迅和茅盾建议的刚刚进入文坛的“下等人的泥腿”的作品。而其实，鲁迅与茅盾二人建议伊罗生入选的是1930年之后在文坛上崭露头角的所谓“新兴普罗文学”的作品。

伊罗生在1973年4月为英文版《草鞋脚》重写的“引言”中说：“这些短篇小说是在鲁迅和茅盾的指导与商议之下编选出来的：鲁迅就是这场革命的缔造者和主要的创作家之一；茅盾则是他的年轻的朋友和同事，在当时被认为是作家当中仅次于鲁迅本人的最重要的作家。”但英文版《草鞋脚》由美国麻省理工学院出版社于1974年推出时，副标题为“中国短篇小说（1918—1933）”，封面上所署编者名只有伊罗生一个人，并没有鲁迅和茅盾，也没有署译者的名字。1981年，以鲁迅和茅盾二人所定的选目为基础，再加上后来他们跟伊罗生通信中追加推荐的3篇，一共30篇，由蔡清富编定，再由茅盾审定并作序，以“草鞋脚”为名，由湖南人民出版社推出，是为中文版《草鞋脚》，封面上编者署名为鲁迅和茅盾。

上述伊罗生的信一般都寄给鲁迅，有的由鲁迅个人直接回复，有的是鲁迅和茅盾商量之后由茅盾执笔然后鲁迅加上签名的方式回复。双方目前留下来的来往书信加起来总共6封，彼此各3封。万树玉在其所编《茅盾年谱》中说：“伊罗生就该小说集的选编问题，和鲁迅、茅盾通过四次信”，数量上是不对的。

戈宝权曾对这些书信有过全面细致的研究和分析，但笔者在拜读他的长文《谈在美国新发现的鲁迅和茅盾的手稿》之后，发现两个问题：1.他的解读是以鲁迅为主角或者说中心，伊罗生和茅盾则为配角。2.他对有些作品，尤其是对于现在的读者已经陌生的作品缺乏介绍。笔者以为，就鲁迅本人单独写的信而言，以他为中心解读是合理的。但是，就鲁迅和茅盾联名的3封书信来说，则茅盾的比重更多一些，因为这些信都是由茅盾执笔所写，大部分内容表达的也都是茅盾的意思，鲁迅只是签名并提供了少量意见。因此，本文仅以两人联合署名的其中一封作为样本，以茅盾为中心，进行补充性的解读。

二、鲁迅和茅盾关于选目的具体建议

对于伊罗生来信谈“小说集选材的问题”，茅盾和鲁迅于7月14日联名复信给出几条建议。首条是，与其选蒋光慈的《短裤党》，不如选蒋的短篇小说，茅盾和鲁迅认为《短裤党》歪曲了“当时的革命人物”，“写得并不好”。

《短裤党》是蒋光慈于1927年4月初完成的中篇小说。以现在的小说分类学来看，这是一部纪实小说。这是最早正面描写中国工人运动的作品，及时反映了上海工人为响应国民革命军北伐而举行3次武装起义的情景，塑造了如杨直夫（原型为瞿秋白）、史兆炎（原型为赵世炎）等工人和革命者的形象。

那么，蒋光慈在《短裤党》里歪曲的“当时的革命人物”包括瞿秋白吗?

在中国现代文学史上，蒋光慈是将瞿秋白写进文学作品的第一位作家，两人曾经是亲密战友。据马德俊撰写的《蒋光慈佚文考论》，瞿秋白参与构思了《短裤党》，并为本书定名。因此，于情于理于事，蒋光慈都不可能歪曲以瞿秋白为原型的革命人物的光辉形象，更不用说是歪曲瞿秋白的清白形象了。

◆ 年轻时的蒋光慈

◆ 《短裤党》封面

茅盾之所以在信中不建议伊罗生选蒋光慈的这篇《短裤党》，或与他对蒋光慈作品的看法有关，在《〈地泉〉读后感》中，茅盾就曾借批评阳翰笙的《地泉》小说三部曲而有所发挥，“用了近一半的篇幅来分析、批判蒋光慈的作品”。茅盾认为以蒋光慈为代表的“革命的浪漫谛克”文学的通病，在于人物形象刻画上的“脸谱化”和结构艺术上的“程式化”（参见《我走过的道路》中册，第115页）。虽然他在与鲁迅联名给伊罗生的书信中，对蒋作品的态度，表达得相对比较委婉和客气，但由两人草拟出来的初选作品共24人27篇，其中并没有蒋光慈的任何一篇，甚至连蒋的“比较好些”的短篇小说都没有入选。

不过，在最终的《草鞋脚》英文版中，伊罗生虽然放弃了《短裤党》，但还是选了蒋的另一短篇小说，英文译名为

“Hassan”。这篇从内容上看是写上海的一个印度巡捕的。当年在上海滩，人们喜欢把印度巡捕叫作“红头阿三”。因此我们可以断定，这篇是蒋写于1929年的《阿三》。译者把题目音译为“Hassan”，来自阿拉伯语，意思是“好看的、英俊的”，印度人却很少用它，这种译意跟含有贬义的“阿三”正好相反。

茅盾和鲁迅给伊罗生的小说集选材的第二条建议是，与其选龚冰庐的《碳矿夫》，不如选楼适夷的《盐场》，这其后有什么深意吗？

先说龚冰庐的《碳矿夫》。龚冰庐（1908—1955），江苏崇明（今属上海市）人，他原是山东某矿的管理人员，熟悉矿工生活。“早在1927年……龚冰庐就写出短篇小说《炭矿夫》《裁判》《矿山祭》等，成为我国描写煤矿生活小说第一人。”（庞崇娅：《煤矿是文学的富矿》，载《阳光》2018年第11期）《炭矿夫》是龚冰庐的代表作，以一家三代人的经历为线索，父亲是煤矿大罢工的组织者，罢工失败后被枪杀，孩子才8岁就到矿上当童工，工人再次举行罢工，并炸毁了矿区。此篇曾与《裁判》和《矿山祭》两篇一起，以短篇小说集形式出版，书名还是《炭矿夫》，1929年3月由上海现代书局初版。

龚冰庐本来是创造社成员，曾在《创造月刊》等多种刊物上发表多篇作品。《炭矿夫》最初就发表于1928年2月发行的《创造月刊》第2卷第2期。

是否因为鲁迅和茅盾与创造社曾有过节，而牵连到对龚冰庐及其作品的看法呢？这种推测似乎不能成立。因为，1930年3月2日，龚出席了由鲁迅和茅盾大力支持的中国左翼作家联盟成立大会，并成为左联发起人（最初的盟员）之一；1934年2月19日，国民党当局密令查禁左翼和进步书籍149种，龚的短篇小说集《炭矿夫》《黎明之前》两书也在列。由此看来，至少在他后来当汉奸以前，他在政治倾向和文化立场上，跟鲁迅和茅盾还是比较靠拢的。

再看他们推荐选入的楼适夷的《盐场》。这是楼适夷以笔名“建南”发表于《拓荒者》杂志第1卷第2期（1930年2月）上的一部中篇小说。这篇小说以庵东盐场为原型，深刻反映了当地盐民的生活、苦难与斗争，后来还被改编成了电影剧本。楼适夷与茅盾相处甚善，在抗日战争时期，曾在香港等地协助茅盾编辑《文艺阵地》。《盐场》是鲁迅和茅盾在这封信里追加推荐的。在第一批名单里，他们推荐的不是这篇作品，而是楼适夷的另一篇小说《死》。楼适夷的这两篇作品最终都被伊罗生选入英文版的《草鞋脚》。

那么，如何来理解茅盾和鲁迅给伊罗生的小说集选材建议中对于蒋光慈和龚冰庐作品的看法呢？

其实，从他们给出的第三条选材建议中可以看出一二端倪来：“由一九三年至今的左翼文学作品，我们也以为应该多介绍些新近作家。”这条建议也可以看作是茅盾和鲁迅当时甄选小说集篇目的标准，甚至在茅盾晚年的回忆录中，仍能看出他对此标准的坚持：“可以把左联成立以来涌现出来的一批有才华而国外尚无人知晓的青年作家的作品介绍到国外去。”（《我走过的道路》中册，香港三联书店1984年版）而无论蒋光慈还是龚冰庐，不仅20年代就出道了，而且都是左联成员；尤其是蒋光慈，还是两名候补常务委员之一，在左联中的地位仅次于沈端先、冯乃超、钱杏、鲁迅、田汉、郑伯奇、洪灵菲7名常务委员。由此可知，蒋光慈和龚冰庐均不属于鲁迅和茅盾的甄选标准。此外，对于鲁迅和茅盾来说，他们在小说集的选目上，看重的不仅是所选作家的革命身份和政治正确，还有作品内容和艺术风格，即：无论作者多么革命、多么有名，如果其作品艺术上不过关，他们照样不推荐选入，蒋光慈和龚冰庐的作品则属于茅盾所说的不足称道的早期革命文学范畴。

关于此，鲁、茅两人介绍选入“一九三〇年至今”的左翼“新近作家”如“何谷天的《雪地》及沙汀，草明女士，欧阳山，张天翼诸人的作品”的建议，是有力的明证。

何谷天，原名何稻玉（1907—1952），四川荥经县人，幼年丧父，中学没有毕业就投笔从戎。1933年任左联执委、组织部部长。在鲁迅的鼓励下，他根据自己在军队的生活体验创作了小说《雪地》；鲁迅又把这篇作品推荐给茅盾，发表于民国二十二年（1933年）9月1日的《文学》杂志第1卷第3期。茅盾在编发这篇作品时，以笔名“惕若”写了编后记《〈雪地〉的尾巴》，其中写道：“在这一期上，我们刊载了何谷天的《雪地》。这位作者，大约二十多岁，可说是一位‘文学青年’，以前他有没有做过小说，我们不知道；他这名字是很生疏的。”

沙汀曾任左联小说组组长，与茅盾保持了一生的友谊，直到晚年还与茅盾往来、通信。推荐选入其的《老人》一篇，发表于《文学》第1卷第2期（1933 年 8 月 1 日），这篇与《航线》《平平常常的故事》等类似，是反映土地改革及劳动人民觉醒的作品。

欧阳山，1932年组织中国左联广州分会，1933年在上海参加左联，曾任小说研究委员会主任。鲁迅和茅盾推荐的欧阳山的作品是《水棚里的清道夫》。茅盾对欧阳山其人其作的推介是这样写的："欧阳山，广东人，曾经在广州作文学运动而被官厅注意，不能在广州立足。他的小说曾经收集在一个短篇小说集内，可是这个短篇集现在也被禁了，那时他写小说用的是笔名'罗西'。这是他最近的作品，背景是广州。此篇曾首发在1933年10月出版的《文艺》创刊号，《文艺》是在上海出版一个左翼的文艺刊物，只出了三期，即被禁止。"从左翼和"被禁"等关键词中可以看出茅盾之所以欣赏并推介欧阳山，或是因为其人及其作品的反抗精神与进步意识。正如鲁迅在1934年3月23日为英文版《草鞋脚》所写的序言中所说："大约十年之后，阶级意识觉醒了起来，前进的作家，就都成了革命文学者，而迫害也更加厉害，禁止出版，烧掉书籍，杀戮作家，有许多青年，竟至于在黑暗中，将生命殉了他的工作了。"

草明，原名吴绚文，生于广东顺德，在广州读中学时即接受十月社会主义革命的影响。1931年开始文学创作。与欧阳山为文坛伉俪，曾参与后者创办的进步刊物《广州文艺》的编辑工作。她因作品揭露旧制度而被通缉，1933年逃往上海，并加入左联。茅盾推荐的是她的第一篇小说《倾跌》。这篇作品是她到上海后写的，作品通过描写两个失业女工沦为娼妓的悲惨遭遇，控诉资本家的残酷和贪婪。茅盾给这篇作品所写的推介语说："草明女士年纪很轻，可是她的作风已经很成熟。"

张天翼，1929年正式开始写作生涯，1931年加入左联，与沙汀、艾芜等并称为左联新秀。茅盾所推荐的是他的《一件寻常事》。这篇小说首发于1933年7月1日刊行的《文学》杂志创刊号。关于《文学》创刊号，朱自清曾撰写专文发表在7月24日的《大公报·文学副刊》第290期上，署名“言”。他在文中毫不客气地批评该刊虽貌似名家如林，但作品几乎乏善可陈：“旧《小说月报》编辑郑振铎及常常为该刊撰稿之傅东华诸人，近以‘文学社’名义，编辑一文艺杂志，定名《文学》。其创刊号已于七月一日出版，凡昔与《小说月报》关系较切之作家，几皆见于是册，以是卷帙颇巨。惟内容则未见精彩。就创作小说言：茅盾之《残冬》为《春蚕》《秋收》之续，然用意、布局、描写手腕皆不逮前作。圣陶之《多收了三五斗》及巴金《一个女人》均草率无足道。而郁达夫《迟暮》，王统照《乡谈》二篇结构单纯，直难作小说读。王文艺术尤劣。”不过，对“新手”张天翼的作品，朱自清却在是文中赞赏有加：“是册中惟张天翼之《一件寻常事》状一失业工人之贫困，至鸩其病妻，以减无力医药之苦，最为力作。全文但就工人之稚子目中写出，益显真切。”（转引自孙玉蓉《朱自清的三篇集外佚文》，《博览群书》2011年第12期）

茅盾曾评说张天翼及其作品：“意识上是前进的作家，形式上它有它新奇的作风。”

然而，遗憾的是，除了何谷天的《雪地》一篇被伊罗生选入英文版《草鞋脚》外，鲁迅和茅盾所推介的沙汀、草明、欧阳山、张天翼的作品均未入选。

三、茅盾对自己作品的取舍及其用意

在7月14日的回信末尾，茅盾认为“他的作品已经占据了不少篇幅”，因此向伊罗生提议，“将他的《秋收》去掉，只存《春蚕》和《喜剧》”。其实，茅盾一开始拟定的选目中自己的作品选的是《大泽乡》和《春蚕》两篇，但伊罗生认为，茅盾在中国文学界的地位仅次于鲁迅，既然鲁迅的作品选了5篇，茅盾的作品至少得有3篇，他向茅盾提出选《春蚕》《秋收》《喜剧》3篇。那么，伊罗生为何不选茅盾自己建议的《大泽乡》，而以《秋收》和《喜剧》两篇取而代之呢？对此，伊罗生并没有留下只言片语。

《大泽乡》是茅盾连续创作的3篇历史小说之一（另两篇是《豹子头林冲》和《石碣》），1931年以笔名蒲牢发表于《小说月报》第22卷第1号。“蒲牢”在中国神话传说中为龙生的九子之一，善音好吼，洪钟上的龙形兽纽是它的形象。茅盾对取这个笔名的用意做过一番解释：“意在暗示蒋介石的文化围剿虽日益酷烈，但左翼文坛成员仍要大声反抗，无所畏惧，且反抗之声要愈传愈远。”（《我走过的道路》中册）

这篇小说写的是陈胜、吴广的起义。关于此，茅盾晚年曾回忆道：“《大泽乡》写于一九三〇年十月六日。这是我拟写长篇历史小说而不成，然后取其大纲改成现在这形式的短篇小说，形象化非常不够，我一直不喜欢它。”“正面抨击现实的作品受制太多，也想绕开去试试以古喻今的路……不过，这次尝试，总的说来不很成功，尤以《大泽乡》为最。”（《我走过的道路》中册）可见茅盾对这篇作品不甚满意。而伊罗生去掉《大泽乡》，或许正中茅盾下怀吧。

不过，茅盾一向谦虚，当他得知伊罗生打算选入他的3篇作品时，他却提出将《秋收》去掉，建议只选《春蚕》和《喜剧》两篇即可。《春蚕》和《秋收》是“农村三部曲”里的两篇（另一篇是《残冬》），读者对此较为熟悉，相比之下，《喜剧》则不那么有名了。

茅盾的短篇小说《喜剧》作于1931年，以何典为笔名发表于1931年10月发行的《北斗》第1卷第2期上。故事讲述的是，某青年在大革命期间因为散发传单而被捕，被关在上海的“西牢”——帝国主义租界内的监狱里，度过了5年的铁窗生活。刑满释放以后，他发现“革命”已经成功，“青天白日满地红”，然而却找不到安身立命之地，最后只好决定冒充“共产党”自首，重新回到牢监里去，以便解决“住与食”的问题。很明显，茅盾借鉴了欧·亨利的名篇《警察与赞美诗》的结尾。“喜剧”与“赞美诗”一样，都是反用其意，以跟小说中的事实形成对比，达到某种反讽效果，所谓“悲凉的喜剧”“带泪的笑”。

不过，伊罗生最终还是坚持己见，把3篇全部收入了英文版《草鞋脚》中。而至于信的末尾“鲁迅的论文，可用左联开会时的演说”的提议，伊罗生又是如何处理的呢？

1930年3月2日，鲁迅在左联成立大会上发表演说，题为“对于左翼作家联盟的意见”。鲁迅在演说中告诫左联人士，要防止右倾，他说：“我以为在现在，左翼作家是很容易成为‘右翼’作家的。为什么呢？第一，倘若不和实际的社会斗争接触，单关在玻璃窗内做文章，研究问题，那是无论怎样的激烈，‘左’，都是容易办到的；然而一碰到实际，便即刻要撞碎了。关在房子里，最容易高谈彻底的主义，然而也最容易‘右倾’。”

鲁迅特别强调革命作家一定要接触实际的社会斗争。他在演说中也对左联工作提出4点意见：“对于旧社会和旧势力的斗争，必须坚决，持久不断，而且注重实力”“战线应该扩大”“应当造出大群的新的战士”“联合战线是以有共同目的为必要条件的。如果目的都在工农大众，那当然战线也就统一了”。鲁迅的这篇演讲对于左联的重要性，无论怎么强调都不为过。因此，伊罗生提出要将此篇收入《草鞋脚》。根据鲁迅、茅盾、伊罗生三人一开始对这部小说集的预设，他们要编的基本上就是一部与左联密切相关的小说集，而收入鲁迅的这篇演讲，作为附录，对读者理解集子里的作品，以及这些作品创作的思想背景，无疑具有提纲挈领的意义。所以，鲁迅和茅盾于信中告诉伊罗生这篇演讲稿收在《二心集》里，应该是要他自己根据提供的出版信息去找。但不知为何，伊罗生最终并没有编入鲁迅的这篇演讲稿。

此外，在7月14日的这封回信中还有一条信息，即茅盾和鲁迅问候的“姚女士”。此人是伊罗生的新婚夫人姚白森，原名维奥拉（Viola Robinson），姚白森是她的中文名。伊罗生来中国前，两人已经是男女朋友关系。后来，姚白森不远万里独自乘船从美国来到中国，二人在上海结婚。婚后不久，二人离开上海，择居北京，姚白森在一所中学里教英文，1980年还在宋庆龄邀请下重访中国。鲁迅和茅盾两人当年联名给伊罗生的几封书信，几乎每封最后都会客气地问候她。

为编《新文学大系》向郑振铎借书并约稿，用化名保己护友

——1934年12月10日致郑振铎函解读

铎兄：

前寄一信，想已收到。荒唐得很，说要附上小报的一段话，却竟忘记封在信里了。现在再附上，聊供一笑。

闻圣陶说，王统照兄有一本单篇集，《号声》，出版很早，现已绝版。弟现因编良友那《新文学大系》里的《小说集》，拟找得这本书。不知兄在北平能借到一本否？上海方面圣陶本来有的，可是"一二八"之役丢了。

兄对于弟所担任之《小说集》有何意见？望见告。此集所收，大体是"文学研究会"中人，但有些散见于《小说月报》及《文学周报》上的作品也将收进。兄意以为如何？

兄在一九二六年以前所作，拟选二篇，一为最初期，一为一九二六年所作者；此为弟之计划，尚未定为何篇。现在也请你告诉我，你自以为当选哪二篇？此间并无新闻，弟亦如常过去。惟胃病总时时小小发作，不能不时常"休息"，因此事情愈积愈多，对付

不开。但也成了习惯，不复愁矣。匆此顺颂

日祺。

弟　方保宗

十二月

◆　郑振铎

◆　王统照

◆ **解读：**

一、王统照的《号声》是怎么样的一本书？出版真的很早吗？

茅盾给郑振铎写这封信，主要是要向郑振铎借书，所借的是王统照的《号声》。那么，这是怎么样的一本书？茅盾为何要请求远在北京的郑振铎帮借这本书？

《号声》是王统照著的短篇小说集，上海复旦书店于1928

年12月初版。共收作者自1926至1927年写的短篇小说9篇：《车中》《鬼影》《司令》《买木柴之一日》《海浴之后》《读〈易〉》《沉船》《号声》《讷尔逊的一课》《“搅天风雪梦牢骚”》。王统照在本书的“自序二”中说，“切实地尝试到人间的苦味”。这样的“人间的苦味”正是茅盾所看重的文学素质。

当时，茅盾正在紧张地编选《新文学大系》里的《小说一集》。根据编辑队伍达成共识的编辑方针，这一集主要收文学研究会的作品。王统照是文学研究会的发起人之一。茅盾当然要选入他的作品，由此想要找到《号声》。

从1928年到1934年，才6年。因此，笔者以为，茅盾说它“出版很早”，在事实上有点不妥。笔者揣摩，他之所以这么说，可能跟他当时的心理状态有关。身处乱世，人们会觉得时间过得比好时光长。我们在找不到重要东西时也会有此错觉。“现已绝版”云云说明民国时期书籍出版的速度很快，更新得也迅速。

茅盾在此说“绝版”可能还有另一个含义：很难找到。一方面，这部书发行量本来可能就比较小。另一方面，身边朋友，如叶圣陶（当时与茅盾邻居），是他向茅盾推荐的这本书，本来他是有的；但在1932年“一·二八”淞沪战役期间弄丢了。这场战役，光是导致中国在书籍方面的巨大损失，就值得统计和算账。如，商务印书馆被日军炸毁，郑振铎的几十箱藏书毁于一旦。（叶圣陶：《〈西谛书话〉序》）再如，鲁迅《野草》的英译本的译稿本来已经由译者冯余声交给商务印书馆，但是还没来得及出版，就被毁了。还如，茅盾的重要文章《徐志摩论》原稿毁于这次战火，由于没有留底，他日后不得不重写。

茅盾只能向藏书家朋友郑振铎求助。郑振铎是否有这本书？他是否把此书借给了茅盾？甚或帮助茅盾向别人借了此书？笔者没有看到有关的史料，不敢置喙。不过，茅盾最后应该是看到了该书。茅盾编的《中国新文学大系·小说一集》共收入29家58篇；其中王统照的有4篇之多，即《遗音》《一栏之隔》《技术》《车中》。《车中》便是《号声》里的头一篇。

二、续谈文学研究会与《文学周报》的关系

之前，我们通过茅盾之书信及其他史料已经辩明：是《文学周报》而非《小说月报》担当“文学研究会”之机关刊物。

高晓瑞《〈文学周报〉与文学研究会》（西南大学2015年硕士学位论文）开篇就说“《文学周报》是文学研究会的机关刊物”。

赵晓丹《〈文学周报〉译介文学研究》（华中师范大学2018年硕士学位论文）也开篇就说：“《文学周报》自创刊起，便奉行着‘介绍世界文学’的理念。作为文学研究会的机关刊物之一，文学研究会的理念与主张贯穿其整个译介过程。”

但是，茅盾在此信中说：“此集所收，大体是‘文学研究会’中人，但有些散见于《小说月报》及《文学周报》上的作品也将收进。”请注意这个“但”字所包含的转折之意。这意味着“文学研究会”与《小说月报》或《文学周报》不是一回事儿。

我们来看看《文学周报》的一个简历。

1921年5月10日创刊，初名《文学旬刊》。先后由郑振铎、谢六逸、叶绍钧和赵景深等人负责编辑。

自1923年7月第81期起改名《文学》（周刊），均附在上海《时事新报》发行。

1925年5月第172期起定名《文学周报》，脱离《时事新报》，开始按期分卷独立发行。第4卷起由上海开明书店出版。第 8卷时改由远东图书公司印行。1929年12月出至第9卷第5期休刊，前后共出380期。

也就是说，《文学周报》历经三个阶段，或者说，它有两个前身：《文学旬刊》与《文学》（周刊）。事实上，这里有3家刊物，即《文学旬刊》、《文学》（周刊）和《文学周报》。所谓《文学周报》独立发行前，或者说《文学旬刊》与《文学》（周刊）的撰稿者确实大多数是文学研究会会员。

然而，独立发行后，或者说在真正的《文学周报》阶段，不仅该刊扩充了篇幅，创作和评论的分量有所增加；创作队伍则加入了相当多的非文学研究会会员，比如象征派的李金发、新月派的于赓虞等人。

《文学旬刊》或者说1925年5月之前的《文学周报》的确是文学研究会的机关刊物。很多人都是这么认为的，如黄小丽《论〈文学旬刊〉的文学主张》（南京大学2005年硕士学位论文）开篇就说：“《文学旬刊》作为文学研究会的机关刊物，承载着宣传文学研究会的文学主张的作用。”其实之所以很多学者这么认为，是因为这种说法来自茅盾自己。他在回忆录中说：“那时郑振铎从北京来到上海不久，才接编《时事新报》副刊《学灯》。他曾和我商议，打算办一个文学研究会的会刊，叫

《文学旬刊》，附在《时事新报》上……因为《小说月报》虽由文学研究会的人主编，毕竟要受商务当局的掣肘，办会刊又是文学研究会成立时就确定了的。”（《我走过的道路》第175页）这话的意思是：本来茅盾他们是打算把《小说月报》改造为文学研究会的会刊，但由于商务当局的掣肘而没有成功。所以，他们办《文学旬刊》的直接目的就是把它当作会刊。

但是，严格意义上说，《文学周报》或者说1925年5月之后的《文学周报》不再是文学研究会所特有。因此，茅盾此处在《文学周报》和文学研究会之间用“但”字，是有他的道理的。当然，这也体现了他兼容并蓄的宽广胸怀。哪怕是作为文学研究会机关刊物的《文学旬刊》，其实也发表了一些非文学研究会会员的作品。《文学周报》上则有大量非文学研究会会员的好作品。他当然更有理由选收一些编入《中国新文学大系·小说一集》。

三、《中国新文学大系·小说一集》选入了郑振铎的哪两篇作品、什么样的作品?

接下来茅盾就势向郑振铎约稿。他计划选入郑的两篇作品。具体要求是“一为最初期，一为一九二六年所作者”。至于到底是哪两篇？他请郑自己选定。

本信写于1934年12月10日，为何茅盾让郑只挑选8年前的作品？要知道，从1926年到1934年，是郑小说写作的多产期：他不仅写了相当多质量不错的小说，而且还出版了两部小说集呢，即短篇小说集《家庭的故事》（1928年上海远东图书公司初版，开明书店1929年出版增补本）和《取火者的逮捕》（1934年上海生活书店初版）。

按照陈福康的说法，1926年郑的小说才刚刚开始成熟："郑振铎在1920年秋开始发表小说，最初的几篇，因艺术上、思想上都显得不够成熟……两年半后，1923年4月，他在自己主编的《小说月报》上发表了署名'西谛'的一篇《淡漠》，反映'五四'落潮期青年的爱情与思想问题，比较引起人们的注意。这是他在小说创作道路上的重新起步。又过两年半后，他连续发表了《猫》等描写小资产阶级家庭生活的小说，显露出他的小说创作个性的初步成熟。"（《郑振铎的小说与鲁迅的影响》，载《鲁迅研究月刊》2007年第9期）

1923年4月之后的两年半，是1925年10月，差不多是郑振铎写作《猫》的时间（此篇写于1925年11月7日）；"初步成熟"云云，是说那之前他的小说在"艺术上、思想上都显得不够成熟"。

茅盾何以要把郑不成熟的作品选入如此重要的选本？是别有用意？比如立此存照，让读者了解一下郑在小说创作上是如何蹒跚起步的。

顺便说一下。1920年，郑振铎才22岁，就开始发表小说；应该说，他的小说创作不仅不晚，而且很早。有一个叫林志仪的人，曾经编了《许地山、郑振铎作品欣赏》一书（广西教育出版社1989年版）。在他所撰的"序言"中说："郑振铎的小说创作起步较迟，第一部短篇小说集《家庭的故事》，是1926年至1927年间创作的。"按照林的说法和逻辑，《家庭的故事》是郑的第一部短篇小说集，里面最早的作品也不会早于1926年。这个时间上的说法错得有点离谱。因为《家庭的故事》里最早的作品就是《猫》。而《猫》不仅写于1925年，而且最初发表于1925年11月出版的《文学周报》第199期。也就是说，当林举起《家庭的故事》时，他就在用里面的作品否定自己的说法。

林之所以说错，我揣摩，有两个原因。

1. 郑的不成熟的早期作品没有被收入书中，林志仪呢，也没有下功夫深入钻研，所以没有注意到那些作品的存在。正如陈福康所说："最初的几篇，因艺术上、思想上都显得不够成熟，没有引起什么反响。他随即中辍了小说写作，后来也从未将这几篇作品收集，于是便为人们所忘却。"（《郑振铎的小说与鲁迅的影响》）

忘却，或者更准确地说，忽略这些早期作品的，还有《郑振铎全集》的编委们。第一卷是小说卷，第一篇还是《家庭的故事》里最早的作品《猫》，而不是更早的。如果读者只看全集，或者说，只信全集，就会误以为郑在《猫》之前没有写过小说。确实，全集往往会给人以这样貌似权威、全覆盖的错觉，其实许多全集并不全（包括多个版本的《鲁迅全集》）。那些喜欢把自己编的作家文集称作"全集"的人，隐露着他们对"全"这个字的迷信，或者说过度的自信。等"不全"的事实被一再暴露，他们就不得不用"补遗"来弥补。"补遗"者，"补丁"也，就好像一件华服在做的时候就破了个洞，还是新衣的时候，主人穿着它洋洋得意、招摇过市；但那个破洞被别人指指戳戳很多次之后，才不得不打上补丁。

2. 造成林志仪的自相矛盾的，可能还有一个隐曲的原因：

他不把《猫》当作小说，而是当作散文。《家庭的故事》里的其他作品确实是写于1926年至1927年之间。犯这样的文体误解的，是长期以来很多人的问题。如黄科安在《郑振铎散文探赜》一文中说：“《猫》是郑振铎1925年在上海写的家庭生活小记。”“生活小记”者，记录生活也，当然是散文无疑。《猫》经常被收入各种散文集。比如王彬主编的《现代散文鉴赏辞典》（农村读物出版社1988年版，第549—551页），再如吕秋艳编选的《二十世纪中国散文精选》（吉林出版集团有限责任公司2010年版，第121—124页），还如董小玉主编的《中国散文名篇赏析》（西南师范大学出版社2014年版，第153—154页）。《猫》作为散文的名气似乎比作为小说的反而更大。

而这个严重的文体错位的始作俑者恰恰是作者本人。郑振铎在本书《自序》中言及书题命名缘由：“我不曾写过什么小说。这一个集子中所收的不过是小小的故事而已。”本来，故事可以当小说解。在英语中，是同一个词“story”。但他在这句话中非得要把“小说”和“故事”区别开来乃至对立起来，以至于让人直接认为他写的真的不是小说。尤其是《猫》的叙述特征，的确非常散文化。不过，既然《家庭的故事》是郑振铎的一部小说集，是一个更大的共识；那么，集子里的所有作品都应该被认定为小说，我们可以说《猫》是散文化小说，但不能说它是散文。

因此，我们没有理由自作主张，指《猫》为散文，然后把它赶出《家庭的故事》。由于它写于1925年，林的那个论断，应该改为“《家庭的故事》，是1925年至1927年间创作的”。

郑振铎自己应该是悔其少作的，他没有理会茅盾的要求，没有选最初期的不成熟的作品，而是选了两篇真正的代表作。一篇就是《猫》，另一篇是《书之幸运》。这两篇作品曾被人并举，如张中良先生在《中国文学通史·第8卷·现代文学》中写道："《家庭的故事》中也较多映照出知识分子的生活习好和情趣，如《猫》《风波》《书之幸运》等，作者以朴实的文笔写下诸般同情与眷念。"

《猫》可以说是郑的小说成名作，因为后来被选入很多小说和散文选本，尤其是被选入人教版《语文·七年级·上册》课本（作为第17篇课文），俨然已成为中国现代文学的名篇。《猫》叙述了一个发生在一家人与三只猫之间的故事。它之所以如此受人喜欢和重视，是因为它不仅仅关于猫本身，而在于作者以猫喻人，象征着可爱者死去、有能者被劫、不幸者被冤的现实悲剧，而这正是那不公正的社会的写照。其间的自我剖析和自我谴责，则弥漫着宗教的慈悲情怀和忏悔精神。

《书之幸运》与《风波》被称为姐妹篇。前者写丈夫的嗜好——购书藏书，后者写妻子的爱好——打麻将。《书之幸运》首先写书给家庭带来的不幸：主人公仲清因为太过爱书买书，造成生活的拮据；妻子宛眉认为书不能吃也不能穿，不赞同丈夫在家庭经济入不敷出的窘境下，去发展这样的雅好；因此，她不止一次劝过、哭过、闹过。但是，最后，由于她对丈夫没有消减的相濡以沫之情，还是帮他借钱买书。这就是书的幸运！这个故事反映了家庭生活的矛盾，但更多的是强调夫妻之间的理解与关爱。其中主人公的原型就是郑振铎自己。正是家人的理解与支持，让他倾囊购书，成为大藏书家。

四、特殊的落款：此信到底写于几月几号？为何用“方保宗”这个化名？

茅盾信的最后说“此间并无新闻，弟亦如常过去。”似乎他写此信时各方面状态都挺好的。其实，不然。

那段时间茅盾状态并不佳，或者说相当差。

首先，他得了胃病和失眠症，身体不适到了不能不时常“休息”的程度。在写于那段时间的给斯诺的信中，他也提到了这次胃病。他说：“最近因为胃病和失眠症太厉害了，我决定到乡间去休养一会儿。先生来上海时，也许我没有机会相见，这是非常遗憾的。”他病得不仅不能连续工作，而且不得不离开嘈杂紧张的城市生活，而到安宁的乡下去休养；连斯诺约他见面，他都只能婉拒。

给郑振铎的此信与给斯诺的那封信写的是同一场胃病，写作时间相隔不远。而两封信的落款所写的日期都简单得几乎残缺。前者写的只是“十二月”，没有日子；后者只写了“十三日”，连月份都没有。两者结合起来，正好给我们提供了相互补充的信息。所以，笔者以为给斯诺的信写于12月13日；而本信则写于13日左右。

其次，茅盾的人身还面临着被国民党当局迫害的威胁。在写这封信之后不久，他写了短文《一年的回顾》，说“‘文坛’在荆棘满布、枭狐窥伺的路上挣扎”。他晚年写的回忆录《我走过的道路》第8章的题目就是“一九三四年的文化‘围剿’和反‘围剿’”。在这样严峻的甚至危险的现实处境里，茅盾作为最老资格的共产党员所遭遇的压力是最大的。当然，他有着丰富的斗争经验。他采取的策略之一是尽量不暴露自己，比如从来不公开发表自己的照片。当斯诺要他提供照片，打算放在斯诺选编的中国现代小说集《活的中国》里；他直接拒绝了，理由是："至于我的相片，则因种种不便，此时不能寄上。因为我直到现在，还没把照片在公开书报上登过。我想，在这恶劣的环境中，我的相貌不让公家知道，也许是聪明的办法。不过我将来可以送一张相片给先生，不过只给先生个人，还是不能发表。"（1934年12月13日给斯诺的信）

茅盾采取的另一个聪明的办法是勤换笔名。他在回忆录《我走过的道路》第8章中说："我每年要换一批新笔名（这也是对付国民党检查老爷之一法）。"光是1934年，他就用了一批新笔名，有风、兰、蕙、曼、惠、江、丙、明等。（《我走过的道路》中册，第222页）

正是因此，此信的落款没有用真名，也没有用他茅盾这个太昭彰的笔名，而是用了一个不常用的别名"方保宗"。1927年"四一二"反革命政变即大革命失败后，茅盾遭南京国民政府通缉，先避居武汉，不久潜回上海，蛰居在景云里近一年。之后，32岁的茅盾决定到日本去避一避。1928年7月初，他化名"方保宗"，由陈望道代买船票，东渡日本。在日本流亡期间，茅盾用的也是这个名字。1930年4月，他结束了在日本两年的逃亡生活，回到上海，仍过着"地下生活"，行动更加谨慎。他向房东租房，称自己是教书的，沿用的还是这个化名。

四年之后，考虑到形势的严峻，他给老友郑振铎写信，落款又起用了这个曾经救过他自己的化名，一是怕暴露自己，二是怕连累挚友吧。

关于鲁迅身后事茅盾请示蔡元培并替内弟向蔡元培求序

——1936年11月23日致蔡元培函解读

子民先生：

阅报知先生已经返沪，亟思走谒，因有译稿未完，书店催促甚急，未能抽身，至以为怅。鲁迅先生纪念委员会筹备会事情，公告二则，业已登报，前此所收捐款，亦已存入中国银行。至于坟上初步布置，十九日为鲁迅先生周月忌，许广平女士暨其他亲友及雁冰等，同去拜祭，顺便督率树匠，已将草坪及所购龙柏种好，并立一临时之碑，字为海婴公子所写；因是临时性质，故文字横行，碑石亦非竖立而平卧，又制一烧瓷遗像，立于碑后，此皆出许女士设计，而同人赞助之，惜先生因事留京，同人等未及请示指导。除此而外，筹备会事务尚无显著进展，盖公告登报不久（因接洽银行收款事，稍费时日），而国外接洽尚未有回信也。兹另有琐事上渎，敝戚孔令俊君曾以半年之时力，编为《五卅运动史料》一书，搜采当时报章记载及官私文件，尚属完备，师古人长编之意，于事实而外不下论断，盖将以保存史实，备研究者减少搜检之劳，虽非立言之论，然其劳足嘉。现在材料整理就绪，行将觅梓，不敢自信，挽雁冰先容，敬乞教诲。先生倘以为孔君搜采之劳不无可取，则拜求赐一序文，以示提掖而寓嘉奖，感戴无既。原稿约五十万字，分订数册，因太笨重，兹由孔君送呈首册及末册，如蒙拨冗赐览，俯允所请，不胜感祷。

专肃即请

公安！

沈雁冰　谨启

十一月廿三日

回示请交开明书店编译所夏丏尊转

◆ 蔡元培

◆ 解读：

茅盾这封信写于1936年11月23日，从行文节奏看，似乎一气呵成，没有分段，实际上讲了两件事：一是向蔡元培请示鲁迅安葬事宜；二是替亲戚孔另境（即孔令俊）所编的《五卅运动史料》一书求序。

一、关于鲁迅安葬事宜

1936年10月19日，鲁迅去世。次日，治丧委员会即宣告成立。现在能够看到的治丧委员会名单共有4个版本，其中有13人的、9人的，也有8人的；但无论是哪一个版本，蔡元培和茅盾都赫然在焉。

1936年10月19日上海《大晚报》发表的《鲁迅先生讣告》中的13人名单：蔡元培、宋庆龄、内山完造、沈钧儒、萧参、曹靖华、A.史沫特莱、茅盾、胡愈之、胡风、许寿裳、周建人、周作人。

1936年10月20日《大晚报》发表的《讣告》列出的8人名单：马相伯、宋庆龄、蔡元培、内山完造、沈钧儒、茅盾、A.史沫特莱、萧参。

1936年10月20日上海的日本报纸《日日新闻》列出的8人名单：宋庆龄、蔡元培、毛泽东、斯梅达列夫人、内山完造、沈钧儒、茅盾、萧参（按，斯梅达列夫人即为A.史沫特莱）。

后面两个8人名单都来自冯雪峰当年用铅笔拟定的治丧委员会9人名单：蔡元培、马相伯、宋庆龄、毛泽东、内山完造、A.史沫特莱、沈钧儒、茅盾、萧参（此纸收藏于上海鲁迅纪念馆，见《人民政协报》2008年10月3日所登载薛林荣的文章《鲁迅治丧委员会名单的四个版本》）。

无论从社会名望、文化资历还是与鲁迅的关系着眼，蔡元培都成了其中最主要的角色。宋庆龄担任治丧委员会主席，因为她有“国母”之无与伦比的声望。但在以上4个版本中，有两个是蔡元培的名字列于宋庆龄之前，相当于并列主席，茅盾则居中靠后一点。另外，茅盾比蔡元培小28岁，是不折不扣的晚辈；所以，他当时虽然已经40岁，名闻遐迩，但向蔡元培请示汇报合情合理。

1936年11月1日，蔡元培曾召集鲁迅家属及治丧委员会成员，讨论永久性纪念鲁迅先生之办法，决议：（1）治丧委员会即日结束，以后纪念事业，应组成扩大的鲁迅先生纪念委员会，包含各界与鲁迅先生有友谊及敬仰鲁迅先生的知名人士，负责计划及办理一切永久纪念之事，并征集各国各界对于办理纪念事业之意见与捐款；（2）推定蔡元培、宋庆龄、沈钧儒、内山完造、茅盾、许景宋、周建人7人为筹备委员，先行成立“鲁迅先生纪念委员会筹备会”，于最短期间将正式纪念委员会筹备就绪；（3）在正式纪念委员会成立以前，筹备委员会先就鲁迅先生坟地作初步布置，以便各界瞻仰。

“鲁迅先生纪念委员会筹备会”就是在这次会议的当天成立的。次日下午，鲁迅先生纪念委员会筹备会举行第一次会议，决定成立秘书处，由各筹备委员接洽组织正式纪念委员会、初步布置鲁迅坟地、征求坟地设计方案、征求对纪念事业的意见、募集办理鲁迅纪念基金等八类事项。

之后不久，蔡元培就忙于别的事务了。据高平叔编著的《蔡元培年谱》（中华书局1989年版）：11月12日，蔡元培去首都南京主持中央博物院奠基仪式及理事会会议，对具体的纪念鲁迅的事宜，他恐怕无暇再顾及。

而茅盾则实际参与了筹备委员会的各项工作。茅盾知悉鲁迅噩耗时，是在老家桐乡县乌镇因痔疮发作养病期间，他曾力图挣扎着忍痛前往上海。“十九日一夜在这样悲痛回忆中过去，二十清晨我跳起来决定乘早班船再转火车，可是痔痛如割，刚走得一步便蹲下了！我太不中用！我没有法子瞻仰最后一次的遗容了！"（茅盾：《写于悲痛中》，原载上海《文学》第7卷第5期，1936年11月1日）他最终无法赶到上海参加葬礼。葬礼结束三四天后，他"勉强能行动，就匆匆赶回上海"（茅盾：《我走过的道路》中册，第307页）。也许是为了弥补没有参加葬礼的遗憾，他倍加积极细致地跟许广平等一起办理各项决议的事情，付出了极大的时间和精力，但他在回忆录里一笔带过，语焉不详，我们只能从书信等其他材料里了解详情。

1936年11月18日，蔡元培由南京返回上海，这是茅盾信中所说蔡元培"返沪"的日子。茅盾本来是想去拜谒蔡并当面汇报所办事情的进展情况，但由于当时他正忙于翻译，未遑前往，便以这封信向蔡做书面汇报。

茅盾在信中所汇报的主要就是筹备委员会第一次会议讨论了要做的几件事：

（一）公告登报事宜

茅盾曾代表鲁迅先生纪念委员会筹备会拟过三份公告，其中第三份写于1936年11月25日（现藏上海鲁迅纪念馆），是在写本信之后拟的，故与本信无关，我们在此处不做讨论。

前两份则是茅盾在筹备委员会第一次会议之后的第四天，即11月4日拟就的，其初稿藏于上海鲁迅纪念馆，北京鲁迅博物馆藏有抄件（沈濯：《鲁迅先生纪念委员会筹备会史料补遗及其他》，载《鲁迅研究动态》1987年10月28日）。

1936年11月20日，这两份公告刊载于《中流》第1卷第6

期，其后《世界知识》等报刊有转载，第一号甚至被远在欧洲的《救国时报》所转载。《救国时报》是中国共产党在法国巴黎创刊、旨在国内外从事抗日救国宣传的机关报。

那么，从4日到20日，中间竟然隔了十六天，这两份公告为何没有及时登出？

茅盾于11月17日给许广平写信说："顷知筹备会之公告及银行接洽事，因蔡元培先生赴京，故尚未办齐手续。这也是无可奈何。鄙意或者先将公告第一、二号登出，其第二号中关于银行收款一项，暂时删去银行之名，将来专就收款事另登一公告，不知尊意以为然否？盖此事自本月四日登出新闻后，久无续布，恐盼望者正多也。"（周海婴编：《鲁迅、许广平所藏书信选》，湖南文艺出版社1987年版）

从这封信中，我们可以看出，这两份公告之所以迟迟不能刊出，是因为"其第二号中关于银行收款一项"一直没有办妥。之所以没有办妥，是"因接洽银行收款事，稍费时日"，也因"蔡元培先生赴京"，即上文说的"11月12日去首都南京主持中央博物院奠基仪式"。

（二）银行收款事宜

关于此点，茅盾信中两处说法似乎相互矛盾：先说"前此所收捐款，亦已存入中国银行"，后又说"筹备会事务尚无显著进展，盖公告登报不久（因接洽银行收款事，稍费时日）"，后面这句话的意思是跟银行尚未接洽好，那为何所收捐款已存入了呢？

募集办理鲁迅纪念基金是鲁迅先生纪念委员会筹备会第一次会议上决定的重大事项之一。

鲁迅先生纪念委员会筹备会为“纪念鲁迅在文化上的功业，发扬鲁迅提掖青年的精神”，向国内外发出《募集鲁迅文学奖金缘起》《募集“鲁迅纪念文学奖金”基金启事》，宣布沈兼士、周作人、许寿裳、马裕藻、曹靖华、齐宗颐为纪念委员，请他们负责募集，后这六人发出同意负责募集鲁迅文学奖金的启事。

郁达夫曾撰《鲁迅先生纪念奖金基金的募集》一文（原刊于1937年1月24日《福建民报·小园林》第962号），指出：“鲁迅先生纪念委员会筹备会，最近在发起纪念鲁迅的文学奖金基金的募集，这当然是一件盛举……我们要注意的事情，是在中国，象这一种纪念文学奖金的绝无而仅有。民族是要生长的，民族文化也是要演进培育；我们纪念前人，若用奖励后进的方法来纪念，岂不是一举两得的美事？”

郁达夫在此文中还抄录了那个启事。

从这份启事中，我们了解到：茅盾此信中所说的银行是指中国银行，具体是指各地中国银行信托部。收款指的是“代收各界输捐之纪念基金”，之所以要向海内外征集纪念基金，是为了将来设立“纪念文学奖金”。这纪念奖金可以说是鲁迅文学奖的最早雏形，或者说“远祖”，茅盾是促成这件美事的主要角色。

首先，这个启事就出自他的手笔。1936年11月7日他给许广平写信说：“因为忙了几天，险些将征集文学奖金募集一事搁误得太久，现拟就信稿，附奉尊阅……信稿是预备寄给拟请参加为纪念会正式委员之各位先生，每人一份。启事稿则拟由上述之各位先生分送在自己之学校内或有关系之朋友之学校内。”“信稿拟用油印，启事稿拟用铅印，一因启事稿分发各学校，必须多些。二者都可找我办理。请将两稿酌定后寄还，我即去印。”仅仅四天之后，即11日，他又给许广平写信说：“启事及信稿均已办就……现送上之件请填名后加盖印章（筹备会印）寄出，铅印之件拟请他们分发各校，似可多寄些。”（周海婴编：《鲁迅、许广平所藏书信选》，湖南文艺出版社1987年版）

茅盾不仅拟就准备请纪念会正式委员们帮着分发的启事，还拟就了给他们个人的信稿，并恭请许广平过目审定，然后他亲自联系印刷（分别用油印和铅印）。诸如此类，事无巨细，从头到尾，他都任劳任怨，其谨慎勤勉之作风蔚然。要知道，他当时因为被国民党政府通缉，不敢抛头露面，去就公职，而是隐姓埋名，卖文为生，每天要写、译至少上千字，可谓忙极。但他依然坚持把鲁迅的身后事办得如此妥贴得体，这充分说明了他和鲁迅之间无比深厚的情谊，以及他本人性格上的仗义。

茅盾不仅呼吁社会各界向鲁迅纪念基金捐款，他自己也率先垂范。1936年11月21日，他向鲁迅纪念基金捐100元。在他的号召和引领下，“信稿”及“启事”发出之后，就陆续有人捐款。如由许寿裳经手的陈仪募得福建省政府1000元，以及郁达夫募得25人捐款554元。（沈瀣：《鲁迅先生纪念委员会筹备会史料补遗及其他》，载《鲁迅研究动态》1987年10月28日）

对于前面所说的矛盾之处，这样可能解释得通：11月23日茅盾写作此信时，委托银行代收基金的正式手续尚未办妥，但之前就有人着急捐了款，比如茅盾自己于11月21日就捐了。已经收到的捐款，经手人（包括茅盾）没有留在自己手里，而是暂时存进了银行。这表明经办手续之透明，经办人心胸之磊落。

（三）坟茔布置事宜

据茅公自述，1936年10月下旬，他一赶回上海，就携他夫人等到“万国公墓鲁迅的新冢前去致哀”（茅盾著：《我走过的道路》）。11月19日，鲁迅先生周月忌日，他又跟许广平暨其他亲友同去拜祭。

最初的鲁迅墓相当简单，是由许广平自己设计、鲁迅生前好友资助造就的，配套的主要有三样东西：

1. 草木。亲友们购买了龙柏，请树匠种好。

2. 墓碑。墓穴后面立了一块梯形的水泥墓碑，上面是鲁迅之子周海婴所书“鲁迅先生之墓”六个字。茅盾曾向许广平提议请沈兼士题写碑文。11月17日茅盾致许广平信中说：“鄙意‘鲁迅先生之墓’六字，或者请名手写了去定烧，请沈兼士写如何？……倘尊意赞同请沈兼士写，请去一信如何？”（周海婴编：《鲁迅、许广平所藏书信选》，湖南文艺出版社1987年版）茅盾这么提议有充分的理由，因为沈兼士不仅是书法名家，而且是鲁迅的朋友（章太炎门下的同学、北大的同事、1925年“女师大风潮”中的战友）。许广平是同意茅盾的这一提议的，她曾写信给沈兼士求字，而沈在11月24日的复信中曾表示：“垂委之件，自当尽力也。”（赖晨：《沈兼士与鲁迅交往内幕》，载《文史春秋》2012年第3期）但不知何故，却始终未能实现（沈瀣：《鲁迅先生纪念委员会筹备会史料补遗及其他》）。

1947年9月，在文化界进步人士和鲁迅生前好友内山完造的资助下，许广平主持改建了鲁迅墓，碑面上改由鲁迅三弟周建人所书的阴文金字碑文："鲁迅先生之墓，一八八一年九月二十五日生于绍兴，一九三六年十月十九日卒于上海。"

1956年10月，党中央和国务院主持将鲁迅墓迁置于虹口公园（即今鲁迅公园）内，碑石上面镌刻着毛泽东手书的"鲁迅先生之墓"六个金字。家属的字则被安放于上海鲁迅纪念馆的库房里。

3. 瓷像。墓碑的上端放置着高38厘米、宽25厘米的瓷制"鲁迅先生之遗像"。

在鲁迅周月忌日时，墓碑和瓷像都没有安置妥贴，所以茅盾看到临时之墓碑还没有立起来，遗像没有放到碑的上面，而是放在了后面。

二、为内弟孔另境著作求序

茅盾信中所说的孔令俊是现代作家、编辑家、学者孔另境的原名，他是茅盾的内弟（茅盾夫人孔德沚之弟，故称之为"敝戚孔令俊君"），又是戴望舒的姐夫。职是之故，他与许多现代作家、诗人相熟。

1936年，孔另境在上海华华中学教导主任职位上，一方面忙于具体烦琐的教学管理工作，另一方面利用业余时间埋头搜集整理与"五卅"运动有关的史料，"编为《五卅运动史料》一书"。茅盾对他的这一学术劳作颇为赞赏："搜采当时报章记载及官私文件，尚属完备，师古人长编之意，于事实而外不下论断，盖将以保存史实，备研究者减少搜检之劳，虽非立言之论，然其劳足嘉。”因此，他向蔡元培隆重推荐（先容）并“拜求赐一序文”。

在此之前，蔡元培曾给茅盾、孔另境合编的另一本大书作序，那就是不久前（1936年9月15日）由上海生活书店隆重推出的纪实性集体著作《中国的一日》这部80万字的大部头。

但令人意想不到的是，蔡这回没有“俯允所请”，为《五卅运动史料》作序，这本书后来一直没有得到出版。其实，没有蔡的序，以茅、孔二人当时在出版界的人脉，要想找到出版的机会，本不是难事。

不过，一直到十年之后，即1934年，此书的部分，即与外交相关的内容，才单独编辑成书出版，1948年后又再版，就是在现代史学界颇受重视的《五卅外交史》一书。出版方是当时小而新的上海永祥印书馆，这家公司出版的《文艺春秋》杂志曾名噪一时。在关于孔另境的许多资料中，人们只知道《五卅运动史料》之未刊，却鲜有人提及《五卅外交史》之付梓，这也颇耐人寻味。

三、其他

茅盾在此信开头便说：“因有译稿未完，书店催促甚急，未能抽身。”他当时译谁的作品？哪家书店催得那么急呢？

也许是因为身处全面抗战期间，一方面颠沛流离辗转多地，另一方面奔走呼号为抗战服务；自从1936年7月挪威别尔生等著的散文集《回忆·书简·杂记》由上海生活书店推出之后，直到1943年6月在重庆新知书店出版苏联巴甫林科著的中篇小说《复仇的火焰》（译于1942年），在长达七年的时间里，茅盾其实鲜有译著发表。

而据其译作的出版时间推算，茅盾所说的译稿应该指的是苏联学者李倍窦夫·波尔耶斯基所著《十二月党的诗人》一文，后来发表于《译文》杂志第2卷第6期（1937年2月16日）。《译文》是由鲁迅、茅盾、黎烈文于1934年9月16日创刊的，本来由上海生活书店发行，但是1935年9月16日出至第13期停刊了。1936年3月15日，《译文》复刊，改由上海杂志公司发行，催促甚急的书店或是指上海杂志公司。

从1936年11月23日到1937年2月16日，总共不到三个月时间，以杂志的运行周期来说，确实非常紧张，书店完全有理由催促甚急。由此来看，茅盾也就真的无暇抽身去拜访蔡元培了。

茅盾对鲁迅夫人尊重有加
华罗琛女士及其中国丈夫何许人也?

——1937年4月13日致许广平函解读

广平先生:

昨天胡风来,因烈文不在家,将华罗琛女士之件放在我处。后来和烈文说了,请他写一封法文信,可是这两天内烈文很忙,又知罗琛女士的丈夫是中国人,罗琛女士虽属法人,但嫁中国人已有一二十年,一口中国话,且也能看报,故不如就写中国文信去,现在将原件附上,请告知胡风,写中文信去就得了。

勿上顺颂

日祉

明上

四月十三日

◆ 年轻时的许广平

◆ **解读：**

一、称谓之尊，源自鲁迅

茅盾在通信中习惯称许广平为“先生”。有时“先生”前面冠以姓——“许”，如这封，显得非常正式；有时，“先生”前面冠以名——“广平”，如1946年1月4日那封，则显得稍稍亲近一些。

在中国文化语境中，先生是颇为尊重的称呼，或许是因为“先生”有“老师”的含义，尊师如父嘛。比如，一般人都称鲁迅为“先生”（当面）或“大先生”（背地里），而不是“教授”（曾任厦门大学等高校教授）或“科长”（曾任教育部社会教育司第一科科长）。

有些德高望重的女性，尤其是知识女性会被称为“先生”，比如杨绛、郑敏、叶嘉莹和资中筠等。但是，其实，茅盾比许广平（生于1898年2月12日）还大2岁。称呼比自己还年轻的人尤其是一位女士为“先生”，当然也不是孤例，然而是罕有的。不过，茅盾这么称呼许广平，恐怕跟她是鲁迅的夫人有关。这个习惯称呼乃由鲁迅而许广平，是比较合理的解释。

二、为何胡风来替许广平送信？他为何把本来给黎烈文的信件放在了茅盾家里？

胡风是鲁迅“先生”的学生、战友，曾经是鲁迅和许广平最信赖的身边人之一。茅盾在《我走过的道路》（中册）中说，1934年上半年，胡风担任左联秘书长时，能经常向鲁迅请示报告。可是，1934年下半年，胡风被撤了秘书长职务之后，就没有人接替胡风与鲁迅建立亲密的关系。而胡风“向鲁迅介绍的情况常常是带着浓烈的意气和成见的。然而鲁迅对他却十分信任”。其实，在被撤职之后，胡风与鲁迅的关系依然亲密，鲁迅对他依然十分信任。

鲁迅去世之际，胡风跑前跑后，打杂、抬棺、送灵，写下了《悲痛的告别》《如果现在他还活着》《不死的青春》等40多篇纪念文章。

丧事之后，胡风夫妇、萧军、黄源、聂绀弩夫妇、张天翼夫妇等多位朋友去许广平家，陪她聊天，有时还拉她去看电影，让她散心。

尤其是胡风，没少帮许广平做跑腿的事儿，如帮她找房子、搬家等，也包括茅盾这封信中所说的替许广平送信这样的事儿。

黎烈文于1922年进商务印书馆任编辑，成为茅盾的同事，与茅盾很早就相熟。20世纪30年代上半叶，黎烈文主持《申报·自由谈》版，斗胆发表了鲁迅、茅盾等左翼作家大量揭批时弊甚至声讨政府的文章，造成声势，也产生热议，他自己也因此而成为上海滩的知名人物，并成为茅盾的挚友兼战友。

许广平让胡风送信给黎烈文，黎烈文正好不在家；于是，胡风把信放在了茅盾处，其间有个现实原因。茅盾回忆录《我走过的道路》（中册）说，1935年3月下旬，“我们搬到了信义村一弄四号，与黎烈文隔了一家。黎家装有电话，可以借用，倒也方便……信义村是我在上海蛰居时的最后住址，直到抗战爆发，我离开上海”。

写这封信时，茅盾与黎烈文还是睦邻。他借用黎家的电话，有时也帮黎家收发信件。他俩的朋友们都知道这个情况，所以胡风前来送给黎的信，先交给茅盾了。

三、许广平为何要给黎烈文写信？

胡风所送的是华罗琛女士给许广平的信件，是用法文写的；许广平和胡风他们都看不懂，于是前来向黎烈文求救，倒没有希望黎帮翻译出来，而是请他阅读之后，用法文帮写回信。

黎烈文是现代中国作家中法文最棒的人之一。他1927年赴法国，留学5载，在巴黎大学研究院获文学硕士学位。他翻译过司汤达、莫泊桑、法朗士、巴尔扎克、梅里美等许多法国作家的作品，译著有《红与黑》《羊脂球》《两兄弟》《法国文学巡礼》等。而且他跟鲁迅关系特别好。因此，鲁迅过世后，许广平请他帮忙读、写法文信，也是情理之中的事。

黎烈文看了华罗琛女士给许广平的信件，但没有帮许写回信。原因有两个：一是他那两天忙不过来；二是据他了解，罗琛女士能读甚而能写中文。因此，茅盾在这封信中转达了黎的建议：胡风他们完全可以用中文跟华罗琛通信，不用绕道黎烈文这个翻译中介。

四、华罗琛女士是法国人吗，到底是哪年嫁给哪个中国人的？

很多人跟茅盾一样都认为，华罗琛是法国人，称她为“法国文学家”（唐天然：《又一位深切悼念鲁迅的国际友人——来华法国文学家华罗琛》，载《鲁迅研究月刊》1991年第5期）。事实上，华罗琛（Stephaine Horose，1883—1970）不是法国人，而是波兰人，只不过她曾留学于巴黎大学植物学系。尽管她大半辈子一直说的是法语，写的也是法文，但我们至多只能说她是半个法国人。她大半辈子生活在中国，而且认中国为第二祖国，因此，她也是半个中国人。

华罗琛跟她的中国夫君华南圭先生正是在巴黎认识并结婚的。从1907年到1910年，华南圭曾在巴黎工程专科学校留学，其中1908年和1910年为两年实习期，正是在他实习期间认识了华罗琛并很快坠入爱河。两人结婚的时间很可能是1909年，到1937年为28载。早在1934年11月，孙福熙在公开发表的文章中就说：“罗琛女士原籍波兰，在巴黎大学求学与中国留法最早学生华南圭先生结婚来中国，已二十五年了。”（《欢迎文学家罗琛女士》，原载上海《艺风》杂志，转引自唐天然《又一位深切悼念鲁迅的国际友人——来华法国文学家华罗琛》）哪怕他俩迟至1910年即回国前夕才结婚，那么，到1937年，也已经27年了；因此，茅盾在此信中说华罗琛“嫁中国人已有一二十年”，少算了至少10年呢。

五、植物学专业出身的华罗琛为何会跟茅盾和许广平等中国文学界人士相熟？她对鲁迅又有何评价？

华南圭在法国学的专业是土木工程，回到中国后从事的都是工科领域的工作，跟文学几乎没有关系。华罗琛不仅按照中国传统随了夫姓，还随同丈夫来到了中国。她在法国学的专业是植物学，但是为何她跟中国文学界人士素有交往？

那是因为华罗琛在1920年代和1930年代是相当有名的作家。

1910年来到中国后，华罗琛几乎没有长时间连续从事某个具体的社会工作，而是开始文学创作。“华罗琛的专业虽然是植物学，却对文学情有独钟。到中国后，她过起了文学家的生活——在家里举办文化沙龙、文学聚会，并且用法语写成了《女博士》《恋爱与义务》《她与他》等小说，在中法两国都颇有影响力。琴瑟和鸣，其中有些作品由华南圭亲自翻译成中文。”（吴星铎、雷宇虹：《一个蓝眼睛北京人的胡同情结》，载《国际人才交流》2015年第1期）

上引这段话基本上勾勒了华罗琛的文化生活和文学成就及其广泛影响。

关于她“在家里举办文艺沙龙”的基本情况是这样的：当时他们家在北京有几处房子，而最经常住的是无量大人胡同19号的宅子，那是作为建筑师的华南圭先生自己设计的。华罗琛的沙龙是1935年才开始举办的，那时她已经在文化界颇有声望和人脉，中文水平也已经相当高。参加这一沙龙的有政界、商界、文艺界和教育界的不少名人，其中不乏中法大学和清华大学的教授，在京津一带的社交圈颇有令名。有人甚至把华罗琛的沙龙媲美于林徽因的“太太的客厅”［陈思广：《鲜为人知的“朱胡彬夏文学奖金”》，载《四川大学学报（哲学社会科学版）》2011年第4期］。

刚到中国时，华南圭夫妇的家庭用语是法语，后来变成法、汉双语，再后来才变成汉语。这就是茅盾所说的“华罗琛一口中国话，且也能看报”。然而，看报纸与写文章，尤其是创作文学，恐怕还不是一回事。

事实上，正如吴星铎、雷宇虹所说，华罗琛只是用法文创作，“以中文出版”，而不是“用中文写作”。帮助把她的法文原著翻译成中文的恰恰是她的夫婿华南圭。华南圭虽然身居要职，异常忙碌；但他还要花费大量时间精力帮妻子翻译文学作品。这一方面说明他非常支持甚至珍视妻子的文学志趣，另一方面也说明他本人具有很浓的文学爱好和很深的文学素养，毕竟他是来自江南的士子，在北上之前已经中了举人。他的文字风格醇厚、雅洁、疏朗、讲究，比很多新文学作家们的文笔好得多。人们之所以会传说她能用中文创作，可能是因为在她的“以中文出版”的书（至少封面上）没有译者署名，给人的印象似乎没有经过翻译。

且举一例：民国二十四年（1935）上海商务印书馆出版的《他与她》的封面：

华罗琛的代表作是长篇小说《恋爱与义务》，其法文原名为“Amour et Devoir”。从1923年2月9日开始，其汉语译文连载于上海商务印书馆所办的《小说世界》杂志，1924年6月由商务印书馆出了单行本。民国二十三年即1934年还出版了增订本。

小说故事梗概如下：杨乃凡是封建大家庭的小姐，和大学生李祖义相爱；但在封建礼教的压力之下，她屈服于父母之命，嫁给了她不爱的人。后来，杨乃凡与李祖义意外重逢，旧情复发，一起私奔。两人过了一段幸福的乡间生活后，不得不回到城里谋生。但李祖义找不到工作，在沉重的生活压力之下潦倒而死。从此，杨乃凡与女儿平儿的生活倍加艰辛。15年后，平儿长大了，与一富家子弟恋爱，这时得知母亲的身世。杨乃凡为了女儿一生的幸福，将平儿托付给他人，自己投河自尽。

这部小说发表后备受关注，甚至惊动了蔡元培，他带病为单行本作序。而蔡序无疑加强了小说在人们心目中的分量。陈向阳《用脚尖儿跳舞：用中文写作的外国创作者》中有一段是关于华罗琛的文字："20世纪二三十年代曾经出现过一位用中文创作的洋人女作家。她就是祖籍波兰、后来嫁到中国来的华罗琛，又称华罗琛夫人。她原名S.Horose，自1915年起，她先后以中文出版了多部小说和散文集，其中尤以1924年6月由商务印书馆出版的《恋爱与义务》最有影响。蔡元培先生在住院期间，读了这本书的初稿，'精神为之一振'，欣然为之作序。这本书重版了好多次，每次都很快售罄。"（载《国际先驱导报》2006年7月31日）

不过，小说及其作者变得家喻户晓，还得靠大众艺术尤其是电影来推波助澜。

这部小说曾经四度被改编为电影。在中外现代文学史上，很少有小说能得到如此大的殊荣。

第一次是上映于1929年的明星影片公司的《爸爸爱妈妈》，由洪深编剧，程步高导演，胡蝶等主演。虽然制片方没有明说这部电影系改编自《恋爱与义务》一书，但明眼人一看就知道影片主要情节显然都出自华罗琛的这部小说。

第二次是上映于1931年的联华影业公司的同名影片《恋爱与义务》，人物情节完全尊重原著，导演卜万苍，编剧朱石麟，由阮玲玉、金焰主演。

第三次是上映于1938年的新华影业公司翻拍的《情天血泪》。编、导两职由卜万苍一身而兼，男、女主角分别由金焰和袁美云出演。阮玲玉已于1935年3月8日自杀身亡。

第四次是上映于1955年的香港邵氏影业公司的同名影片《恋爱与义务》，导演屠光启在30年代末曾师从朱石麟。

1931年阮玲玉版是最成功的。据说演出效果“红极一时”（吴星铎、雷宇虹：《一个蓝眼睛北京人的胡同情结》，载《国际人才交流》2015年第1期）。

这是“联华”成立初期主力制作的四部名片之一，也是阮玲玉自《故都春梦》（1930）成名后翌年的力作，甚至可以说是她的表演艺术的巅峰之作，她饰演的角色经历了四个不同的时期，从妙龄少女演到垂垂老妇，对每一个时期人物形象的刻画都十分逼真，而且每一个动作细节都能够找到内在的心理依据。那一袭女生的水手服不知道倾倒了多少男观众？最重要的是：阮玲玉在片中一饰二角，既演母亲又饰女儿，表演自然、角色分明。

“影片上映后，反响十分热烈，一时观者如潮、好评如潮，阮玲玉‘一人饰演母女二人’更是成为影片的卖点和看点，卜万苍进联华的第一部作品也因之一炮而红。”（见《一代名导卜万苍》，王捷梅搜集整理，中国电影出版社2005年版，第84页）

因此，实际上，1931年之后，《恋爱与义务》俨然成了名著，华罗琛也随之声名鹊起，成为被竞相延请的闻人。她的文名不再局限于京津，而是名满大江南北，尤其是上海滩。有一条史料可以佐证。1934年11月，孙福熙在上海《艺风》杂志上曾发表《欢迎文学家罗琛女士》一文。文中说："上海文艺茶话会于十月十四日欢迎新自北平南来的华夫人罗琛女士。"华罗琛到上海，上海文艺界人士要专门为她召开茶话会，以表迎接，而且孙福熙这样的老牌作家还要为此写文章在杂志上发表。一般能享受这种待遇的，恐怕只有鲁迅、胡适、陈独秀那样的大人物。

也因此，华罗琛与中国文学界有了更加广泛的联系，其中当然包括鲁迅夫妇以及他们周围的大批作家。

华罗琛与鲁迅虽然直接交流极少，但她对鲁迅极为景仰。

1936年10月29日，在鲁迅逝世10天之后，北大文艺研究会在北大三院大礼堂举行追悼会。华罗琛、魏建功、周作人等参加并发表了演讲。

1937年1月，鲁迅纪念委员会编辑出版的《鲁迅先生纪念集》中，在"通讯"一辑里，收有华罗琛的一封信，信中说：

> 伟大的作家鲁迅先生，他有丰富的学力，崇高的人格，为全国所景仰，如高尔基之在苏俄。鲁迅先生之死，不仅为中国之损失，亦即全世界之损失——他的笔，他的心，完全为大众奋斗。文化界之追悼会，纪念册，均不能表彰其崇高伟大的精神。我们应树立他的像及碑铭，在通衢要道，使洋车夫以至妇孺都能瞻仰。若贵报发起此运动，我可捐洋五十元，以尽绵薄。
>
> 无量大人胡同197号　华罗琛　启

据唐天然考索，华罗琛“此信原载1937年1月1日发行的北平《实报半月刊》。又查原刊，这一期是纪念鲁迅专号。华信原为法文”（见《又一位深切悼念鲁迅的国际友人——来华法国文学家华罗琛》）。

在茅盾写作此信（1937年4月13日）之前，华罗琛关于鲁迅雕像的动议才公开3个月，显然尚未落实。她给许广平写的是否就是这封信？说的事儿是否跟这个动议有关？

为编辑抗战文艺刊物《文艺阵地》请求戈宝权"尽力赞助"

——1938年3月14日致戈宝权函解读

宝权先生：

从仲实先生信中，得知先生业已返国在汉，可惜弟离汉早了几天，未得会见，快聆雅教。同时并悉先生对于《文阵》尽力赞助，已在写稿，尤深感谢。现《文阵》出版期，展至四月十六（不过可以提前出版），专候大作寄到，即便付排。因须在广州排印，届时弟当赴广州，动身有期，专当函告，惟大作仍请直寄香港，因弟须待稿齐后方动身也。

前此耿济之先生返国时，带来先生一信及惠赠俄译《动摇》一册；并承指示，拙译《文凭》之附录——原作者小传，中有错误，高谊厚爱，铭感无已。但当时耿先生匆匆过沪，未能询得弟之寓处，尊函及惠赠之书，均交在郑振铎先生处，而郑先生事务繁冗，收下后忽竟忘记，迨及"八·一三"后，他整理积稿与旧信，始复发见，急以交弟，然已时逾半载（或竟一年罢），彼时弟又适有湘中之行，百事丛杂，未遑即答。上月在汉，寒松先生说起此事，并谓先生即将返国，因此弟亦不再驰书莫京，然无时不以此事为念，深觉太对不起先生。今得乘机告罪，私衷稍安，并乞原谅。《文凭》绝板已久（因出版该书之书店已关门），但如他日仍有书店盘出底货（因弟此书系售稿），要再印行，弟若事先得知，定当遵示改正。原出《文凭》之书店为“现代书局”，后盘与别人，店名似乎也换了，但不久亦告停闭。旧“现代书局”之底货，目下正不知在何人手中，而该书既系售与“现代书局”，弟即无权过问彼等之转相授受，除非弟得消息，不然，彼等决不告此书现在下落，事亦甚滑稽也。《文阵》编辑计画，乃弟仓卒拟就，疏漏必多，请不客气批评指教。印有预告一纸，想先生亦已见到。弟感得抗战以来，文艺理论活动太少，实为缺点，《文阵》思在此方面多加提倡，同时介绍欧洲前进的文艺理论；先生研究有素，请于此点多发伟论，以饷国人。余如抗战以来，苏联及西欧各国前进作家对我国之观感，如有材料，亦乞先生采撷整理，为文绍介。匆匆未及多陈，余俟后白；有暇尚祈时赐教言，不胜盼祷。此颂

健康！

弟　沈雁冰

启三月十四日

◆ 解读：

一、总说：茅盾拟创办《文艺阵地》，希望戈宝权这个"俄苏通"多多供稿

抗战时期，全国各地出现了不少配合抗战的文艺刊物，其中以1936年成立的"中国文艺协会"会刊《抗战文艺》为代表。茅盾认为，这些抗战文艺刊物的表现或者说质量不尽如人意，如思想深度不足，艺术魅力不够，国际视野不宽等。因此他打算自己亲自办一份刊物，以补此缺。他后来说："创办《文艺阵地》是鉴于当时抗战文艺虽也轰轰烈烈、热热闹闹，但总觉得缺乏深度，既没有在理论上对各种新问题作认真探讨，也没有在创作上对现实生活作严肃深刻的挖掘。所以就想办一个刊物来做这方面的工作。"［茅盾回忆录（二十二）《在香港编〈文艺阵地〉》，载《新文学史料》1984年第1期］

这个刊物就是1938年4月16日创刊于广州的《文艺阵地》（以下简称《文阵》），他亲任主编，实际上跟他早年编辑《小说月报》差不多，也基本上是"光杆编辑"［这是茅盾给邹韬奋起的雅号，见其回忆录（十七）《一九三四年的文化"围剿"和反"围剿"》，载《新文学史料》1982年第4期］。

茅盾最关心或者说擅长的是理论。因此《文阵》的核心宗旨是理论：多加提倡抗战的文艺理论活动，"介绍欧洲前进的文艺理论"。当时，对这样的题目"研究有素"的学者并不多，戈宝权是为数不多中的一个；他"外语懂得多，掌握外国文学资料多"（钱锺书语）。1928年，他进入上海大夏大学

后，主修英语，选修法语，辅修日语，后来又攻俄语。从1935年起，他作为天津《大公报》的记者曾驻苏联三年，成为俄苏通。因此，茅盾牢牢抓住他，向他约稿，尤其希望他撰文介绍“抗战以来，苏联及西欧各国前进作家对我国之观感”。

茅盾写这封信时，离《文阵》亮相还有一个月，正在紧锣密鼓地筹备。他把“编辑计画”即办刊宗旨计划提前告诉了戈宝权。在戈回国前，茅盾跟他联系不太方便，主要是通过时任生活书店总编辑、翻译家张仲实居间沟通。此时，适逢戈宝权刚刚结束在莫斯科（信中所谓“莫京”）的《大公报》记者生涯，回到国内，于1938年3月进入武汉的《新华日报》编辑部工作。不巧的是，茅盾已于2月19日离开武汉前往长沙，两人缘悭一面。不过，毕竟两人都在国内，茅与戈的通信联络比较方便了。这是目前存世的茅盾写给戈宝权的书信中的第一封。

二、戈宝权为《文艺阵地》已在写的是哪篇稿子？收入《文阵》创刊号了吗？

茅盾在这封信中说，戈宝权已经在为《文阵》写稿，还说“专候大作寄到，即便付排”。他打算把戈的文章放到《文阵》的创刊号里。

在回忆录《我走过的道路》（下册，香港三联书店1989年版）中，茅盾写道：“到香港不久，投到《文艺阵地》的稿件就源源从广州生活书店转来……有刚从苏联回国的戈宝权的文章《苏联剧坛近讯》。”又说“《文艺阵地》创刊号的主要稿件已经齐了”。似乎《苏联剧坛近讯》就在这批主要稿件里。

但是，最终，创刊号里却没有戈的文章，这是怎么回事呢？

原来，《苏联剧坛近讯》到茅盾手里时，创刊号已经截稿，他于前一天刚刚把最后一批稿子寄到广州。

茅盾在《我走过的道路》（下册，第40页）中回忆说：“三月二十日，我发出了《文艺阵地》创刊号的最后一批稿。”这个日子他记错了，应该是21日。他3月28日给戈宝权的信中说：“因广州排工技术较差，手脚较慢，不能不早日发稿，故于二十一日即将稿全部发出。”

这一日之差，却有一些曲折紧张的情形可以说说。茅盾好不容易约到戈宝权给《文阵》写比较重要的特色稿子《苏联剧坛近讯》，后者好不容易写出了，而且寄出了。茅盾本来的确是计划收到戈的稿子之后再付排的，他估摸着20日能收到戈的稿子；但可能是邮路耽搁，那天没有收到。第二天，考虑到排字工人的手脚较慢，怕耽误《文阵》整个创刊的计划，在望眼欲穿却等不到戈的稿子的情况下，他不得不发往广州让工人们开始排版。

而茅盾收到《苏联剧坛近讯》的时间是3月22日，仅仅晚了一天！他3月28日给戈的信的开头即说：“接奉二十二日手示及大稿《苏联剧坛近讯》时，适值弟将赴广州校对《文阵》第一期之排样。”如果不是书信说的21日，而是回忆录说的20日，离22日还有两天；那么，其间，在烽火连天的民族存亡大背景下，茅盾以一己之力奋发加紧办理《文阵》创刊号的紧迫感就会减弱。

茅盾是在寄出最后一批稿子四天之后从香港前往广州的。他在《我走过的道路》中说“二十四日我就来到广州，因为虽说由生活书店负责排印，我却不放心，想亲自看一看。”22日离24日才两天，所以有“适值弟将赴广州”的说法。

问题是：《苏联剧坛近讯》既然是专候来的大作，虽然拿到的时候有点晚，但当时创刊号只是在排字阶段，按照常情，加上或换上这一篇，是可以做到的。那么，茅盾为何没有这么做？

对此，他3月28日给戈宝权的信中有比较详细的交代：“《文阵》第一期稿已发齐，弟此来专为校对等事务。印刷局方面材料不齐，工人技术亦不甚高，因此耽误日子，弟虽天天催，亦不见快。大稿已经读过，甚好；弟前在十四日寄上之信中曾谓拟待大稿到后编入《文阵》第一期中，后因广州排工技术较差，手脚较慢，不能不早日发稿，故于二十一日即将稿全部发出。此时抽换，自必更多耽误日子，只好将大稿排在第二期了。”假如排字工人的手脚快一些，他是会抽掉一篇别的稿子，换上《苏联剧坛近讯》的。他对工人们的技术差抱怨了两次，真是恨铁不成钢啊。

那么，此文在第2期发出来了吗？答案是：仍然没有。此文一直拖到第3期才发出。这又是怎么回事儿呢？

茅盾4月23日给戈的信中有颇为详细的解释：“大作《苏联剧坛近讯》一文，虽已排来，然洋文无一字不误，且r与v二字因印刷店中不够，全给填了空铅。如此一篇糊涂账而要校清，势必有误《文阵》二期出版。其实尊稿是本月四日弟在广州时即已发排，迟至二十日始行排来，尚错误至此。因此弟权宜办理，将尊稿移到3期，不胜抱歉。”广州的排字工人手脚的确慢，《文阵》第二期的文字他们居然花了长达16天才排出了初样；而且他们的技术也的确差，花了那么长时间还留着许多错误，错得最多的是洋文。

原来戈宝权那时写文章喜欢夹杂着用洋文，而“承印店根本无排洋文之人”，以至于茅盾在解释了之后，向戈提出了“不情之请”。他4月23日给戈的信的最后说：“先生正在动手之稿千祈少用洋文。盖一用洋文，承印店即谓因有洋文而不能快，振振有词；而且慢了也还是错得不堪入目，校改出来了也还是不改正，如此顽皮，似乎只有不注洋文是有效的对付之道。”

广州排字工人排不出来的不仅是洋文，还有中文里的一些生僻字。茅盾在《我走过的道路》（下册，第48页）中回忆说：“有些文章用了比较生冷的字，印刷所没有，现刻也不成，几经周折，最后只得由我擅自换了几个，而且还要向作者说明原因。”

由此可见，茅盾编《文阵》是极为不易的。他在晚年回忆时还感叹说“费尽了心力”（《我走过的道路》下册，第40页）。跟1920年代初他几乎单枪匹马编《小说月报》类似，《文阵》也几乎是他的独角戏，从筹划到约稿到编辑到校对到联络，几乎都是他独立完成的，排印工作尤其让他“历尽艰辛”（《我走过的道路》下册，第48页）。他住在香港，稿件是在香港收取并编辑的，但排印是在广州进行。所以，编辑的时候他得在香港，排印的时候他得在广州。那时候两地之间的交通也不是太便捷，他要经常跑来跑去，辛苦程度，可想而知。李频编著的《编辑家茅盾评传》（河南大学出版社1995年版）中说：“并没有一个独立的‘文艺阵地社’，而茅盾先生也不管出版发行方面的事，只负责主编的责任，所有属于印刷、出版、发行、支付稿费方面的事，概由生活书店负责。”

这是不明就里的不正确不全面的说法，至少前三期茅盾是兼顾印刷、出版事宜的。

要放到现在，官方办类似的半月刊，得有10名左右编辑编务人员。茅盾相当于1个人干了10个人的活。要知道，1938年的他已经是全国举足轻重的大作家了！说得世俗点，他躺在家里靠版税也能生活。但出于使命感、责任感、爱国心，在无比简陋的条件下，他夜以继日，艰苦卓绝地为抗战的神圣事业工作着。现在有些人稍稍辛苦一点，就叫苦连天，想想茅盾的劳模样子，难道不该感到汗颜吗？

戈投给茅的第一篇文章就弄得如此麻烦，一拖再拖，但这不影响茅继续向戈约稿。戈呢，也没有因此而中断投稿。茅3月28日给戈的信中说：“至于《高尔基博物馆》等二文……《文阵》亦甚需要，乞即命笔，陆续寄下。”戈宝权可以说是中国“高尔基学”的开拓者。他在苏联当记者期间，在红场亲眼见过高尔基，后来又参加了1936年6月19日举行的高尔基遗容瞻仰及告别仪式和6月20日下午举行的葬礼，并先后写出《高尔基的逝世和葬礼》和《高尔基博物馆》两篇文章。这是中国最早以亲身感受写就的论及高尔基生平和创作的两篇报道。

正是由于戈宝权这位高尔基的中国知音的积极参与，在高尔基逝世三周年的时候，《文阵》干脆出了纪念高尔基的专辑。这个专辑除了重新发表戈的《高尔基博物馆》，另外的作品有《纪念高尔基》、《上海的高尔基之夜》（报道，史迁撰写）、《少女之死》（高尔基所作故事诗，楼适夷译）和《在两条战线之间的人》等。

三、广州的排印条件既然如此不给力，为何不就近放在香港排印？最终怎么解决这一问题的？

由于广州的排印条件实在差劲，而且无从改善，《文阵》第一期算是赶出来了，但到第二期就脱期了，等到印出第三期，茅盾就决定不再在广州排印。

他先是跟东家生活书店商量转移到香港排印的可能性，但没有成功。因为那时候在香港办报刊一点都不自由。首先，港英政府规定，每种刊物出版前必须交基金3000港币，那时候这么多钱不是小数目。更严重的是，“审查十分苛刻。英国政府怕得罪日本人，在报刊上不准用敌人的‘敌’字，甚至‘彼此敌对’、‘同仇敌忾’中的‘敌’也不能用，一律用‘×’代替。”《文阵》是鼓吹抗战的刊物，倘若在香港出版，很可能会出现满页都是“×”的现象。这是茅盾“无论如何不能接受的”。他愤然决定放弃在香港排印的想法：“《文艺阵地》是面向全国的大型刊物，它不能受制于香港这个弹丸小岛。”（《我走过的道路》）

广州和香港既然都不行，茅盾不得不舍近求远，想到了当时中国最先进的“孤岛”上海。有人可能认为在上海排印会有两个大问题。

一是香港尚未被日本占领，报刊言论尚且如此被严加审查，上海当时已经被日本占领，难道不是被管制得更严吗？茅盾他们了解到，上海的抗日宣传活动虽受到敌人的干涉和租界当局的限制，但上海与香港之间的客运往返和货物进出却还不太受影响。因此，他们商量采取的措施是：在上海秘密排印，然后把刊物当作货物，直接全部运到香港，转发内地和南洋。

二是上海离香港太远，茅盾怎么可能去“督印”呢？茅盾的回答是：上海的印刷技术全国第一，他没必要担心排版的错漏。至于最后看清样的工作，他就不客气地请他的内弟、文字功夫也相当不错的孔另境代劳了。

四、茅盾到底所为何事，“深觉太对不起”戈宝权？

茅盾在信中一再地说要向戈“乘机告罪”“并乞原谅”，他是真的做了什么对不起戈的严重的事情吗？

其实，也就是没有及时回信而已。

1937年，戈宝权曾委托俄罗斯文学翻译家耿济之先生给茅盾带来书和信。耿（生于1898年）比戈宝权大15岁，可以说是戈的前辈、师傅。1930年代中期，两人同在苏联工作，常相往来。戈是外派记者，耿则在莫斯科中国大使馆任秘书。1937年耿为赵家璧任主编的《世界短篇小说大系》编选了《俄国短篇小说集》，戈宝权曾协助他完成这项编译任务。“一九三七年抗日战争开始时，耿济之正在海参威工作。他原有高血压症，此时职务繁忙，病情加重，医生劝他长期休养，他就请假回国。”（赵家璧：《怀念耿济之在“孤岛”的上海》，载《新文学史料》1980年第4期）时值日本已经全面发动侵华战争，中、俄之间的交通与通信都已经变得相当不便。他只能转道欧洲，从意大利乘船回到上海，在路上已经耽搁了很多时日。

戈宝权委托耿给茅盾带来一信及俄译《动摇》一册。本来耿济之是想要与茅盾谋面并亲手把戈的书和信交给茅盾的

（他俩都是文学研究会的发起人，算是同仁）。但是，当时上海兵临城下，已经人心惶惶。耿认为自己不宜久留，还没有来得及打听到茅盾的住址，他就离开上海，前往香港了。耿在匆忙离开上海之前，把戈的书和信交给了郑振铎。但是郑振铎因为事务繁冗，收下后一时之间竟然忘记转交给茅盾。直到“八一三”事变之后，郑“整理积稿与旧信，始复发见”，才急忙交给茅盾。这又耽搁了不少时日。

茅盾在信中说，从耿交给郑到郑交给他自己，中间相隔“已时逾半载（或竟一年罢）”。郑振铎真的耽搁了那么长时间吗？

耿济之是7月7日之后才离开海参崴的，他从那里乘船绕道意大利再回到上海，恐怕需要个把月时间，那就到8月初了。他又是在8月13日之前交给郑振铎的。笔者推断，应该是接近“八一三”事变发生的某个日子，比如8月10日左右。

茅盾“适有湘中之行”的打算是1937年9月底，那时他们夫妇俩为把儿子女儿送到何处去继续学业而发愁。他夫人孔德沚的老朋友陈达人从长沙来电，欢迎孩子们去那里读书。一家子匆匆忙忙准备了几天时间，10月5日，茅盾独自带着两个孩子乘火车离开上海前往长沙（据《我走过的道路》）。笔者推断，郑交给茅盾的时间就是在9月底到10月5日之间。

因此，戈宝权的书和信在郑振铎的手里耽搁了不到两个月的时间，远远不到半载乃至一年。茅盾之所以觉得有那么漫长，可能是因为在战争环境下，他对时间的感受出现了变异。“八一三”事变之后，日军占领了上海。除非是有极为特殊的原因，有良知的知名人士都纷纷开始逃离，但在准备离开到最终成功离开的那段时间里，人会感觉特别疲惫、焦灼乃至久拖，所谓“度日如年”者也。

茅盾从郑振铎那里拿到书和信的那几天，可能确实忙于准备“湘中之行”，而无暇给戈宝权回信，所谓“百事丛杂，未遑即答”。这是又一次耽搁。

从此次“湘中之行”开始，一直到1949年定居北京，茅盾过的基本上是颠沛流离的12年流亡生涯。就说从1937年10月5日到写作此信之时（1938年3月14日）这段岁月吧。他10月10日抵达长沙，11月12日回到上海，12月31日又离开上海，前往香港；1938年1月3日从香港到广州，1月12日又到长沙，2月7日到武汉，2月底又回到香港。给戈的这封信正是从香港发出的，之前他要给远在莫斯科的戈发信谈何容易！

这期间还有一次耽搁。2月份在武汉期间，茅盾遇到戈的朋友进步作家艾寒松先生。1935年5月4日，艾在《新生》周刊2卷15期以“易水”为笔名发表《闲话皇帝》一文，被日本人故意说成诬蔑他们的天皇，国民党政府迫于日本政府的压力，居然开始严惩作者和编者，这就是轰动一时的“新生事件”。艾寒松因处境危险，在国内无法存身，就于1935年9月被迫出国，先至巴黎，后又去莫斯科参加中国共产党在国外出版的中文《救国时报》编辑部工作。在莫斯科期间，他与戈宝权交了朋友。

1938年2月艾刚刚回到武汉，在邹韬奋的安排下，担任生活书店总务部主任，因此而与茅盾相见。两人谈起戈宝权，说起戈给茅的那封信；茅盾当时就想给远在莫斯科的戈写信，但艾寒松告诉他，戈下月就回国了，而且就要到同在武汉的《新华日报》社工作；假如茅盾写信，可能信还没到莫斯科，戈就离开那儿了。兴许茅盾还能跟戈在武汉见面呢。于是，茅盾又作罢，等着与戈见面。然而，在烽火连天的年头，哪有那么容易把念头变为现实？戈宝权的回国之途充满艰辛，费时费力。他假道越南，进入广西，途经南宁、桂林等地，等他于1938年3月到达武汉的时候，茅盾已经离开了。这就是本信开头说的"未得会见"的个中复杂情由。

五、茅盾在为其译作《文凭》所写作者简介中到底犯了什么错，让他觉得"惭愧之至"？

《动摇》是茅盾著的长篇名著《蚀》三部曲中的一部（《幻灭》《动摇》《追求》），也是茅盾颇为自得的一部中篇小说。1955年3月29日，时任苏联外交部副部长的苏联作家、汉学家费德林致信茅盾，谈及自己打算翻译茅盾的作品。茅盾在4月22日的回信中说"如果要翻译我的一个中篇，那么，我建议翻译《动摇》。这本书虽然有缺点，但或多或少反映了一九二七年中国大革命时代的一些本质上的东西。"其实，早在1935年，苏联就已经出版了《动摇》的俄译本（译者为汉学家鲍里斯·亚历山德罗维奇·瓦西里耶夫，中文名鲍里斯·王希礼）。戈宝权委托耿济之惠赠给茅盾本人的应该就是这个译本。

戈给茅的信中指出，茅翻译的《文凭》之附录——原作者小传中有错误。那么《文凭》是谁的作品？那是个什么样的错误呢？

《文凭》是俄国小说家、戏剧家丹青科（Danchenko，1858—1943）的中篇小说。茅盾的译文于1930年最初连载于上海《妇女杂志》，上海现代书局于1932年出版了单行本，广西桂林春潮社于1943年也出版了单行本，后来1946年和1952年上海永祥印书馆又两度再版。

茅盾3月28日给戈的信中再次提到这个错误：“《文凭》原作者之小传，弟弄一大错，幸承指示，甚感。”并具体解释说“弟撰那小传，是根据英文译本《文凭》前之《引言》及另一英文书；此时追忆，英文书大概并没有错，乃弟心粗见浅，误以二人为一人也，惭愧之至。”茅盾译时所根据的是斯丹顿·派普尔（W. J. Stanton Pyper）在1915年出版的英译本。他写此信时，那个英译本应该不在身边，无从核对；但他没有简单地把责任推给英译本，而是把责任全部揽在了自己身上。

最初出版《文凭》之单行本的是现代书局。戈宝权看到的应该就是那个版本。茅盾在承认了这一“小传”中的“大错”之后，表示一定要找机会改正。“《文凭》绝版已久（因出版该书之书店已关门），但如他日仍有书店盘出底货（因弟此书系售稿），要再印行，弟若事先得知，定当遵示改正。”他在3月28日给戈的信中重申道：“《文凭》之出版书店倘印重版时，弟必加以更正。”现代书局在1935年就关闭了。到1938年茅盾写作此信时，《文凭》之重版事宜尚未有任何下落，所以也还谈不上改正那个错误。

这段文字之交可以看作是两人交往史上的一桩佳话。戈宝权作为晚辈，直言不讳地指出茅盾笔下的错误，可谓诤友。茅盾呢，并不因此而恼羞，而是一再真诚地表示感谢，“高谊厚爱，铭感无已”，并一再表示要改正，显现了他一贯的谦虚大度、勇于认错的作风。

中国最初引进印度电影始于沈部长的请示报告

——1954年10月20日致周恩来函解读

总理：

十九日下午紫光阁酒会上，我和印度外交部秘书长皮莱闲谈时，皮莱询及我艺术团访印事，并谓明春印方将再派一艺术团来。

今日（二十）上午得总理办公室电话通知，尼赫鲁将于二十三日下午和郭老及我谈科学、文化方面。因此我想起：在这次谈话时，我方是否提一提我国与印度交换影片的问题。近年来，我国影片在印度公众间颇受欢迎，然因种种关系，放映不能普遍。至于印度影片颇有进步好片，我国亦未映过。最近苏联举行印度电影周（九月二十三至二十九），在全苏放映《暴风雨》、《流浪人》、《两皮哈的土地》（最后一片曾在捷克国际电影节获得“争取社会进步”奖章）三故事片及六部短纪录片，颇为苏联电影艺术工作者所重视，认为思想性艺术性都具一定水平。照这样看，倘与交换，印方亦有适合于我方放映的好影片。如果交换影片成为事实，对于我方影片在印度扩展放映圈一事，当可有所裨益。但此事是否可以在和

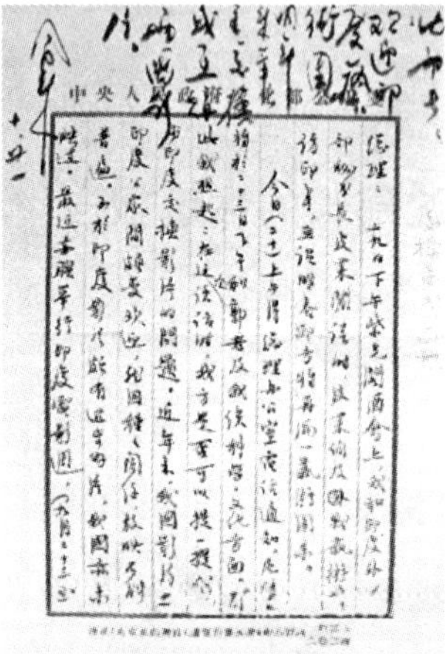

尼赫鲁谈话时看情况提一提，
敬请指示，以便遵行。
此致
敬礼

沈雁冰
十月二十日下午

◆信函原件

◆ **解读：**

一、中印关系蜜月期互派文化代表团

20世纪50年代中期，中印关系进入蜜月期，其中茅盾及其领导的文化部起到了相当大的作用。

1954年10月19日到30日，印度最高领导人、第一任总理尼赫鲁应中华人民共和国中央政府邀请，来我国进行友好访问。印方的随行人员有尼赫鲁的女儿英迪拉·甘地夫人、印度外交部秘书长纳·鲁·皮莱等9人。

10月19日，尼赫鲁一行到达北京，旋即参加下午在紫光阁举行的欢迎酒会。茅盾也参加了酒会，在与皮莱交谈时，说到了两国互派艺术团的事情。

茅盾这封信中的"皮莱询及我艺术团访印事"，指的是中国代表团访问印度。"1954年，在周总理亲自关怀下，中国文化代表团一行67人访问印度43天，英迪拉·甘地夫人负责接待，印度总统、副总统和总理亲自接见。”（见蒋伟明、薛克翘《中印文化交流五十年——回顾与思考》，载《南亚研究》2000年第1期）这次中方出访印度的人数和天数不可谓不多，而其所受到的接待规格不可谓不高——印度最高领导接见。代表团的正式称呼之所以不是“中国艺术团”，或是因为此次出访是以茅盾为部长的文化部主导的，而不是以郭沫若为主席的中国文联安排的，当然，两者应该有交叉和沟通。

信中所言“明春”事，指的当是1955年春天，印度也以“文化代表团”，而不是“艺术代表团”的名义来中国访问。在此之前的1953年，印度派一行29人的艺术代表团访问中国，历时5周35天，其间受到以毛泽东、周恩来为领导的中方政府的热情接待。

20世纪50年代中期，中印两国友好往来的历史记录，充分显现了两国代表团互访的同等性原则。

在茅盾此信的第一页上方，有周恩来的批语：“沈部长，欢迎印度艺术团明年来华并交换或互购两国影片。周恩来　十、廿一。”由此可见，那时中印两国互派文化艺术代表团互访的相关事宜，是以茅盾为部长的文化部对周恩来指示的落实。

二、中国首次引进印度电影，包括三部故事片

尼赫鲁一行1954年的这次访华行程安排得相当紧凑，其间他受到了周恩来、宋庆龄、陈云、彭德怀、贺龙、乌兰夫、李

富春、李先念、邓小平、郭沫若、茅盾等中国政府各领域许多重要领导人的接见。

紫光阁欢迎酒会后的第二天，即20日上午，茅盾就接到总理办公室的电话通知：尼赫鲁将于23日下午和郭沫若及茅盾谈科学、文化方面的合作事宜。

于是，当天下午，茅盾就写了上面这封信，就同尼赫鲁见面时交流电影艺术之设想，向周恩来请示。

茅盾在信中先说了中印之间电影交流之不足："我国影片在印度……放映不能普遍。至于印度影片颇有进步好片，我国亦未映过。"的确，中国电影之进入印度比印度电影之进入中国要早一些。

1951年9月至12月，中国文化代表团在印度的新德里、孟买和加尔各答举行中国文化艺术展览会，其间放映了中国电影。1952年1月，由吴印咸任团长的中国电影代表团访问印度，参加第一届印度国际电影节，纪录片《中国民族大团结》获得奖状。中国电影《白毛女》等在印度四大城市放映54场，观众达55600人次。此后，中国参加了10余次印度国际电影节。

茅盾在信中就中印之间电影交流向周恩来提出具体建议：1954年9月23日至29日，苏联举办了印度电影周，在全苏放映了6部纪录片，还放映了3部故事片即《暴风雨》《流浪人》《两皮哈的土地》。他认为，中国可以模仿苏联，引进"适合于我方放映的好影片"。

茅盾的提议得到了周恩来的同意，也得到了尼赫鲁的首肯。由于两国领导人的直接推动，以及文化部等机构的遵照执行，次年的电影交流跟其他各领域一样，达到了两国友好交往的高潮，互派电影代表团，互办电影周，可以说远远超过了互换互购影片的范畴。

1955年2月，中国电影工作者张水华、张瑞芳和汤晓丹访问印度，并列席印度电影座谈会。其中，著名演员张瑞芳是大家所熟悉的，张水华与崔嵬、凌子风、成荫被并称为“北影导演四大帅”，曾经与王滨联合导演《白毛女》。张水华之所以被派去，可能是因为《白毛女》在印度放映3年，攒足了人气。汤晓丹也是老一辈导演，曾执导了《南征北战》《渡江侦察记》《红日》等经典作品，有新中国“银幕将军”之誉。

1955年10月，由普·拉·卡普尔率领的印度电影代表团访问中国。这位卡普尔就是在中国家喻户晓的印度电影《流浪者》的导演。

1955年10月，印度首都新德里举办中国电影周，放映《山间铃响马帮来》等影片，观者如潮。

同时，10月17日至23日，文化部决定举行“印度共和国电影周”，在国内24个城市放映《印度历代艺术》和《印度的石洞庙宇》等7部纪录片和《流浪者》等故事片，观众达300万人次，在我国兴起了第一波印度电影热潮。

关于此次印度电影周期间所放映的故事片数目，学术界有不同的说法。蒋伟明和薛克翘在他们所编写的《中印文化交流五十年——回顾与思考》一文中说：“印度电影周在中国开幕，在中国20个城市放映《印度历代艺术》等7部纪录片和《流浪者》等4部故事片。”焦玲玲在《对百年印度电影的国内相关研究综述》［《牡丹江师范学院学报（哲学社会科学版）》2015年第2期］一文中，虽然没有说明出处，但也认为是4部。

有人则认为是3部。如刘朝晖说：“‘印度共和国电影周’活动，放了三部故事片《流浪者》《暴风雨》《两亩地》，这是印度电影首次被引进中国。”（《印度电影，在中国市场渐入佳境》，2018年5月9日《新民周刊》）其中，《两亩地》是《两皮哈的土地》的更加“归化”的、流传更广的译名。

笔者倾向于“3部”说，因为主张“四部”说的人也全都只列举这3部的名字，在他们的文章里没有出现过第4部的片名。更重要的理由是，茅盾在这封请示信中只列了这3部，那是在苏联举行的印度电影周上经受过检验的所谓“进步片子”，是经过了周恩来同意的。在官方办事程序严格、意识形态管束严紧的情况下，恐怕没有人会随意增加。

另外，在这3部片子中，《流浪者》和《两亩地》尤其受中国观众喜爱。可能因为爱之切，有人说《流浪者》是最早被引进中国的印度电影，也有人说《两亩地》是最早进入中国的。笔者以为，这3部电影是同一个批次被引入中国的，我们没必要再为其中的哪一部更早而争论，把它们并列为最早比较合适。

三、简论电影《暴风雨》和《两亩地》

在《流浪者》《暴风雨》《两亩地》这3部影片中，《流浪者》在中国火遍南北，国人耳熟能详。因此，本文不复赘言。中国观众对另外两部相对陌生，笔者愿意稍做介绍。

先来谈《两亩地》。这是印度版的《白毛女》或《悲惨世界》，拍摄于1953年，根据泰戈尔的同名小叙事诗改编而成。这首诗是泰戈尔在1894年写的，曾编在1900年出版的《故事诗集》里。这是一首比较短的叙事诗，没有支撑一部电影所需要的众多细节和情节。而电影版《两亩地》在原作基础上又做了比较大的补充和改动，主要体现在以下几个方面：

1. 原作没有说主人公家庭成员情况，电影里安排了他的父亲、妻子和孩子，人物更多，反映社会的面也就更广，涉及老人赡养问题、孩子教育问题、妇女就业问题等。另外，原作用第一人称，电影用第三人称。第一人称的好处是方便直接抒情，更加有说服力和感染力，由主人公以自家口吻叙述经历，令读者产生身临其境之感。第三人称的优势在于更加客观地反映现实，叙事视角可以多变转换。

2. 原作在揭露贫苦农民失地的悲惨现实之外，有一定的浪漫主义色彩，第一是主观情绪比较浓；第二是主人公把故土跟童年记忆和对乌托邦的想象结合了起来，甚至还把土地神化，从而对土地的感情也比较多样复杂，既是生存的基础，又是精神的寄托，有时称之为“母亲”，有时称之为“女神”。然而，这母亲乃至女神的形象，一方面是圣洁的，另一方面也有瑕疵。例如，土地被人买卖，降而为商品；被人奴役，沦落为女仆；甚至被金钱玷污，变得不贞。主人公对她由赞颂而变为谴责。而电影中除了偶有对神祷告之行为，基本上刮除了神话色彩，代之以冷硬的纯粹现实主义。

3. 原作中主人公被从自己的土地上赶走之后，成为托钵僧，这体现了印度社会中宗教的救济作用和麻痹功能。他虽然自述曾走过“城镇和乡村”，但对城镇生活没有任何具体展现。而且，抢走农民土地的，是王爷，而不是电影中那个由地主转变的农业资本家。因此，原作中的社会形态还是宗法性质的。而电影中的主人公在还没有完全丧失土地的时候，就走向了城市，成为城市无产者的代表。电影表现了宗法社会对人的观念的束缚、工业化过程中对人的生产资料和生活基础的剥夺。同时，随着主人公生存空间的拓展，电影也表现了城市贫民的善与恶、挣扎与无奈，还揭示了城市的虚假繁荣：遍地都是乞丐、小偷与流浪儿。

4. 原作中主人公还代言了作者泰戈尔的民族主义思想。如果说土地是国土的代称，家园是国家的别称；那么，土地被霸占，就隐喻着印度这个国家被殖民。而泰戈尔身上有着浓厚的反殖民倾向，时不时表现印度人民反抗英国殖民者的斗争意志。电影则聚焦于印度内部的社会问题和阶级（或者说阶层）矛盾，没有触及民族问题和殖民话题。

5. 原作中既有诉苦的调子，又有嘲讽的语气。如：“唉！在这个世界里，谁越贪得无厌，谁就越富裕。我知道，在欺诈贪婪的面前，上帝是无法保护我的。”上帝似乎专门保护那些欺诈贪婪之徒，而不保护穷苦大众。还如：

> 我说：王爷，就这两只芒果，我求你施舍。
>
> 王爷笑着说：这家伙披着件出家人的衣服，原来却是个惯窃。
>
> 我听了只有苦笑，眼睛里滚出泪水，
>
> 您，王爷，如今是位圣人，我倒成了盗贼！

主人公从本属于自己的地里摘两根香蕉，就被那王爷称作惯贼；而抢夺了他的土地本身的王爷却自视为圣人！恰如中国古话所讽刺的“窃钩者诛，窃国者侯”。真的是颠倒黑白，荒唐至极！

电影中却是一味的悲情苦调。艺术家们基本上都同情弱势群体，为之代言并呼吁。文艺作品中对穷人痛苦的描写也是最大的主题。泰戈尔作为极有良知的作家，也一再地展现出对穷人的关切、同情甚至不遗余力地挖掘他们身上朴实善良本分的品质。然而，强调悲苦到电影《两亩地》这样的程度的，还非常罕见。因此，把这部电影称作“印度的《悲惨世界》”，是恰当的。电影中最苦的那些人似乎都是顺民，没有诅咒、呐喊和抗议。相反，他们总是自怨自艾，默默承受。笔者揣摸这部电影创作者的用意是：苦难本身就是对罪恶的控诉，就是对压迫的反抗。

再看另一部影片《暴风雨》。这是印度纳夫-克旦电影制片厂于1952年拍摄的爱情题材的黑白电影，由长春电影制片厂于1955年配音译制并在中国公映。这部电影可谓是塑造了世界电影史上最重情重义的女仆形象。

故事大概讲的是，女仆拉妮单恋着雇主——律师拉姆汉，而拉姆汉已有了心上人江吉。但令人意想不到的是，就在拉姆汉和江吉的爱情遭到为富不仁的高利贷商人古贝尔达斯的蓄意破坏和阻挠时，拉妮挺身而出，为成全拉姆汉和江吉，奋不顾身地用匕首刺死了古贝尔达斯，最终香消玉殒。

在世界文艺史上，有一系列重情义的女仆形象。如《奥德赛》中奥德修斯的老奶妈欧律克勒亚、《费加罗的婚礼》中伯爵夫人的侍女苏珊娜、《西厢记》中崔莺莺的侍女红娘等等。笔者以为，拉妮是这一人物画廊中最光彩夺目的人物形象之一，不仅忠心耿耿，而且年轻漂亮，聪明能干，敢做敢当。她从小就被好心的拉姆汉收留并收养，一直对拉姆汉怀着感恩和崇敬的心理。当她情窦初开时，暗恋着拉姆汉，甚至期望自己能与拉姆汉结婚。但当她知道拉姆汉虽然很关心自己，但并不爱恋自己时，她宁愿压抑自己的情感，并牺牲自己的一切，包括年轻的生命，去成全拉姆汉对江吉的追求。她帮拉姆汉去向穷人朋友们筹钱，最后甚至怀着对拉姆汉与江吉幸福的婚姻生活的祝福，替代拉姆汉杀死了恶棍古贝尔达斯。

影片中人物关系简单，一共也就10个人左右，场景也简单，这很像戏剧的章法。也正因此，故事情节中有不少巧合，甚至牵强的设计（许多细节问题，如拉妮是如何被拉默汉收留的？江吉的母亲到底为何突然病倒？电影都没有交代），其他人的形象（包括表演）都是模式化、脸谱化的。如果没有拉妮这一光辉形象的突出，整部影片将是呆板、简陋、晦暗的。饰演拉妮的演员的表演也颇具功力，在表现少女春情萌动的样子时，有着含苞待放的清纯与娇羞；表现她义无反顾、替主报仇时，有着女英雄式的侠肝义胆。可以说，这部影片的成功全赖这一少女兼侠女的形象。

虽然，自20世纪50年代初，我国已开始介绍印度影片，如1950年4月20日，《人民日报》发表张默的文章《介绍印度影片〈人间地狱〉》，但印度影片在中国的实际放映却要晚5年，是在茅盾写此信提议之后才得以开始的。因此，此信在中印电影交流史上具有历史开创意义。

茅盾与捷克汉学家们的交谊

——1959年10月25日致普实克函解读

敬爱的普实克同志：

我愉快地收到您九月二十三日寄自布拉格的信，谢谢您对我国建国十周年的祝贺和寄给我拙作《腐蚀》的捷克文译本。

您为介绍中国文学所作的努力，对中捷文化交流有巨大的贡献，我谨趁此机会对您的宝贵工作表示崇高的敬意。

请代我向吴何J. Vochala同志致意，由于他辛勤的劳动，使我的作品能和捷克斯洛伐克的读者们见面。

加立克同志早已会见，惟因我事忙，且年来常病，未能经常和他畅谈，深以为憾。

请代向您的夫人问好！

您的忠诚的　茅盾

一九五九年十月二十五日

◆ **解读：**

一、普实克对中捷文化交流有哪些巨大的贡献？

雅罗斯拉夫·普实克（Prusek Jaroslav, 1906—1980）是捷克斯洛伐克最著名的汉学家，是布拉格汉学学派的奠基人。

那么，普实克在中捷文化交流领域做了哪些宝贵的工作，让茅盾表示崇高的敬意？

（一）身体力行的贡献

普实克的学问做得很“实”，注重实地考察、访问与交流。早在1932年至1934年间，青年普实克就来中国，总共住了两年半，其中在北京的时间占了绝大部分。他深入集市、民居、书场、茶馆、戏院和学校，广交各界朋友，从苦力、街头艺人到知识分子以及富商、军官各色人等身上细心体察社情民意。他还结识了鲁迅、郭沫若、茅盾、冰心、丁玲等文坛闻人，特别是与鲁迅建立了深厚的友谊。

后来，他还访问过中国。

比如，1950年12月，普实克率领捷克文化代表团访华。或许是因为带团的是普实克这位在欧美鼎鼎大名的汉学家，也因为据说代表团中有一位是捷克斯洛伐克共产党联邦委员会政治局委员；所以，此团在中国受到接待的规格很高，访问的时间很长，范围很广，收获很大。

他们在北京受到了周恩来、郭沫若、茅盾等领导人的接见。

此行为期总共近三个月之久。

普实克他们访问了大江南北，包括北京、上海、杭州、广州、武汉等大城市，由华君武和邹荻帆全程陪同。华君武时任《人民日报》美术组长，代表的是美术界和新闻界。邹荻帆当时是文化部对外文化联络局干部，接待外宾算是他的本职工作。不过，他还是诗人，也是文学界的代表。

访问期间，普实克和其他捷克汉学家亲手挑选了2.7万多册中国图书（部分为中方礼物）带回国，并在这些图书的基础上，由普实克倡议和亲手缔造，于1952年10月24日在捷克科学院东方研究所建立了“鲁迅图书馆”，它是海外唯一一家以鲁迅命名的图书馆。正如论者所言：“这既是捷中友谊的见证，也是普实克对他的老朋友鲁迅的永久纪念。”（陈广琛：《普实克——捷克汉学奠基者》，载《中外文化交流》2015年第10期）

这是代表团的收获，普实克还有个人收获。徐悲鸿时任中央美术学院院长、中华全国美术工作者协会主席，遂以文化艺术界负责人身份接待代表团。徐悲鸿慷慨地把自己的一幅马画赠送给了普实克。此画名为《哀鸣》。徐悲鸿原题款识：“哀鸣思战斗，迥立向苍苍。卅七年夏。”“民国卅七年”者，1948年也。也就是说，这幅画作于1948年夏，到徐悲鸿接待普实克他们时，已经过去两年。可见，那是徐悲鸿一直舍不得送或卖出去的一幅作品，本来是自己珍藏的。但一见普实克，就割爱相赠了。他添补了两条款识“普实克先生惠存。悲鸿赠。1950。”和“普实克先生再访中国纪念。悲鸿赠。1950。”

这幅画是悲鸿农历壬午年即1942年所作《哀鸣思战斗》的姐妹篇。那幅画上的题款是：“‘哀鸣思战斗，迥立向苍苍’，壬午始寒悲鸿作于重庆。静文爱妻存之”（现藏于北京徐悲鸿纪念馆）。“哀鸣”两行诗来自老杜的《秦州杂诗·其五“南使”》。或许老杜此诗是悲鸿此画的灵感来源之一？两者的美学情调何其相似乃尔——都是悲愤！

巧的是，普实克是老杜的洋粉丝。他平生最崇拜鲁迅，而他恰恰把鲁迅“具有感染力并且严谨”的小说比作杜甫的诗。在回忆录《中国，我的姐妹》第44章中，他颂扬鲁迅说：“他的短文集《呐喊》是我最早读过的现代文学中的一部，我看了好几遍，回国后我把它翻译成了捷克语；可惜我的译文体现不出原作的优美。在中国，鲁迅可谓是第一个创作现代小说的人，他的作品具有感染力并且严谨，堪与杜甫的诗相媲美。”我猜想，普实克可能之前向悲鸿透露过他对杜甫的热爱。而这必定让悲鸿“心有戚戚焉”，因为他也是杜甫的隔代隔行徒孙。有齐白石的赠诗为证——《题徐悲鸿画马》曰：“从来君子扬人善，各借诗文始久留；此日倘逢唐杜甫，徐君画马足千秋。”白石老人的意思是：悲鸿乃当代美术界之杜甫。可谓知音之论。

的确，悲鸿也是杜甫的知音。他一生很少用古人的诗题自己的画，不过用杜诗来题却是屡见不鲜，特别是《秦州杂诗》，尤其是“哀鸣”两行。早在1940年11月，悲鸿在印度讲学期间，曾赠送泰戈尔一幅《马》图。在那幅画上，他题写的也是这两行。从1940年到1950年，这两行诗可以说是像双桅船一样时刻航行在悲鸿的脑海里。因此，在给普实克赠送那幅画时，他提笔就题了。

此次访问，是新中国成立之后，普实克第一次访华，收获之大，可谓无与伦比。

也是在普实克的推动下，1952年中捷两国签署了文化合作协议。根据协议，普实克后来再度访问中国。比如，普实克在1957年冬天访问中国期间，拜会了齐白石。就在那个冬天，齐白石逝世了。

普实克之所以在中国受到从政府到个人的如此厚的礼遇，有于国、于私两个方面的内在原因。

1949年3月，第一届世界拥护和平大会在巴黎召开。以郭沫若为团长的中国代表团前往参加，成员以文化名人为主，包括茅盾、艾青、田汉、郑振铎、丁玲、洪深、徐悲鸿和马叙伦等。但法国政府以中共新政权尚未正式建立为由，拒发签证，组委会遂将会议一分为二，分别在巴黎和布拉格举行。中国代表团在布拉格参会之余，访问了国立美术馆、国立博物馆等多个机构。这变成了中、捷两国加强友谊的一个黄金机会。

中国代表团访问的多个机构中也包括东方研究所。当时这个研究所还没有并入捷克科学院，而属于查理大学。普实克时任查理大学哲学院刚刚成立的远东系的系主任，在东方研究所兼职任研究员。

中国代表团之所以访问东方研究所，可以说是普实克的个人关系起了作用。当时，捷克各方非常重视这个来自国际社会主义阵营新成员中国的代表团。布拉格市长和巴黎大会筹备委员会捷方主席亲自前往迎接，致欢迎辞。在所有这些环节，普实克亲自陪同并担任翻译。他在接待过程中邀请中国代表们参观东方研究所，让他们了解在捷克这个东欧小国有一群学者热衷于研究和传播中国文化。茅盾他们听得感动万分。普实克不失时机地与代表团商谈两国文化机构开启未来合作的可能性。他为人的确行侠仗义，没空时，还安排自己的学生全程陪同代表团在布拉格的活动。于是，普实克师生一伙与后来成为新中国文化界执牛耳的代表团成员们结下了深厚情谊，为日后的文化交往奠定了坚实的基础。（参见徐伟珠《汉学家普实克造就的布拉格"鲁迅图书馆"》，载《北京第二外国语学院学报》2016年第4期之"中东欧文学研究"专辑）

可能是两个人都崇拜杜甫，普实克虽然是文学专家，但他似乎跟代表团中非文学领域的徐悲鸿聊得特别投机，由此促成日后中国木版水印画、现代书画及设计艺术赴捷克展览。中、捷两国之间的美术交流有如此好的开端，应该感谢徐悲鸿，更要感谢普实克。

（二）著译立言的贡献

普实克一生致力于介绍中国，研究与翻译中国文学（包括古代文学和现代文学），成果颇丰。其中有回忆录《中国，我的姐妹》（丛林、陈平陵、李梅译，外语教学与研究出版社2005年版），有学术著作《抒情的与史诗的——雅罗斯拉夫·普实克的中国现代文学研究》（李燕乔等译，湖南文艺出版社1987年版）、《话本的起源及其作者》和《中国的历史与文学》等。还有翻译著作，如鲁迅的《呐喊》（1937年出版）、孔子等的《论语》（1940年出版）、茅盾的《子夜》（1940年翻译，但迫于纳粹的审查，直到1950年才出版）、刘鹗的《老残游记》（1946年出版）、《中国话本小说集》（1954年出版）及沈复的《浮生六记》等。还有，他与捷克诗人马特修斯合作翻译的多卷本中国诗集《古中国之歌》与《新中国之歌》，收录了从《诗经》起直到新中国的作品。

（三）言传身教的贡献

在潜心著译的同时，普实克一直活跃在汉语和汉学的教学一线，培养了很多优秀的学生。

1937年，普实克满载着东方之行的累累硕果回到捷克，在查理大学及其所属东方研究所工作。第二次世界大战期间，捷克遭受纳粹德国蹂躏，很多大学被迫关闭。普实克主持的东方学研究所却坚持开放，继续向学生们讲授语言课程。他完成了第一部用捷克语编写的汉语教材。第二次世界大战结束之后，普实克在查理大学创办了远东语文与历史系，成为首任中国与日本文学教授。1952年东方研究所并入捷克社会科学院，他开始担任所长。这时，以鲁迅图书馆为依托，在普实克周围，聚集了一批年轻的汉学研究者。他们于1960年代形成了布拉格汉学学派。

作为这一学派的祖师爷，普实克成了国际上著名的汉学家。

正是因为普实克在汉学的研究、翻译、教育以及中捷文化交流等方面都成就非凡，所以茅盾不吝笔墨称道他的巨大贡献。

茅盾信中接下来提到的吴何和加立克就是普实克的两位高徒。

二、除了《腐蚀》，吴何还翻译了哪些中国作品？

吴何是中文名字，一般写作“吴和”。他的原名是Jaromír Vochala，可音译为“雅罗米尔·沃哈拉”。

据徐宗才《捷克汉学家（二）》一文（载《中国文化研究》1995年第4期），他的简介大致是：男，语言学家、评论家，1927年9月24日出生于摩拉维亚，1951年考入经济大学，翌年到中国留学，在北京大学专修班学习汉语。

吴和翻译茅盾的作品主要是《腐蚀》和《当铺前》。《腐蚀》译本初版于1959年。普实克为该书写了后记，称茅盾为“当代中国最杰出的作家”。普实克于1959年9月23日从布拉格给茅盾寄此书。大概是书一出炉，就寄了。《当铺前》则是个短篇小说，被收入多人合译的《茅盾作品选集》，此书于1963年出版于布拉格。

徐宗才在《捷克汉学家（二）》一文说吴和“继《诗经》、《乐府诗选》译本及《黄河之颂》出版后，还想把屈原的《离骚》译成捷文”。吴和1995年想译《离骚》，差不多10年之后，出版了《楚辞》译本。陈亮在《欧洲楚辞研究综述》（载《江苏社会科学》2013年第6期）一文中说：“捷克吴和（Jarom í r Vochala，1927—　）于2004年出版《楚辞》，首次将屈原辞翻译成捷克语。”

但徐宗才的这句话有个问题：吴和翻译出版了《诗经》《乐府诗选》及《黄河之颂》这三本书吗？答案是：否。那三本书实际上是一本，即《黄河之颂》，只不过本书包含选自《诗经》和《乐府诗选》的作品。本书于1986年由捷克劳动出版社推出，曾获优秀作品奖，1987年再版。

普实克寄给茅盾的是吴和的译著。或许有人会问：吴和为何不自己邮寄呢？是因为他没有茅盾的地址吗？肯定不是因为这个，茅盾作为文化部部长，很容易收到世界各地寄来的东西。或许，吴和一开始准备自己邮寄，听说普实克正好要给茅盾写信，于是，就委托普实克寄了。或许还有一个内在的原因：他虽然翻译了茅盾的作品，而且他曾来北京大学留学长达6年（从1952年至1958年），但是，他跟茅盾没有直接的交往。

三、加立克与茅盾的通信交谊

加立克，通译为马利安·高立克（Marian Galik）。与吴和相比，高立克更喜欢研究而不是翻译茅盾。他虽然没有翻译过茅盾的作品，但因为研究茅盾，所以不仅跟茅盾见过面，还有过几度通信。

普实克在东方研究所有两大得意门生，一男一女，即高立克和米列娜，笔者都见过。现在说来，高立克是斯洛伐克人；但他给普实克当学生时，斯洛伐克和捷克还是一个国家，叫作捷克斯洛伐克。

与吴和一样，高立克也曾来北京大学汉语专修班学习。茅盾给普实克写这封信时，他已经来京，而且已经拜见过茅盾；他第一次拜见茅盾，应该还是他老师普实克引荐的。普实克之所以能撑起一个学派，跟他弟子阵容强大有关系；而他的弟子之所以又多又有出息，是因为他特别照应他们。他给茅盾的信中应该还专门问起高立克，所以茅盾在回信中说“加立克同志早已会见”。茅盾非常理解普实克的这份拳拳“护犊”之心。他接下来说：“惟因我事忙，且年来常病，未能经常和他畅谈，深以为憾。”我想，如果高立克不是普实克的爱徒，如果普实克没有在茅盾那里表达对高立克的殷殷关心，茅盾可能不至于对一个青年留学生如此在意。

茅盾虽然忙且病，未能经常和高立克畅谈，但那段时间里，他和高立克通信联系还是比较多。在茅盾留下来的书信中，有4封是写给高立克的，而且全都写于1960年，即3月3日、6月6日、6月8日和7月8日。

高立克也不负师望，在见过茅盾之后，发奋开始茅盾研究工作。大概半年之后，他写信给茅盾，附了两篇文章，向茅盾请教。茅盾3月3日给他回了信。

他所附的第一篇文章是《茅盾笔名考》。茅盾用红笔在他的原稿上答复了他的问题，然后，发感慨道：“我已经记不起我曾用过那么多的笔名。您的工作十分细致，我很钦佩。”高立克的学术态度的特点确实是仔细认真。为了研究茅盾，他还曾前往茅盾的故乡嘉兴乌镇。他随信给茅盾寄了在那里拍的照片。

高立克所附的另一篇文章是用英文写的《关于茅盾短篇小说》。也许是此文卑之无甚高论，茅盾说：“我没有意见，这不是说，我全部同意您的论点，而是说一个作家不应当阻止别人发表个人见解，倒是应当鼓励别人发表和作家对自己不同的看法。”

高立克在信中说到他暑假要回欧洲，并希望再次拜见茅盾。茅盾呢，尽管还是一如既往地又忙又病；但是，或许出于对普实克的托付的重视，也出于对高立克成果的赞赏，他提出了约见高立克的想法：“我很愿意在您回国前和您谈一谈——假定在六月初或者五月底。到那时再约定日期如何？”

接下来茅盾给高立克三天连写两信，就是为约定日期。

高立克6月3日先主动给茅盾写信，询问见面的合适日期。茅盾6日回信说：“暂定于本月十日下午三时请您到我家中来。”但是，仅仅两天之后，他得知自己10日将“临时有事”；所以，他8日连忙追写一信，告诉高立克“前约取消”，并说“现在重订于十二日下午三时或下午七时，但仍恐临时有事，最好请于十二日上午十一时电询我的秘书长朱长翎同志……”

最终两人见了面，重点谈了《关于茅盾短篇小说》一文；高立克希望茅盾给他提供《茅盾短篇小说集》的序；茅盾答应尽快邮寄到捷克斯洛伐克。随后高立克启程回国，并提前告诉茅盾他马上要结婚的喜讯。茅盾7月8日给他写信，首先是问候：“想来您早已平安到家。”信中附了那篇“序”，充作送给高立克的结婚礼物。故而茅盾幽默地说：“兹随函附上我的短篇小说集的序言，聊当祝贺新婚的薄礼——此所谓秀才人情纸一张也。”

为中国、波兰之间的文学交流殚精竭虑、身体力行

——1960年10月12日致巴金函解读

巴金同志：

此次国庆期间，作协接待之外宾，以波兰作协副主席、党组第一书记普忒拉曼特，最为重要。普又是波党候补中委，在波兰为对我最友好者之一。九月间我访问波兰时，王大使谆嘱应重视普（他和夫人同来）此次访华，热烈接待。普夫妇定于本月廿六日，（由广州）到杭州，留二天半，则廿九日可到上海。在上海的日期请预先和文化局商量，务必保证重点，保证深透，使他们回去有充分材料可以写书。（普于一九五一年访问过一次，回去写了一本书；这次他商定再写一本，屡次对我谈到，并希望我们为他安排日程时以能回去写书为目标——即参观项目不多而每一项目内容丰富，看得深，看得透。）

我和普夫妇同机自华沙而莫斯科而北京，路上曾相约：如果他们参观广州之后在杭州休息浏览几天，我将奉陪。现在他们决定要到杭州，因而我也要到杭州一趟。我回国后精神一直不好（仍为失眠、不能用脑等等老病），也打算休养一下；我定于本月十九

日乘班机飞沪，当天（如果可能）转车赴杭，待廿六日普夫妇到杭后再和他们同到上海。请为代订上海到杭州的火车票壹张（十九日的）。但如果当天转车赴杭不可能，则只好在上海过一夜了，那就要请代订旅馆。如果十九日因气候关系不能起飞，那当然要顺延一天。日来北京天天晴，不知上海如何？穿什么衣服？夹衣乎棉衣？乞便中见示。匆匆顺颂

健康

雁冰

十月十二日上午八时

◆ **解读：**

一、王大使是谁？茅盾为何如此看重他的“谆嘱”？

茅盾在信中说：“王大使谆嘱应重视普（他和夫人同来）此次访华，热烈接待。”“谆嘱”是比“叮嘱”分量更重的词，一般是下级对上级的用词。茅盾用这个词，不仅显示了他一贯的谦逊，而且充分表示他对这位“王大使”的意见的倚重。

那么，此处“王大使”指的是谁呢，究竟什么来头？

他就是新中国外交元老之一王炳南。以目前的中国外交布局来考量。波兰作为东欧小国之一，不会是外交的重点所在。那么，当年茅盾为何如此重视这位驻波兰大使的意见？或者说，当时中央暨主持外事工作的周恩来为何要派王炳南这样重

量级的人物去担任驻波兰大使？

这还得从当年中国的外交格局中去寻找答案。1950年代，资本主义和社会主义两大阵营对立，波兰是社会主义阵营中的重要国家，也是新中国与欧美展开正式与非正式外交的桥头堡。因此，从新中国外交角度来说，波兰不是一个小国。周恩来他们高度认可波兰在国际外交格局中的特殊角色。

1955年王炳南被任命为驻波兰大使。早在一年前，即1954年，他就被晋升为外交部部长助理兼办公厅主任，成为周恩来在外交工作上的得力干将。他出任驻波兰大使，其间还有一个非常现实的具体原因。

1954年，由苏联倡议推动，在日内瓦举行五大国外长会议，讨论解决朝鲜问题和印度支那问题。所谓五大国就是联合国5个常任理事国，但当时在联合国代表中国的还是台湾的国民党政府，而不是大陆的共产党政府。是在苏联做了西方国家的工作之后，共产党政府才得以参加的。这是新中国第一次委派政府代表团出席东西方合作的国际会议。党中央十分重视，任命周恩来为首席代表，张闻天、王稼祥、李克农为代表，担任代表团秘书长的就是王炳南。

会议期间，美国通过与中国有外交关系的英国向中方表示，希望解决美国在华被拘留人员问题。当时中国也有一批有成就的科学家和留学生被扣在美国。周恩来认为应利用时机，开辟同美国直接接触的渠道，争取早日让那些爱国知识分子回国。经请示中央，王炳南被委派为中国政府代表，与美国代表就两国侨民回国问题进行会谈。

美方代表是此次外长会议美国代表团的成员约翰逊——美

国驻捷克斯洛伐克大使。主要是为了王炳南与约翰逊方便往来谈判，中央暨周恩来经过综合考量，才派他到捷克的邻国波兰出任大使。波兰和捷克都是东欧小国，由中美驻这两国的大使分别担任谈判代表，也是外交上严格的对等原则的需要。

后来，1955年4月，万隆会议之后，美国响应中国的谈判呼声，又通过英国向中国建议互派大使级代表在日内瓦举行会谈。主谈者还是王炳南与约翰逊这两位老对手。这一谈就是9年，所以王炳南一直留任驻波兰大使这一看似不那么重要但实际上举足轻重的外交职位；直到1964年4月他奉调回国，出任外交部副部长。

因此，1960年，茅盾访问波兰时，王炳南还是驻波兰大使。他应该深知，在新中国的外交布局中，波兰不仅仅是一个东欧小国，王炳南也不仅仅是驻波兰大使，而是中国与国际两大阵营外交整体格局中都起着关键作用的人物。因此，他当然倍加重视王炳南的意见，尊称之为“谆嘱”。

二、在王炳南和茅盾心目中如此重要的普忒拉曼特到底是何许人?

普忒拉曼特（现在通译为“普特拉门特”）1910年生于白俄罗斯的明斯克。他曾参加左翼青年运动，并因此而被波兰社会党政府审讯。第二次世界大战期间他在苏联参加波兰第一军团，为祖国的独立而战斗，战后曾任波兰议会议员、驻瑞士和法国大使、波兰作协总书记（即茅盾在信中所说的“党组第一书记”）。

茅盾在此信中没有提到普忒拉曼特的著作。《茅盾全集》之书信二集关于他的注释中，列举了他的几部代表作，《战争和春天》《前夫之子》和《不忠实的人们》等，但没有说这些著作的文体和出版年份。

在文学上，普忒拉曼特是个多面手，诗歌、小说、回忆录、报告文学、小品和政论等都有专著。他早年主要写诗，出版的诗集有《昨日返回》（1935）、《森林之路》（1937），表现了诗人对现实的不满和反抗。《战争和春天》是他的诗歌代表作，出版于1944年。这也是他的诗歌生涯的总结之作，从此他转而主要从事小说创作，而且以长篇小说为主。《前夫之子》和《不忠实的人们》都是长篇小说，分别出版于1963年和1967年。另有长篇小说《现实》（1947）、《九月》（1952）和《十字路口》（1954），分别反映的是1939年德国法西斯侵占波兰之前、之中和之后的社会状况。他还出版过两部短篇小说集《神圣的枪弹》（1946）和《空眼睛》（1967），前者反映的是波兰人民反法西斯斗争的情况，后者反映的是1950年代波兰国内的政治生活情况。

可以看出，普忒拉曼特后期的文学创作与早期的诗歌创作判若两人，早期的主要是个人话语，后期的主要是社会代言。后期更加注重意识形态的色彩和伦理，力争使自己的写作与政治斗争同步。这与茅盾的文学观相当一致，而且，两人都是国家作协的主要领导，职位意识也非常相近。无怪乎两人一见就成了莫逆之交。

作为波兰作协的一把手，而且还是波兰唯一执政党统一工人党的候补中央委员，普忒拉曼特能在文学创作上如此勤奋，而且取得如此丰硕的成果，的确非等闲之辈。

作为在波兰人中对中国最友好者之一，普忒拉曼特曾两度访华，而且时间都相当长，对中国的方方面面都“看得深，看得透”，因此回去都写了有关的专书。

普忒拉曼特1951年访问中国后，次年便出版了报告文学集《中国纪事》。

这次1960年到访中国后，于次年出版了《中文》一书。他对中国这么友好，兴趣这么大，宣传也那么起劲，跟茅盾这样的文化界上层又这么熟悉。可惜，这两本书都尚未被翻译成中文。以笔者所见，他众多的著作被翻译成中文的，只有不太重要的长篇小说《年青的一代》。

更且，在中国学术界，关于他不算久远的卒年还未搞清，还有不同的说法。

《茅盾全集》第37卷（出版于1997年）关于普忒拉曼特的注释中，只说了他的生年为1910年，而没有说他的卒年，给人的印象似乎到了1997年他还在世。

更加离谱的是：有好事者曾经找了一帮人，编了一部《世界文学百科全书》，其中一个分册是《中欧现代著名作家》，其主编是冯平、刘车岳、牛江涛，由中国环境科学出版社2006年推出。全书以作家为单位，只是一些作家的简单而不全的介绍。第一部分就是波兰文学。其中就有普忒拉曼特的词条，但没有谈及他的死亡及其年份。似乎到了2006年，他还活着。波兰部分的最后一位是当代波兰最伟大的诗人、作家米沃什（Czeslaw Milosz），但居然也没有说及他的卒年。要知道，这位诺奖得主2005年去世时，在中国是引起相当大的关注的，许多媒体都发表了纪念文章，本人也受邀写了三篇文章之多，还接受了报纸的采访。但是，参与《中欧现代著名作家》的编者和出版者“两耳不闻窗外事”到如此程度！

事实上，普特拉门特早在1980年代就去世了。

《年青的一代》（1990年由重庆出版社推出）的译者、波兰文学专家张振辉先生在《普特拉门特和他的〈年青的一代〉》（载《国际论坛》1991年第4期）一文，介绍此人此书，说普特拉门特仙逝于1983年。

钟桂松把他的生卒年标为“（1910—1986）”。

孰是孰非呢?

笔者查阅大英百科全书，发现有普特拉门特（Jerzy Putrament）的词条，说他生于1910年11月14日，卒于1986年6月23日。因此，作为波兰文学外行的钟桂松的说法反而是对的。

关于普特拉门特的文学形象，笔者愿意引进另一个当事人的视角，在此补充一些资料，以期使之立体化。

米沃什只比普特拉门特小一岁，上大学时两人曾在同一家校刊上发表过作品。相知相交数十年，最后两人分道扬镳。米沃什坚持早年的理想，自甘在法国和美国过流亡生活，当普通而纯粹的诗人和教授，处于半隐居状态，当然反思不停、写作不辍，最后摘得了诺奖桂冠。普特拉门特抛弃了作为诗人的理想，留在波兰，成了炙手可热的文坛领导兼政客（最后官拜统一工人党的中央委员），在最后20年几乎只是写点报告文学和应景讲话。

他俩分处不同语境后，还有笔墨联系，从这些笔墨中可以看出两人之间极为微妙的关系。1950年6月间，米沃什在美国首都华盛顿任波兰大使馆文化专员（这是在普特拉门特的帮助下获取的职位），刚刚接到调令，要他前往巴黎出任波兰驻法国大使馆文化专员。彼时普特拉门特刚刚获任波兰作协的秘书长，即将卸任波兰驻法国大使，回国履新。对于两人及其关系来说，这个时间都是节骨眼。普特拉门特给米沃什写信，说："听说你要来巴黎，我感到很高兴；我一直有点为你担心：美国社会物质丰饶，会不会遮蔽了生活的其它方面的贫乏。"（转引自亚当·科尔奇Adam Kirsch的文章《为真理而战的切斯瓦夫·米沃什》，载《纽约客》杂志2017年5月29日）普特拉门特这封信洋溢着社会主义的精神胜利法和对美国的固陋偏见，固然是写给米沃什看的，好像也是写给波兰政府当局看的。瞧，波兰虽然物质不如美国繁盛，但精神生活丰富着呢，因为是社会主义国家嘛。

1951年2月1日，米沃什毅然从波兰驻法大使馆出走，向法国政府申请政治避难，也就是说他打算放弃波兰国籍；同时，他申请美国签证被拒，成了一个两头不着的人。还好，法国政府慷慨，临时收留了他。他开始写作反思性的名著《被禁锢的头脑》（*The Captive Mind*）（有人翻译为"被禁锢的心灵"，笔者以为不妥）。这部书实际上是以半寓言方式，写了波兰的4个文化名人。米沃什分别把他们命名为：1.阿尔法，道德家；2.贝塔，失望的情人；3.伽玛，历史的奴隶；4.戴尔塔，游吟诗人。这第三位的原型就是普特拉门特。

普特拉门特肯定不承认自己是"历史的奴隶"，而自认为是识时务的俊杰。为了这时务，他心甘情愿像奴隶劳作一样地努力写作。我们来看看米沃什对他的勤奋与多产的揶揄：

伽玛还不得不一本正经地坐下来写作。只有“活跃的”作家才能成为作家联合会的成员。每个作家都在被迫发表作品以免被联合会除名，从而失去所有的个人特权。保持作品不断问世的义务给了大小工头们双重的束缚。

华沙有人谈到伽玛时说，“他为了和平事业而与帝国主义和西方的宣传进行斗争，但他做梦都在想的一个东西就是：战争。因为，战争爆发就会有演说、空战和战地新闻报道，他就不必每天坐在书桌前为写小说而受罪。但是，尽管厌倦和平，和平仍然不可避免，在他漂亮的大套房里就会有五张书桌，每张桌子上都有一部小说的开头。每天他都会绝望地嚎叫，因为他知道，他写的一切都像石头一样死寂。”（叶远厚译）

四、茅盾因何于何时访问波兰？

中华人民共和国驻波兰共和国大使馆的官网上，赫然贴着一篇宏文——《中华人民共和国与波兰共和国文化交流与合作简况》，文中说：“1960年‘布加勒斯特会议’以后，中国同波兰的文化关系逐步恶化。自1960年至1966年，双方均未派政府文化代表团互访。”

这个说法是有问题的。至少，1960年（在“布加勒斯特会议”之后）双方均“有”派政府文化代表团互访，茅盾所率的中国文化代表团便是其中之一。

1960年6月24日至26日，在罗马尼亚首都布加勒斯特举行了社会主义国家共产党和工人党代表会议，彭真率中共代表团参加。在这个会议上，赫鲁晓夫发动了对中共的突然袭击："动员了几十个国家的共产党、工人党的代表围攻彭真同志率领的中共代表团，对中共的内外政策，对毛泽东同志进行了激烈的攻击。"（阎明复：《彭真在布加勒斯特会议上》，载《缅怀彭真》，中央文献出版社1998年版）

布加勒斯特会议使得中苏矛盾公开化，在某种程度上影响到了中波关系；但至少在1960年，还不能说中波关系恶化，或者说尚未恶化到"双方均未派政府文化代表团互访"的程度。

当时，中、波两国之间的合作（包括互访）计划都是提前以协议的方式固定下来的。比如，1960—1961年的文化合作协议执行计划，是1960年2月11日在北京签署的，代表中方签字的是中国对外文化联络委员会副主任张致祥，代表波方签字的是波兰人民共和国驻中国大使馆临时代办博拉托。茅盾所率的文化代表团此次访问波兰，就是在执行这份协议中的计划。如果哪方取消这次访问，就是对协议的违背，是要背上背叛道义甚至法意（契约精神）的重责的。中波关系受到了中苏关系恶化的波及，但不至于出现哪方撕毁这个协议的局面。

茅盾说，普特拉门特是对中国最友好的波兰人士之一。而他自己呢，应该算是对波兰最友好的中国人士之一。此次访问波兰一年多前，即1959年7月22日，他在《人民日报》发表政论《中波友谊，万古长青——庆祝波兰人民共和国国庆十五周年》。在此访半年前，即1960年2月22日，他曾主持中国文联等主办的肖邦诞辰150周年纪念会。

茅盾此次出访波兰正是中波友谊交流史上的一段佳话；但是，关于此访，万树玉编的《茅盾年谱》居然只字不提。

那么，他此次访问的缘由到底是什么？具体时间又怎样呢？

茅盾在此信中说，他“九月间”访问了波兰。事实上，他此次出访开始于8月份。那么，分别始、终于哪天呢？

钟桂松先生在《茅盾传》中说：“1960年8月25日，茅盾应波兰政府的邀请，率领中国文化代表团去波兰访问，在波兰访问期间，茅盾受到波兰人民的热烈欢迎。”（东方出版社1996年版，第313页）

但是，在《茅盾传》出版9年之后，钟桂松在《茅盾与杭州》一文中说：“8月24日，茅盾根据中波文化合作协定1960—1961年执行计划，应波兰政府邀请，率中国文化代表团四人出访波兰，成员其中有华君武等。在波兰，受到波兰文化界的高度重视和欢迎，茅盾有幸在普忒拉曼特等等友人的热情接待和陪同下，用三周时间走遍波兰华沙、波滋南、格但斯

◆ 茅盾（前排右二）出访波兰，受到热烈欢迎

克、克拉科夫等七个城市，参观了工艺工厂，美术中学以及肖邦故居等，让茅盾深受感动。”（见杭州市政协文史资料委员会编《耆英影事——现代文化名人与杭州》，杭州出版社2005年版）

那么，茅盾一行出发的日子到底是24日还是25日？

据唐金海和刘长鼎《茅盾年谱》载：

1960年8月24日“早晨，到首都机场……率领中国文化代表团一行四人（美术家协会秘书长华君武等）乘机前往波兰进行访问”（山西高校联合出版社1996年版，第1093页）。因此，我们可以确定茅盾他们出发的日子是24日。

另外，钟先生在两处文字中都没有说茅盾他们回国的日子。

华君武晚年在一篇题为《拍照出丑记》的文中回忆，他参加的那个访问波兰的中国文化代表团一共4人，茅盾任团长，王匡任秘书长，华应申和华君武为团员（载华君武著《漫画记事》，人民文学出版社2008年版）。当时，王匡本身的职务是中共中央中南局宣传部长，华应申是文化部办公厅主任。这两位基本上是文化官员。华君武时任中国美协秘书长，可作为中国美术界的代表。正是他拍摄并保留了茅盾此次访问波兰的相片，也写下了代表团4个成员的姓名。不过，他在那篇回忆文章中，连此次出访的年份都搞错了（说成是1961年），没有提及月份，更遑论确切日子了。

茅盾1960年10月13日曾给俄罗斯托尔斯泰庄园博物馆馆长R.费朗克先生写信，说：“……后来又作为政府代表团访问了波兰，仅仅在十四天前回到北京。”

从10月13日往前推14天，是9月30日，这就是他们回国的日子。也就是说，茅盾此次出访的时间是从1960年8月24日到9月30日，长达一个多月，而且贯穿整个9月；因此他说此访发生在“九月间”。当时，由于交通通信的不便，茅盾每次出访时间都拖得很长，少则一二十天，多则个把月。对于公务繁忙而年过花甲的茅盾来说，实在不胜其劳。他后来写信向周恩来总理辞去文化部部长职务，这也是一个重要的理由。

五、茅盾以老病之躯亲自从北京远赴江南陪同访问！

与茅盾整个9月份都在波兰访问类似的是：普忒拉曼特及其夫人一行此次访问中国的时间几乎贯穿整个10月份。根据中国作协党组的安排，由诗人、中国作协下属《诗刊》的副主编阮章竟全程陪同，他们访问了北京、沈阳、西安、成都、重庆、武汉、郑州、广州、杭州和上海，几乎走遍了当时中国的所有大城市。访问者和被访者都表现得像“拼命三郎”。

茅盾当时已经是64岁，身体精神都不太好；正如他信中所说，他患有“失眠、不能用脑等等老病”，但他不仅亲自关心安排普忒拉曼特在中国各地的具体行程，而且还曾亲自陪同。

首先，茅盾之所以要拖到9月底才回国，可能就是为了跟普忒拉曼特夫妇同机自华沙而莫斯科而北京。普氏夫妇赶在这个日子来，是为了参加中国的国庆活动。在此期间，中国社会各方面的气氛、面貌比平常祥和、可爱，各种活动也比较丰富有趣，有助于给他们提供正面的观感和素材。

其次，茅盾以中国作协主席和文化部部长的身份，提前给普氏夫妇准备到访的省市有关方面负责人写信，交代任务，再三嘱咐。他给巴金写这封信就是为了这事儿。普忒拉曼特夫妇这次来访，是以中国作协的名义邀请的。巴金当时是中国作协副主席兼上海作协主席。茅盾请他由作协牵头，预先和上海市文化局商量，做好普忒拉曼特夫妇在上海期间的接待工作。并嘱咐道："请务必保证重点，保证深透，使他们回去有充分材料可以写书。"

最难能可贵的是，茅盾以老病之躯亲自远赴沪杭陪同普忒拉曼特夫妇访问各处。

原来，在与普忒拉曼特夫妇同机回国的路上，茅盾就曾跟他们相约："如果他们参观广州之后在杭州休息浏览几天"，他将奉陪。他言出必行，既然对方决定去杭州，他不顾老迈，也要前去。而这是茅盾在新中国成立后唯一一次杭州之行。要知道，他是浙江人，杭州可以说是他的故乡啊。

10月12日，他就给巴金写此信，开始筹划下旬下江南的事宜。

15日，茅盾还没有收到巴金的回信，就又追写了一封，说："现因十九日班机系下午起飞，到沪时已为傍晚（下午六点或七点），不便当天转车赴杭，我决定在沪停留一宿，二十日赴杭。"

当时，茅盾之所以要先飞到上海，还要过一夜，才乘火车去杭州；可能是因为北京到杭州还没有直达航班，而且到上海的航班也比较少，很难衔接到上海飞往杭州的航班——早在1957年1月1日，民航上海管理处开辟的上海经杭州、南昌至广州正式开航。在当时航空资源特别有限的条件下，乘坐飞机反而比火车可能更折腾。另外，乘坐火车还可以一路上慢慢饱览沿途各地中国的山川。可能也是因此，普忒拉曼特及其夫人一行最终选择乘坐火车从广州到杭州。

茅盾20日就到了杭州。待到26日上午，茅盾与浙江省和杭州市的文化系统有关人员到杭州火车站迎接普忒拉曼特及其夫人一行。

随后27、28日，茅盾陪同普氏在杭州参观访问。其间，浙江省委宣传部部长金韬，省文化局副局长王顾明、许钦文，浙江美院党委书记陈陇等一起宴请招待茅盾和普氏一行（参看钟桂松《茅盾与杭州》）。

29日，茅盾又陪同普氏一行坐火车到上海，在上海一起访问两天，然后才回北京。

作为堂堂共和国首任文化部部长，茅盾如此舍命陪君子，绝对稀罕！

红学界关于曹雪芹卒年“大论战”的一个侧影

——1963年3月25日致俞平伯函解读

平伯先生：

廿三日手示敬悉。纪念曹雪芹逝世二百年，例应标明某年至某年；因壬午、癸未两说相持不下，中央雅不要在此学术问题上遽作结论，故有于1763加（？）之拟议。兄谓应广征文教界同意，弟亦谓然。前日饭后谈及，不过透露有此一说，非正式也。至于影响国际观感，似亦未必；因世界各国颇有类似之事，大作家生年和卒年加（？），文学史上比比皆是。弟于曹氏身世，并无研究，壬午或癸未都无成见；但近日读双方驳难之文，私意谓壬午除夕之说固有明文，但既有异议，不妨倾听，求其深入，不宜遽作结论。癸未说之论据，“小诗代简”一证实不硬朗，倒是“四十年华付杳冥”之挽诗一证较为有力（因抄本此诗题下明注甲申）。鄙意亦正同尊论：原挽两首，此为改作；原两首写于初丧，此改作则在一年后，——假定为雪芹逝世周年之后数日。如此解释，本亦可通，但究属推想，如无旁证，不能杜反对者之口。且反对者亦可质问：既改作于周年祭，何以诗中完全看不出？如此循环质难，如无新材料，则仍为疑案。鄙见以为卒年问题非可多数取决了；因其为考证问题。强求一致，反伤团结。

大函论及近来研究《红楼梦》文章，颇伤繁琐支离。一部分文章确有此病。承嘱注意，甚为感佩。报告估计不过四千字左右，主要论点当在《红楼梦》之思想性与艺术成就，至于近年对曹氏身世考证，对《红楼梦》版本研究——此两方面之成绩，虽不能不提，然亦不打算多费笔墨。尊见以为如何？杂事甚多，一个月内恐尚无暇起草报告。初稿成后当印发广征意见。

匆复　顺颂

健康

雁冰

三月廿五日上午

◆ **解读：**

一、俞平伯被大批判但坚持研究《红楼梦》

正如开头所说，此信是茅盾对俞平伯“廿三日手示的”回信，写于1963年。同年，曹雪芹逝世二百周年纪念展览会在北京举行，由文化部、中国文联、中国作协和故宫主办。作为文化部部长兼作协主席，茅盾予以热情支持。在红学研究领域颇有建树的俞平伯与茅盾有过较多交集与往来，两人在1963年3月的这番通信往来主要是讨论红学问题。

20世纪50年代，俞平伯因为《红楼梦》的相关研究而遭到毛泽东的点名批判。据相关文献所载，1954年10月16日，毛泽东亲自给中共中央政治局委员和其他有关同志写了关于《红楼梦》研究问题的信，说：山东大学两个大学生李希凡和蓝翎写文批判俞平伯，那是30多年以来向所谓《红楼梦》研究权威的错误观点第一次认真地开火。

此后，全国各地随之闻风而动。俞平伯所在的单位中国科学院哲学社会科学部从1954年11月25日至12月27日，共召开了6次批判会。中国文联和中国作协主席团从10月31日至次年2月8日，共召开8次批判会。中国科学院和中国作协还召开联席会议，并组织了专题批判小组。这期间，俞平伯忙得晕头转向，哪里有批判，他就得到哪里去接受批判！

这次批判风潮，不仅是针对如何评价和研究《红楼梦》的问题，而且要从各个方面对“五四”以后较有影响的资产阶级学术思想进行一番清理和批评。同年11月5日，《人民日报》登出了题为《肃清胡适的反动哲学遗毒——兼评俞平伯研究〈红楼梦〉错误观点和方法》一文，对俞平伯进行批判。

对此，俞平伯一开始持以抵触情绪。他虽然到处去配合参加对自己的批判活动，但始终不肯公开承认错误，使得批判一时难以为继，后来他才逐渐转变态度。

1955年3月15日，《文艺报》刊登了俞平伯的检讨：《坚决与反动的胡适思想划清界限——关于有关个人〈红楼梦〉研究的初步检讨》。检讨发表后，俞平伯也就从这场轰轰烈烈的大批判运动中淡出了。

有人说，俞平伯在遭受批判之后，就对“红学”讳莫如深，甚至不允许家人谈论《红楼梦》。如此看来，他主动给茅盾写信讨论“红学”，应是对这种误解的有力驳斥了。实际上，俞平伯对“红学”矢志不渝，哪怕是身处大批判的漩涡中心，他仍不放弃对《红楼梦》的研究，并出版了《脂砚斋红楼梦辑评》。

《红楼梦》版本有两个系统，一是脂砚斋评本，80回；一是程伟元、高鹗续补本，120回。脂本评语非出自一人，其中以脂砚斋和畸笏叟的评语最为重要，它涉及作者曹雪芹生平身世、人物原型和写作修改等情况，向为研究者所重视。流传的脂评本不止一种，各本评语也参差互见。俞平伯将乾隆甲戌脂砚斋重评本、乾隆己卯冬月脂砚斋四阅评本、乾隆庚辰秋脂砚斋四阅评本、乾隆甲辰本、有正书局石印本这5种评本的评语汇辑校订，于1954年出版《脂砚斋红楼梦辑评》。1959年他重订此书，于1960年作为新一版印行。1962年又据当时影印的甲戌本订补讹漏，印行新二版。正是因为俞平伯始终没有停止对《红楼梦》的研究，所以哪怕是在书信中，他对红学的探讨都是深入细致的，从他与茅盾的这次通信中所探讨的问题便可窥一斑。

二、红学家们关于曹雪芹卒年的激烈争论

两人在通信中所讨论的主要是曹雪芹卒年的问题。1963年3月22日，两人见面时谈起纪念曹雪芹逝世二百年之事。从他们

通信的语气中推测，大概是茅盾向俞平伯透露纪念展览会及配套宣传材料上，将在曹雪芹卒年1763年的后面加一问号，表示学术界对此年份尚存争议，而俞平伯对此举予以反对。

俞平伯反对的首要理由是：曹雪芹去世距今不过两百年，中国学术界就搞不清楚他的卒年了，这会影响中国学术的国际形象。他在给茅盾的信中说：“鄙意纪念近世（十八世纪后半）之艺术大师，而对他的卒年尚搞不清楚，留下疑问，于国际观感影响均不甚好。”茅盾对此的答复是：“至于影响国际观感，似亦未必；因世界各国颇有类似之事，大作家生年和卒年加（？），文学史上比比皆是。”

俞平伯予以反对的第二个理由是：曹雪芹卒年1763年是板上钉钉的，不必加问号。他在给茅盾的信中说：“壬午说、癸未说虽差了一年，却同为一七六三；因此即使并存误说，而一七六三已包含在内，自不须加问号。只有癸未除夕方为一七六四，而此说从《懋斋诗钞》（即使它正确编年）并看不出来，乃摘取甲戌本脂批‘壬午除夕’之‘除夕’二字与含问题颇多之《懋斋诗钞》与癸未说捏合而成者，以弟妄评，诚为穿凿附会……”

关于曹公卒年，红学界主要有三种说法：“甲申说”“壬午说”“癸未说”，尤其以后两者为最主要。“甲申说”与“壬午说”皆由胡适首倡。

胡适于1922年首揭“甲申说”。其所根据的是《四松堂集》付刻底本中敦诚的《挽曹雪芹》一诗，诗云：“四十年华付杳冥，哀旌一片阿谁铭？孤儿渺漠魂应逐（前数月伊子殇，因感伤成疾），新妇飘零目岂瞑？”由于这首诗的写作时间明确标为“甲申”（即1764年，此二字就在诗作的下面，以白纸贴盖），所以胡适下判断说“曹雪芹死在乾隆二十九年甲申（年）”。

“壬午说”认为曹公卒于乾隆二十七年即壬午年除夕，阳历为1763年2月12日，由胡适于1927年首倡。大多数红学家支持该说，代表人物有俞平伯、王佩璋、周绍良、陈毓罴、邓允建、冯其庸等。其中，俞平伯为胡适弟子，王佩璋（即王惜时）为俞平伯的学生。弟子虽有为导师辩护的动机，但并不像周汝昌在《红楼梦新证》1976年的增订版中所指责的那样，王佩璋是在配合其师故意向他发难而持“壬午说”。

“癸未说”则认为曹雪芹卒于乾隆二十八年即癸未年除夕，即阳历1764年2月1日，由周汝昌于1947年首倡。主要代表人物有曾次亮、吴恩裕、吴世昌、郭沫若等。

关于曹雪芹卒年的问题，从1947年开始，学界断断续续地一直争论不休。到了1962年，随着二百周年纪念活动的临近，这种争论达到白热化的程度。自3月起，为确定曹雪芹逝世二百周年的具体纪念日期，红学界展开了一场关于曹雪芹卒年的“大战”。茅盾与俞平伯的通信便是这场论争的一个侧影。

其实，俞平伯对“壬午说”也曾持以怀疑，这点跟胡适一样，有过自我怀疑和否定阶段，当然后来就肯定此说了。胡适曾于1927年购得甲戌本《脂砚斋重评石头记》，卷一正文开始时有一条脂砚斋批语：“壬午除夕，书未成，芹为泪尽而逝。”胡适在购书后第二年（1928）2月，据此写出了《考证〈红楼梦〉的新材料》（见《胡适文存》三集卷五），推断曹雪芹卒于乾隆二十七年（1763）。20年后，周汝昌写了一篇

《曹雪芹生卒年之新推定——〈懋斋诗钞〉中之曹雪芹》，发表在1947年12月5日天津《民国日报》副刊“图书”上，周文认为“曹雪芹确是卒于癸未年的除夕，即公元1764年2月1日”。这篇文章被时任北京大学校长的胡适看到，于1948年1月18日给周汝昌写信，简要表达了他个人的看法：“先生推测雪芹大概死在癸未除夕，我很同意。”俞平伯在1948年6月11日回复《民国日报》副刊“图书”编者的信中也曾承认，周汝昌“推定雪芹卒于乾隆癸未”，“甚为的确”。

不过，从1953年下半年开始，俞平伯在《〈红楼梦〉简论》《读〈红楼梦〉随笔》中否定了“癸未说”，转而支持“壬午说”。1954年3月1日，他在《光明日报》副刊《文学遗产》第1期刊出《曹雪芹的卒年》一文，写道：“我认为曹雪芹死于乾隆壬午除夕，即一七六三年的二月十二日。”自此，俞平伯便坚持“壬午说”。

那么，俞平伯为何在怀疑之后又重新肯定了“壬午说”呢？

从茅盾信中所说的“癸未说之论据，‘小诗代简’一证实不硬朗”一句话中，或可觅得一二答案。

“小诗代简”即《小诗代简寄曹雪芹》，作者是敦敏（敦诚之兄弟），诗见于其所著的《懋斋诗钞》：“东风吹杏雨，又早落花辰。好枉故人驾，来看小院春。诗才忆曹植，酒盏愧陈遵。上巳前三日，相劳醉碧茵。”这是一首五律，内容是敦敏邀请曹雪芹于“上巳前三日”到住处观花饮酒，功类请帖。

周汝昌认为，这首诗作于癸未年（乾隆二十八年），因为“若雪芹真在二十七年除夕死了，敦敏如何还能在二十八年上巳（农历三月三日）前三天约他去赏花饮酒？再看这本诗集排到乾隆二十九年甲申春，敦敏才有《河干集饮题壁兼吊雪芹》一诗。再把这一点与敦诚《四松堂集》的《挽曹雪芹》诗，下面注明‘甲申’而且是甲申开年的第一首诗这个事实合起来看，则可推断，雪芹本系癸未除夕死去的，次年敦敏兄弟才挽吊他”。后又补充说，敦敏的这首“代简”诗是邀请曹雪芹来给敦诚过生日，因为“癸未年的‘上巳前三日’，正是敦诚的三十岁整寿。癸未除夕雪芹死。甲申年初敦诚作挽雪芹诗”。

周汝昌又是如何认定《小诗代简寄曹雪芹》这首诗写于癸未年的呢？他在《曹雪芹生卒年之新推定——〈懋斋诗钞〉中之曹雪芹》一文中并没有全面明确的交代。直到1953年9月，《红楼梦新证》出版时，周汝昌才在其中加以说明：“按此诗前三首题下注：‘癸未。’……故知为本年所作无疑。”对此，俞平伯在《曹雪芹的卒年》一文中驳道：“我认为曹雪芹死于乾隆壬午除夕，即一七六三年的二月十二日。”“周君所据前三首虽题癸未，但《小诗代简寄曹雪芹》这一首并未题癸未，安知不是壬午年的诗错编在这里呢？《懋斋诗钞》的编次虽大致依年份，但有时不很精确也是常事。与其把脂评明明白白的话认为误记一年，似不如将本无题署年月的诗认为误编在次年，较为合理。”俞平伯认为《懋斋诗钞》中的作品并非严格按照创作时间的先后编次，《古刹小憩》虽标注作于“癸未”，亦不能证明在它之后的第三首即《小诗代简寄曹雪芹》也一定写于这一年。

1961年，胡适也回归“壬午说”，他在《跋乾隆甲戌〈脂砚斋重评石头记〉影印本》中写道：“我曾接受汝昌的修正。但近年那本《懋斋诗钞》影印出来了，我看那残本里的诗，不像是严格依年月编次的；况且那首‘代简’止是约雪芹‘上巳前三日’（三月初一）来喝酒的诗，很可能那时敦敏兄弟都还不知道雪芹已死了近两个月了。所以我现在回到甲戌本的记载，主张雪芹死在‘壬午除夕’。”

以上便是茅盾复俞平伯的信中所说“‘小诗代简’一证实不硬朗”一句的背景资料，也由此可知，茅盾对曹雪芹卒于“壬午说”并没有俞平伯和胡适那般肯定。

俞平伯、胡适与周汝昌争论的焦点在于《小诗代简寄曹雪芹》到底是否作于癸未年，就像王佩璋所说：“主要关键就在于《懋斋诗钞》上这首《小诗代简寄曹雪芹》了。……要知道这诗是否作于癸未，就需要查明《懋斋诗钞》是否‘诗是按年编的，有条不紊’。”双方似乎都认可一个推论前提，即：假如《懋斋诗钞》是严格依年月编次的，那么就能证明它作于癸未年。

对此，王佩璋专门到北京图书馆去查看《懋斋诗钞》的原本，在将之与1955年的影印本进行细致比对研究后，她有了惊人的发现：“敦敏自序之‘庚辰夏’、‘两年间’被粘改成了‘癸未夏’、‘数年间’；《古刹小憩》诗题下注被挖改成‘癸未’；《东皋集》下起讫之年也被挖去。所以诗的时序颠倒紊乱，如时序表所示，所包括的诗的年月也与原序文不合（与挖改后的序文也不合）。”并据此总结说：“《懋斋诗钞》原是一个残本，后来又被后人剪贴挖改过的，有许多颠倒紊乱之处，因之诗钞‘诗是按年编的，有条不紊’的说法是不能成立的，所以《小诗代简寄曹雪芹》之前第三首诗题下虽注‘癸未’也不能证明这诗是癸未所作，何况这‘癸未’还至少是一八二年之后挖改的！所以曹雪芹的卒年还是以卒于壬午之说较为可信。"她的研究成果《曹雪芹的生卒年及其他》于1957年5月在《文学研究集刊》第五辑发表。

周汝昌曾在《曹雪芹生卒年之新推定——〈懋斋诗钞〉中之曹雪芹》一文中，"断定这些诗是以作成先后而编排的，并没有错乱"。而王佩璋上面的研究成果发表后，周汝昌在《红楼梦新证》中，又再度强调指出"我初次得见的《懋斋诗钞》，是个清钞本，年月次序，清楚明白，诗是编年顺录的"，"迨后我又见到了原底稿本——圈选以备付刻的底本，事情更清楚了。底稿本是随作诗顺序陆续抄上去的，本来就是按年照月，连'编'都用不着的。这更不会错"。言辞中不无自我辩护的意味。

显然，周汝昌对王佩璋等人的观点并不认同。他在《红楼梦新证》中反驳道："这个底本因付刊前要删割有避忌的诗，遗有空白处，后来收藏者'燕野顽民'得到此本，见有脱粘等处，怕有零落，因此略为粘缀修整，并为此写下识语。未想这却引起有些研究者的误会，说诗集的编序不可靠了，被他搞乱了。其实全非如此。一些研究者作了些论证，想证明此本并非编年的，但都难成立。"

的确，王佩璋的辩驳乍看言之凿凿，却也有为辩驳而辩驳的意味，仔细读来，存在以下几个方面的问题。

1. 版本上的各说各话。周汝昌初次得见的《懋斋诗钞》是个清钞本，原藏燕京大学图书馆，现存哈佛大学；而王佩璋依据的是1954年夏吴恩裕先生在《八旗艺文编目》著者恩华家里发现的手稿本的影印本，与周汝昌所据的根本不是一个版本。

清钞本与手稿本差别如何？清钞本里面的诗到底是周汝

昌所说的“编年顺录的”，还是像王佩璋所说的“时序颠倒紊乱”，两人各执一辞，并无定论。据说，20世纪70年代，赵冈与余英时均在美看到了哈佛藏的《懋斋诗钞》清抄本，赵冈比对国图本与哈佛本后，据此理出了《懋斋诗钞》流传的大致经过，认为“从这几个当事人的关系看来，后者是直接从前者过录而得”；余英时进行比对后，根据两本的异文则得出“清抄本的祖本比影印本要早”的看法。但遗憾的是，两人对诗抄的编次均没有予以关注（张胜利：《王佩璋对曹雪芹卒年的考证及影响》，载《红楼梦学刊》2014年第4辑）。关于清钞本的编次时序问题，迄今仍无定论。

2. 逻辑上的混乱。即便《懋斋诗钞》的编次真如俞平伯、王佩璋所言，是“颠倒紊乱”的，也并不能就此推断《小诗代简寄曹雪芹》一定不是作于癸未年，更不能断定它作于壬午年。对此，王佩璋倒不像乃师那样坚决肯定（不是癸未年，就是壬午年），她推测《小诗代简》的写作年代“虽不作于癸未，也不必一定作于壬午，可能作于壬午以前如己卯、庚辰、辛巳等年”。

另外，也有论者指出，《小诗代简》的写作年代与曹雪芹卒年其实没有必然的关系，“在《红楼梦》作者生卒年的研究史中，《懋斋诗钞》的编年问题只是考证卒年的重要依据之一，并非全部证据；即使确认了《小诗代简》的写作年代，也并不能据此确定曹雪芹的卒年时间”。

3. 先入之见的偏颇。王佩璋在她的研究文章中一方面说“这首诗虽不作于癸未，也不必一定作于壬午”，另一方面却又说“曹雪芹的卒年还是以卒于壬午之说较为可信”。这明显是矛盾的，许是受其师俞平伯的影响，而被先入之见框住了思维。

茅盾在给俞平伯的复信中说，于曹雪芹的卒年1763年后加（？），是上层的考虑，因“壬午、癸未两说相持不下”，“中央雅不要在此学术问题上遽作结论”。对于俞平伯所提出的“应广征文教界同意”，茅盾又委婉周全地表明自己的意见：“卒年问题非可多数取决了；因其为考证问题。强求一致，反伤团结。”关于曹雪芹的卒年问题应持存疑的看法，茅盾虽对俞平伯解释说是官方的旨意，但从复信中明显可见也是他自己的态度，当然，茅盾的顾虑也不无道理。而从两人的这番通信往来中，可窥当年红学界关于曹雪芹卒年“大论战”之一斑。

三、俞平伯和茅盾更看重的是研究《红楼梦》的思想和艺术，而不是考证

《红楼梦》中对日常生活细节的描写比比皆是，甚至到了琐屑的程度，但这并非《红楼梦》的最伟大处，《红楼梦》之非凡在于对世事人生的形而上的探索和概括。对于有的研究者沉迷于作家的生活小节或者作品个别章句的品咂赏味，皓首穷经进行研究考证，而忽视这部经典之作整体的文学性与哲学意义，俞平伯和茅盾都是反感的。

俞平伯在信中说：“近来报刊发表关于《红楼梦》的文章，颇伤繁琐，支离。”他说自己“近年考证《红楼梦》的改从作者的生平家世等等客观方面来研究，自比以前所谓‘红学’着实得多，无奈又犯了一点过于拘滞的毛病，我从前也犯

过的”。俞平伯虽然精于考证但又不囿于考证，他认为小说与历史固然有关系，但小说绝对不等于历史。比如，在《大观园地点问题》一文中，他曾考证大观园的大小和位置，最后却感慨道：“反正大观园在当时事实上确有过一个影儿，我们可以这样说。作者把这一点点的影踪，扩大了多少倍，用笔墨渲染，幻出一个天上人间的蜃楼乐园来。这是文学上可有应有的手腕。它却不曾预备后人来做考证的呵。”

对于文学作品，当然可以从史学的视角去解读，但更应该从美学的角度去欣赏、从哲学的高度去领悟。俞平伯说：“我们应该用历史的观点还它的庐山真面目，进一步用进步的文艺理论来分析批判它。”他看重从人生哲学和修辞美学的角度，去探讨《红楼梦》的思想和艺术。比如，他用佛教的“色空”观总括《红楼梦》的思想主旨：“余以‘色空’之说为世人所诃旧矣。虽然，此十六字固未必综括全书，而在思想上仍是点睛之笔。”“此十六字”指的是《红楼梦》读者所熟悉的“因空见色，由色生情，传情入色，自色悟空”。

相较而言，茅盾在《红楼梦》上没做过类似的考证工作，所以他在信中所说“弟于曹氏身世，并无研究”，并非谦辞。跟俞平伯一样，他最大的兴趣在于《红楼梦》的思想和艺术。因此，他说他即将代表主办方，在这次纪念活动上所作的主题报告“估计不过四千字左右，主要论点当在《红楼梦》之思想性与艺术成就，至于近年对曹氏身世考证，对《红楼梦》版本研究——此两方面之成绩，虽不能不提，然亦不打算多费笔墨”。茅盾的这个报告题为《关于曹雪芹》，后载于《文艺报》1963年第12期，文中对曹雪芹的家世、生平、思想和创作，尤其是对《红楼梦》的思想和艺术成就均有精辟而丰富的分析和评价。

综上可见，茅盾与俞平伯在关于《红楼梦》作者曹雪芹的卒年这一细节问题上的观点虽存在分歧，但他们都认为，文学研究，包括《红楼梦》研究，其总目的应该是挖掘其思想，彰显其艺术；考证工作不是不可以做，但考证工作应该“配合着这总目的来活动”。

“文怀沙为人浮薄，我们都避之。”

——1977年7月1日致王德厚函解读

王德厚同志：

六月二十六日来信收悉，我未曾看过一九四七年重庆文光书店印行的《鲁迅旧诗新诠》，亦不知编著者司空无忌为何许人，或许竟是文怀沙化名，亦未可知。文怀沙曾见过，但我确未看过该稿。“引”中谓“此诗（书）初稿甫成，承茅盾先生改正错误之处甚多”云云，不是事实。一九四七年五月后我从苏联回上海，旋即赴香港。文怀沙为人浮薄，我们都避之。至于画家王姓一节，我记得其事，曾与人语及，或为文怀沙辗转得知。然我当时谓王君将赴苏区（当时称呼瑞金苏维埃政府所在地为苏区），非谓苏联也。文怀沙说是苏联，想是传误，又加以“深造”二字，则可见其捕风捉影。《鲁迅日记》之赠画家一诗是否即为赠王君，我不敢必。记得当时言及王君，非为诠释鲁迅诗（其时约为抗战时在重庆），实亦未见此诗。日本人赴苏联者有之，但恐非画师望月玉成，至于赴苏区，则敢断言是没有的。望月先生肯定没有到过苏区，或想去；鲁迅赠诗时，他正要回日本。诗中“春山”似可泛指，不要指定为革命根据地也。

雁冰

七月一日

◆ **解读：**

一、《鲁迅旧诗新诠》是怎样的一部书？它何以牵扯到茅盾？

茅盾此简是对鲁迅研究专家王德厚先生1977年6月26日来函的回信。王德厚之所以要给茅盾写信，是因为他读到一部旧书《鲁迅旧诗新诠》。以目前所见，从1977年到1978年，王德厚给茅盾写了三封信，茅盾给王德厚写了两封信，讨论的基本上都是跟这本书尤其是其作者有关的问题。

那么，这是怎样的一本书呢？

此书由重庆文光书店1947年出版，作者署名是司空无忌。

有点蹊跷的是：同一年，这本书有两个版本，或者说有两个帽子——列入两套不同的丛书：

1. 文学丛刊第一辑，主编是文怀沙。

2. 文艺欣赏研究丛书第一辑，主编还是文怀沙。

两个版本都列入丛书第一辑，两套丛书都名头很大，似乎给人这样的印象：这第一辑中还有其他书籍，第一辑之后呢，还有第二辑、第三辑、第四辑……

诡谲的是：这样两大套丛书的主编都是文怀沙一个人。能几乎同时主编推出两大套书的该是多大号的学者啊！简直是另一个鲁迅了！鲁迅生前挂名主编过比较大型的丛书，他去世11年之后，似乎轮到文怀沙挂帅了！拿鲁迅的书打头阵，后面是否就会跟着郭沫若、茅盾这些文豪呢？丛书里还没见着关于茅盾的书，这位的确没有什么顾忌的司空无忌已经让茅盾在《鲁迅旧诗新诠》中给他站台并呐喊助威了（详后）。一个甲子之后，文怀沙以九旬高龄担任大型丛书《四部文明》之总编而洋洋自诩，可见其好高骛远、好大喜功，看来是从少到老一以贯之的。

自己一个人拥有两大丛书，已经是何等的雄壮！这第一辑第一本的作者名字就没必要再用本名了。因此，正如茅盾所怀疑的，"或许竟是文怀沙化名，亦未可知"。在信的后面，茅盾直接就把作者说成文怀沙了。可见，茅盾对自己的推测是相当有把握的。否则，以他一贯的严谨态度，是不会这么推断的。这说明，茅盾虽然与文怀沙交往不多（详后），但对这个人的本性是看透了的。

为了证明茅盾的推断是确凿的。王德厚后来专门到北京图书馆（即现在的国家图书馆）去查阅了《国民公报·国民副刊》。因为《鲁迅旧诗新诠》作者自序中说："高朗弟主编《国民副刊》，要求让这书的初稿在《国民公报》连载。"王德厚果然发现了发表于1946年的系列文章《鲁迅先生诗抄》，赫然署名"文怀沙"。因此，王德厚"终于断定《新诠》作者司空无忌实为文的化名"（王德厚1978年1月29日致茅盾函）。

奇怪的是：这么两大套丛书，到最后，只出这么薄薄的一本！如果连这本的作者署名也是文怀沙的话，可能连文怀沙自己都觉得当光杆司令的无趣，况且他也还是怕自己名誉破产吧。所以，他用了一个化名（或曰笔名），以遮人耳目。

其实，在文怀沙后来的自我介绍里，已经不避讳说自己曾用笔名司空无忌，而且乐于把此书打造成他学术资本的“第一桶金”，称之为“鲁迅旧体诗研究的开山之作”。

“开山”云云来自鲁迅研究专家张梦阳对此书的评论：“这本书对鲁迅旧诗的诠释还比较简单，属于点评和偶感的性质，在鲁迅诗歌研究史上是开山之书，弥足珍贵。这本书对鲁迅旧诗的诠释虽然不够详尽全面，但是注释者有感则发、无感则止、有言则长、无言则短的精神还是有可取之处的，这样做总比强不知以为知、搪塞成篇、任意拉长的作风为佳。”张梦阳曾将《新诠》编入中国文联出版公司1987年7月出版的《1913—1983鲁迅研究学术论著资料汇编》第4卷并作此评论，在指出其特点、优点的同时，也总结了缺点，总体上比较肯定。差不多20年之后，藏书家、书评家龚明德也附和说它“完全可称奠基之作”（龚明德：《新文艺散札》，天地出版社1996年版）。

从1947年到1986年（本书出版40年）之间，几乎湮没无闻。因此，1977年，供职于鲁迅博物馆、专事鲁迅研究的王德厚才读到此书。也因此，直到2009年，鲁迅研究专家钱理群在接受记者采访时，说自己没有见过这本书。（记者蒲荔子、实习生李荣华专题采写：《钱理群等学者谈文怀沙：他根本没有什么学术成就》，载2009年2月24日《南方日报》。）也有论者尖锐指出，作为1980年代以来身在一线的鲁迅研究者，钱理群不该如此孤陋寡闻，不该对前人（文怀沙、张梦阳和龚明德）的成果如此漠视！

钱理群代表相当一部分学者，他们认为：文怀沙的几乎所有文字（包括编辑、翻译和撰写的）都缺乏学术价值，《新诠》也乏善可陈，不值一读。他们当然不能否认其历史意义，但基本不承认其学术价值，甚至"还指出这是一本坏书"（见安徽师范大学阜阳分校中文系编《鲁迅诗歌研究》上，1977年9月，转引自王德厚1978年1月29日致茅盾函，但王把书名误记成了《鲁迅旧诗研究资料汇编》）。

这里我想讨论两点。

1. 有人把《新诠》纳入"研究成果"确实有点不妥，只是欣赏文字而已。

伍姣丽在《鲁迅旧体诗研究述评》（载《华中人文论丛》2011年第1期）中说："综观现代文学三十年，研究鲁迅旧体诗的相关论文少之又少，而专著研究……只有两本：奚名编的《鲁迅诗集》和司空无忌编的《鲁迅旧诗新诠》。"两书居然都是"编"，怎么都变成研究专著了？真不知道伍姣丽对"研究"这个概念有没有研究过？

文怀沙把两套丛书里的一种叫作"文艺欣赏研究丛书"。殊不知，"欣赏"有别于"研究"。其实，文怀沙的绝大部分文字工作（尤其是到电台和中学里去讲古典文学）都是"欣赏"性的，可以说是学术的稀释与表演，而与真正的学术研究没什么关系。正因为是"欣赏"，所以他可以"有感则发"，甚至到"感"为止。而研究是非常严肃的学术工作，需要发别人之所未发——提出新的观点，而且需要用理性、逻辑思维进行严密的推理论证，使得每一个新观点都站得住脚；而文怀沙离这样的科班功夫还有相当差距。他甚至连"旧诗"和"旧体诗”这两个概念之间的莫大差异都没有进行探究；“旧诗”是指中国传统诗歌或中国古典诗歌，都是古人的作品；“旧体诗”是指现代人用“旧诗”的格律写的“新诗”，只是体式旧而已，与旧诗完全不是一码事。文怀沙把鲁迅写的旧体诗径直成为“旧诗”，严重有误。另外，在还没有别人对鲁迅这些旧体诗进行诠释的前提下，就说他自己的是“新诠”——只是为了显示他有创新的观点？这些都表明他缺乏研究的细胞和严肃的研究精神。

1953年6月，人民文学出版社开始发行文怀沙编校的《屈原集》，他撰写的“前言”几乎同时发表于《新建设》杂志1953年6月号。1953年8月，他又在《中国青年》杂志发表《祖国的诗人之父——屈原》。那段时间，他权充楚辞专家，可谓“风头无两”，甚至被谬夸为“新中国楚辞研究第一人”。据说他只花一个月就搞完了《屈原集》，结果受到外行们的广泛赞誉，同时受到学术界同样广泛的质疑。人民文学出版社毕竟是学术性出版机构，工作质量跟外行（哪怕是领导人）的赞誉关系不大；他遂亲手把这一任务由好事变成坏事，被调离了出版社。他的研究水平和声誉从此在学术界一蹶不振。

无论是《屈原集》的“前言”，还是《祖国的诗人之父——屈原》，都是介绍性的文字，谈不上学术价值。笔者浏览了一下文怀沙的文字的英文版，也觉得不过如此。中国政府多个部门多个渠道在国内外宣传屈原，在客观上扩大了屈原的知名度，但所做的推广工作都是普及性的，都跟正儿八经的学术研究没有多大的关系。在那时风高浪大的政治风潮中，屈原和文怀沙都被利用了一把。屈原不怕被利用，因为他有伟大的作品在，所以他的诗歌巨轮趁机扬帆远航了。而文怀沙由于自身没有学术的压舱石，被风浪拍到了沙滩上，搁浅了。1953年他被调到中国青年艺术剧院，从此他的学术表演功夫更加精进了。

2. 说文怀沙搜集编辑鲁迅旧体诗也涉嫌不妥，因为他是在别人编就的成果基础上撰写了欣赏文字。

他在本书序中自承：“现在应该说到这册诗的收集了。柳亚子先生说得好，旧诗像鸦片，一吸上就不易戒掉。我就是在这种意义下的鸦片鬼。鲁迅的旧诗最为我所爱好，从抗战前，我就开始从事这一方面的工作。前年我在四川白沙教书时，有机会和魏建功先生见面，魏先生也和我有同好。据说对于鲁诗收集用力最勤的是柳非杞先生，非杞是我的好友，于是得到借抄的机会。这册新诠所以能完成，特别感谢魏、柳两先生的帮助。”（见《1913—1983鲁迅研究学术论著资料汇编》）

这段话可以概括为：文怀沙爱旧体诗就如爱鸦片，最爱是鲁迅的旧体诗，从抗战前他就开始收集；但他的收集成果恐怕非常有限。他实际借来抄写的有两个源头：魏建功和柳非杞的。他可能没有居功之意，但说得有点闪烁其词，比如他没有明确交代魏建功“收集”的情况，也没有明确说柳亚子并不参与收集。

关于魏建功“收集”鲁诗的情况，其儿子魏至在《关于魏建功手书〈鲁迅旧体诗存〉及其它》一文中介绍说：“1936年鲁迅先生逝世，父亲要手写先生的旧体诗刻木板印行，以纪念先生倡导木刻艺术的功绩。当时，还没有现成的鲁迅旧体诗集，于是父亲托景宋女士从先生的日记和《集外集》里辑录了42首，景宋女士还附了一个《题记》，通过许季芾先生转来。""景宋女士"即鲁迅夫人许广平。

于兹可知，魏建功所"收集"的鲁诗主要不是来自他自己的功夫，而是许广平帮他"从鲁迅的《集外集》和日记里录抄"的。笔者以为，从日记里抄的恐怕很少。

《集外集》是鲁迅的杂文和诗的合集，由杨霁云编辑，1935年出版，其中大部分作品是鲁迅自己收集的——因此我们可以说，最早收集鲁迅诗歌作品的是他老人家自己！《集外集》只收了14首旧体诗，而魏建功手写鲁迅遗诗约达40首。那么，其余更多的作品来自哪里呢？

按照徐兆熊的说法，应该来自鲁迅日记。其实，这种说法不对，或者更准确地说，不是直接来自日记，而是来自1935年由许广平编的《集外集拾遗》，此集除杂文外，收入了旧体诗29首。14首加29首是43首，而鲁迅创作的全部旧体诗是61首。鲁迅许广平夫妇自己收集的已超过2/3。因此，他们俩才是鲁迅旧体诗收集的第一功臣。魏建功只是二传手。也因此，我在他的名下在"收集"二字上都加了引号。

文怀沙说"特别感谢魏、柳两先生"，而且明明表示"据说对于鲁诗收集用力最勤的是柳非杞先生，非杞是我的好友，于是得到借抄的机会。"他借的应该是柳非杞辑录的本子。但是，由于"序"的开头就提到了柳亚子及其语录，而且柳亚子（尤其是在旧体诗方面）的名声大，柳非杞又与柳亚子关系密切；因此，有人把他误认作柳亚子，把他用力收集鲁诗的功劳归到了柳亚子的头上，还因为柳亚子与文怀沙有段时间关系不错，就说给文提供鲁诗的是柳亚子。殊不知，此柳非彼柳。

柳亚子是苏州人，柳非杞是无锡人。柳亚子虽然说过：

“我生平极服膺鲁迅先生”，而且与鲁迅有过诗词唱和；但未曾收集整理过鲁迅的诗。柳非杞在抗日战争期间编辑、整理了包括52首旧体诗的《鲁迅旧体诗集》，未刊印。《鲁迅旧诗新诠》收入的正好也是52首。因此，我们可以断定，文怀沙所据的就是柳非杞的辑本。

文怀沙之出版《鲁迅旧诗新诠》，无非是为名和利——沽名钓誉，弄点银子。为了卖个好价钱，他觉得光是“鲁迅”还不够，还得让茅盾也替他吆喝。

此书处处提到“茅盾”。其“引”即序言中说“承茅盾先生改正错误之处甚多”。在诠释鲁诗时，往往从“茅盾先生曰”甚或“茅盾先生语予曰”开始，如同《论语》中的“子曰”一般，几乎到了“言必称茅盾”的地步。但作者又不注明出处，就好像茅盾亲口跟作者说的。这会给读者造成两个不良印象：1.茅盾深度参与了此书的编著。2.茅盾与作者过从甚密，两人经常在一起研讨鲁诗，作者有心，全都记了下来。对于不了解真相的读者来说，这是非常可信的；因为茅盾与鲁迅是并肩作战的挚友，茅盾对鲁迅和鲁诗当然很熟悉，知道很多诗的写作背景和内容指涉。于是乎，普通读者会把文怀沙所说的与茅盾所说的混为一谈。

正是由于此书定位在从大众口袋里赚口碑和银两，所以在学术界包括鲁迅研究界，一直默默无闻，几乎无人知晓。连茅盾本人都一直不知有此书，直到王德厚给他写信告诉他，他才知道有这么一本跟他“密切相关”的书，而且是关于鲁迅的专著。据王德厚说，文怀沙在报纸上发表这些诠释文章时，并没有提茅盾。只有在出书的时候，才大用特用茅盾的“名”和“言”。用现在时髦的话来说，这本书让茅盾“躺着中枪”了。

二、那么茅盾对文怀沙其人其书到底看法如何?

记得2011年12月30日，笔者偶然在央视10频道《人物》栏目看到“国学大师　文怀沙”之访谈。其中，文怀沙谈及茅盾先生，说两人相熟；还说茅盾记忆力特别好，能背诵《红楼梦》，而且知识渊博，比如：说到剪刀，茅盾能说出各种不同牌子的剪刀，并介绍其产地、品质及相关的历史文化内容。他说他对茅盾佩服得五体投地。

在《鲁迅旧诗新诠》中，文怀沙口口声声说很多诠释意见都是茅盾的，甚至是茅盾亲口告诉他的，他只是记录、传达而已。言下之意，他跟茅盾的关系亲密着呢。

但是，事实并非如此。茅盾在信中说：“文怀沙曾见过，但我确未看过该稿。‘引’中谓‘此诗（书）初稿甫成，承茅盾先生改正错误之处甚多’云云，不是事实。一九四七年五月后我从苏联回上海，旋即赴香港。文怀沙为人浮薄，我们都避之。”

这段话可分成两方面来解读。一是茅盾对他自己与文怀沙的交谊以及对文怀沙这个人的看法。二是茅盾对这部书的品质的评判。

茅盾承认自己见过文怀沙，但只是见过而已，或许有那么两三次，但谈不上什么交谊。作为江南人，茅盾跟人交往的一个原则是：先认定这个人可交还是不可交，不可交的不与之冲突，但会敬而远之。既然他认定文怀沙浮薄，也就不愿意再与之交往。连交往都谈不上，怎么可能合作写书？而且写的是关于鲁迅先生的书。

茅盾一向温文尔雅，尤其到了晚年，更加与人为善，出言温和。但是，当他得知《新诠》之后，却罕见地大怒，毫不客气地直骂作者是“妄人”，甚至是“骗子”。出于对茅公的崇敬和爱护，厚德的王德厚觉得有必要请茅公亲自看看这本奇葩之书；于是，就把书寄给了茅盾。茅盾仔细读了。1977年7月11日，他在给王德厚写第二封信时，说他虽然还是不能断定“这个自称司空无忌者到底是谁”，但他“大胆猜度，这是个妄人，写这本《新诠》为了骗人，却在‘引’及‘按’中故意拉入一些文艺界人以示其交游之广阔，也是为了骗人”。是啊，自己无缘无故、毫不知情地被小人利用，而且用得这样糟糕——去骗人，自己的形象被小人毁了几十年还不知道。他实在是忍无可忍了。我们要理解老头子这一生难得的“意气用事”（出口骂人）。

在本书之“引”言中，文怀沙先是说要感谢柳亚子、魏建功等，最后还洋洋得意地说，他的这些文字“想不到得到何其芳等诸先生所谬许”。在茅盾看来，文在书中故意拉入一些文艺界名人，“也是为了骗人”。在文怀沙对茅盾构筑的勾当里，何其芳也是躺着中了枪。

或许茅盾认为，文怀沙年轻时就急于出名，又不愿意辛辛苦苦写文章，踏踏实实做事。他发现，“傍名人”是出名的终南捷径，跟名人在一起时间长了，慢慢地自己也仿佛成了名人。因此，文怀沙喜欢结交名人，喜欢拉大旗扯虎皮，以营销自己的形象，扩大自己的利益。

那么，茅盾对文怀沙的诗词解析能力有何评价呢？

1977年7月11日他在给王德厚的信中写道：“我看了此诗每条按语，觉得此人理解鲁诗的能力很差，甚至可以说是全然不理解。”他说文怀沙有些地方的解释是莫名其妙，另一些该解释的地方却根本没有解释。

正是因为这是一部被茅盾痛斥为妄人胡编乱造的骗人之书，在其“引”中打着茅盾的招牌，在按语中捏造茅盾的解释，毫无疑问会混淆视听。所以1977年7月11日王德厚就在给他的信中建议茅盾“作澄清的工作”。1978年1月29日又旧事重提：“我想请您拨冗写一篇短文，揭穿《新诠》借您的名义造谣惑众的鬼脸，以正视听，以利于鲁迅旧诗的研究。”茅盾作为当事人尤其是受害者理应为自己辨诬，揭露并驳斥文怀沙的卑劣写作行为。但恐怕是碍于他作为国家领导人的地位和文坛祭酒的身份，最终茅盾没有答应。于是，王德厚自己出手写了短文《〈鲁迅旧诗新诠〉的作者》，揭批文怀沙“所谓‘新诠’多系瞎子摸象式，却又妄拉名人作招牌。”

龚明德说：“未见《鲁迅旧诗新诠》之前，早已熟知前辈学人对此书的唾骂。”这前辈学者肯定包括茅盾吧。

文怀沙当年那么样在暗地里恶心茅盾，也预感到坏事会败露，一旦被茅盾发现，肯定要“唾骂”他的卑劣行径。因此，他在“引”的最后说：“茅盾先生是不会喜欢这种不足明诠的解释的，然而，我却不能不犯这次文字的罪孽。希望我能有赎罪的机会。”所谓“不明”指的阴暗勾当，对茅盾射暗箭，在当事人不知情的情况下构陷他。所谓“赎罪”，无非是想让茅盾原谅他，让历史饶恕他。但是，我们不禁要问：既然他知道茅盾先生不会喜欢，为何还要继续作孽？“不能不犯”的原因到底是什么？这种罪孽恐怕在他死后都无法得到救赎。

三、茅盾的答复并不完全：一中一日两位画家分别是何许人？

司空无忌在解释《赠画师》一诗时说：“茅盾先生曰：‘画师王姓，予曾晤及，惜不能忆其名矣。王君拟去苏联深造，鲁迅赠此诗。’”

王德厚在信中直接问茅盾：“这一段话不知是不是真是您说的？”

茅盾此信的主要内容便是对这个问题的回答。

《赠画师》到底是给谁的呢？

《鲁迅日记》1933年1月26日载：“为画师望月玉成君书一笺，云：‘风生白下千林暗，雾塞苍天百卉殚。愿乞画家新意匠，只研朱墨作春山。’” 这天恰好为民国二十二年农历癸酉元旦（那时把“春节”叫作“元旦”），所谓冬去春来之际也。

这首诗的章法也暗示着或者说符合这样的季节的更换。前半首写冬景，无比的萧条、凄惨、恐怖、黑暗、严酷；后半首写对春天的热爱与祝福。

在有些版本中，此处“春山”被印成“青山”。王德厚在信中引用这首诗时拿不准到底应该是“春山”还是“青山”，于是一开始他两可地写成“青山（一作春）”。但在后面的行文中，他都写成了“青山”。笔者以为，这是不对的，应该是“春山”，才符合春节第一天的气氛和鲁迅当时怀着希望的心情。正如论者所敏锐把握的：“这天，鲁迅为许寿裳、望月玉成等友人一连写了四幅字（其一因不满意，‘已而毁之’）。有悼念左联五烈士的旧作《无题》，有新写的《赠画师》和《二十二年元旦》（即1933年春节）。三首诗都写了‘春’（‘惯于长夜过春时’、‘只研朱墨作春山’、‘打牌声里又新春’），或思念死难烈士，或向往光明未来，或谴责达官贵人，均为新春佳节的感怀和思考。”（王锡荣：《传承红色基因　上海滩唱响不寻常的〈太平歌〉》，载2018年2月16日《新民晚报》）

文怀沙的这条注释又是他喜欢道听途说、捕风捉影、张冠李戴的典型案例。他把日本的画师望月玉成说成是中国的画家王某，只因为茅盾曾提到过王某。

如果王德厚下笔给茅盾写信之前翻阅一下《鲁迅日记》（早在1959年就由人民文学出版社出了初版），他会一下子就明白鲁迅赠诗的对象是望月玉成。茅盾先生呢，在给王德厚回信之前，也没有查《鲁迅日记》进行核实，所以他才会说“赠画家一诗是否即为赠王君，我不敢必”。他没有否定这首诗是赠予画家王某。

至于文怀沙说王某要去苏联，则完全是对茅盾所说信息的歪曲和瞎传——茅盾只说过王某要去的是苏区。

但茅盾的说法中也有矛盾。所谓“瑞金苏维埃政府”的正式名称是“中华苏维埃共和国”，这是土地革命时期中国共产党在中央革命根据地瑞金建立的中央政权机构。其存在时间是1931年11月7日至1937年9月6日。而重庆的抗战时期是1937年11月至1945年8月。也就是说重庆抗战时期开始之前两个月，瑞金苏区已经不存在了。另外，茅盾本人是1940年11月下旬才从延安到达重庆的，那时离瑞金苏区撤销已经3年多了。那位王画家怎么还要去瑞金呢?

苏区也好，苏联也罢，都曾经是美好社会所在地区的象征。鲁迅这首诗充满象征主义的含混性，有些意象（尤其是"春山"）没有确指。阐释者往往从自身的或时代的社会语境出发，进行联想，哪怕是穿凿附会的联想。

在"文化大革命"时期，对鲁迅作品的阐释被严重地僵硬地引向政治化甚至革命化的线索。按照王德厚6月26日给茅盾的来信中所说，哪怕在1977年"文化大革命"已经结束了，流行的解释还是"断定'青山'指红色革命根据地"。而王德厚居然相信这样牵强附会的解释是站得住脚的，而且他还要去为这样的谬论竭力寻找证据！当他读到文怀沙随口一说的"王君拟去苏联深造"，感觉如获至宝，因为他把苏联径直认作"红色革命根据地"。是啊，苏联可以说是全世界范围内最大的红色根据地了。

王德厚为了证明"青山"就是红色革命根据地，还提出了一个假设——鲁迅这首诗本来是写给想去红色革命根据地的王画家的；后来，他只是抄写旧作给望月玉成。但笔者以为，这样的假设性理解是不对的。如果是抄写旧作，鲁迅肯定会说明。他同一天的日记开头说："旧历申（北塔按：应当是'酉'）年元旦。昙。下午微雪。夜为季茀书一笺，录午年春旧作。"那是应许寿裳（字季茀）之请题写了另一首诗作即《无题》（惯于长夜过春时）。那首诗写于"午年"即"庚午年"，那是两年之前（1931年）了，所以说是旧作。假如《赠画师》也的确是旧作，那么，鲁迅不可能在同一段文字中不加

“旧”字予以说明。

茅盾明确而严肃地指出，“诗中‘春山’似可泛指，不要指定为革命根据地也”。这一点非常重要，纠正了王德厚的考证思路，把他从思维的死胡同里拉了出来——不是非得要找到一个想去苏联或苏区的画家。可见，茅盾是不同意革命年代流行的革命中心主义的解诗逻辑的。这是他作为一个老革命文学家难得的清醒，对当时的文学研究者具有非常及时的警醒意义。

此间还有两个小问题需要解释：

1. 那位茅盾见过但记不起名字的王姓画师，是谁？

笔者推断此君是版画家王琦先生。“茅盾见过但记不起名字的”人肯定是既不陌生也不熟悉的。而王琦对于茅盾来说，恰恰符合这种交往状态。

据王琦所撰《一个画人的怀念——回忆茅盾先生二三事》（收入《茅盾和我》一书，万树玉和李岫编，中国广播电视出版社1996年版），茅盾先生是帮他平生第一次公开发表木刻作品的伯乐、恩人：“抗日战争爆发后，1939年，我在重庆开始从事木刻创作，我最早创作的几幅木刻作品，其中一幅题名‘松林行军’，我寄去香港由茅盾先生主编的《文艺阵地》，并附去一信，请他指正。不久，《文艺阵地》便刊出了我这幅作品，印在卷首画页上，茅盾先生还亲笔回信，对我大加鼓励，希望我继续寄作品去发表。”

茅盾不仅帮王琦平生第一次发表作品，还跟周恩来、郭沫若、艾青、田汉等一起，捐款赞助过王琦跟王朝闻等于1939年联合创办的《战斗美术》杂志（其编辑部就在重庆机房街105号王琦家只有7平方米的亭子间）。茅盾还跟其他一些文化名人赞助过他操办的展览。“1946年秋天，我们在上海筹办规模盛大的‘抗战八年木刻展览’，茅盾和郭沫若、冯雪峰、叶圣陶、阳翰笙、胡风、田汉等文艺界前辈都是这次大展的赞助人。”

在1946年文怀沙编写《鲁迅旧诗新诠》之前，根据《一个画人的怀念》所述，茅盾与王琦见过三次（不多，故几十年后不记得名字）。第一次是在1945年下半年，重庆文艺界的某次民主集会上。第二次是王琦“去张家花园号文协找白尘同志，恰好碰见茅盾先生也在那里”。第三次是“去茅盾先生家里”取约稿。

王琦也确实去过红色根据地，不过既不是苏区，也不是苏联，而是延安。他1937年毕业于上海美专，1938年就去延安鲁艺美术系学习了四个月，然后回到故乡也即陪都重庆。“拟去”云云，要么是茅盾记错，要么是文怀沙传错。因为1946年之后，王琦既没去过苏联，也没再去过延安。

2. 关于望月玉成的更多信息。

由于不是重量级画家，哪怕是有关他的日文资料都不太丰富。

据日本的《美术人名词典》，望月玉成生于京都，从小跟随其父学画，毕业于京都美术专科学校，参加过日本美术协会的多个展览，曾出版过画册《望月玉成作画披露图录》（大阪美术俱乐部1940年版）。

望月玉成因为喜欢中国文化而来中国，并与鲁迅等交好。其绘画风格颇类中国传统文人画。他的一幅花鸟画曾经出现于上海拍卖会。

"内行见了是要笑掉牙齿的"《满江红》及姚雪垠和碧野认真的写作态度

——1977年9月6日致臧克家函解读

克家兄：

八月二十五日示悉。迟复为歉。在《光明》刊出的《满江红》，内行见了是要笑掉牙齿的。碧野有信来，言将去成都，而重庆，而沿江直抵武汉。雪垠是为看看地形而去山海关还要去松山，以便《李自成》第三卷写作时在地形方面不出错。他这认真的精神实可佩服。那一带，与明末相比，大概山川依旧，虽然城郭全非。至于碧野今天走的那个大圈子，则连山川也变换了，好在他不是写历史小说。

您早该出个集子。人民文学出版社今始找您，总算受了碧野那件事的教训。《丹凤朝阳》之出版，"人文"实犯迟疑之病。碧野自然不能久等。匆上，即颂健康！

◆ 藏克家

沈雁冰

九月六日

◆ **解读：**

一、学习《毛泽东选集》第五卷而填写一阕《满江红》

1977年4月，人民出版社推出《毛泽东选集》第五卷。但这第五卷只在1970年代末短暂发行，后来再也没有公开露面。目前流通的《毛泽东选集》有两个版本，即第一版《毛泽东选集》一至四卷分别于1950年代初和1960年代初出版。第二版《毛泽东选集》一至四卷则于1991年7月1日正式出版发行。也就是说，这两个版本都是四卷本，编入的是毛泽东在新民主主义革命时期（新中国成立前）的主要著作。

第五卷编入的是毛泽东1949年到1957年所谓"社会主义初级阶段"的著作。1967年，中共中央决定编辑出版《毛泽东选集》第五卷，担负其任的是中央文革小组理论组。该书的编辑、出版用了几乎十年的时间，贯穿了整个"文化大革命"时期。1977年4月7日，中共中央作出关于学习《毛泽东选集》第五卷的决定。15日，第五卷在全国发行。当时各级政府动用行政力量，让全国人民（包括不识字的农民）学习。

茅盾也不例外，也得学。不过，他似乎学得很有热情、有收获。有词为证：

吹彻全球，东风送艳阳威力。消冰雪，春水浩瀚，腥秽荡涤。革命狂飙新阶段，沧桑演变旧规律。看两霸搔首唤奈何，声声咽。

天下事，争朝夕，四人帮，猛批揭。喜宏图四化，人人奋激。十大关系树准则，雄文五卷扬马列。听九州弦诵遍城乡，勤学习。

◆ 满江红·庆祝《毛泽东选集》第五卷出版

据万树玉《茅盾年谱》：这首词写于5月15日。大概是茅盾晚年自认为比较得意的作品。当时，他还另外写成书法，送给叶圣陶（晓晴：《我所收藏的茅盾诗词及其书法作品》，载《北京文学》2014年第1期），大概是想跟老友交流政治学习的心得吧。作为新闻出版总署副署长，叶圣陶从1951年就开始组织学习《毛泽东选集》。第一卷于1951年10月出版，成为当时全国政治生活中的一件大事，第一次印行就达106万6000册。10月12日，出版总署召开了一个庆祝会。叶圣陶在当天的日记中写道：“午后一时开《毛泽东选集》出版庆祝会，到者将二百人。愈之首致辞。次之编委会田家英报告编辑情形。选集凡四卷，今出版者为第一卷。各篇取舍，经毛氏审慎考虑，存录者复亲加修订校阅，多者六七遍，少者亦两遍。田谓于此第一卷中，可见毛氏思想之发展，及以后种种规划之基础。”（见

《叶圣陶出版文集》，中国书籍出版社1996年版）

我们来看看茅盾这首词写的是什么？又是如何写的？

起句用象征手法，"艳阳"者"太阳"也，"领袖形象"也，而且是马克斯·韦伯（Max weber）在其著作《支配社会学》中所说的"卡利斯马型领袖"，具有非凡的魅力型威权，庶几乎"艳阳之威力"也。这个威力要"吹彻全球"，说的是"影响世界"。据张生祥《〈毛泽东选集〉的传播为中国拓展国际话语空间》（载《中国社会科学报》2013年11月27日）："从1949年至1988年，经由中国国际图书贸易总公司（前身为'国际书店'）向境外发行的外文版毛泽东著作共39个语言版本、2300多种、3447万多册。"这些著作中最重要的就是《毛泽东选集》。可以说，是文字帮"太阳"把"光辉"洒向全世界的各个角落。

接下来，茅盾继续用象征手法，写毛泽东著作所起到的摧枯拉朽、革新图治的现实作用。由于第五卷编入的是毛泽东1949年到1957年写的文章，那么，这里的文字所荡涤的腥秽应该指的是新中国成立初中国社会尤其是政府所存在的种种问题，比如官僚主义和命令主义等。在落款为1953年1月5日的《反对官僚主义、命令主义和违法乱纪》一文中，毛泽东出离愤怒地写道："凡典型的官僚主义、命令主义和违法乱纪的事例，应在报纸上广为揭发。其违法情形严重者必须给予法律的制裁，如是党员必须执行党纪。各级党委应有决心将为群众所痛恨的违法乱纪分子加以惩处和清除出党政组织，最严重者应处极刑，以平民愤，并借以教育干部和人民群众。"

"革命狂飙新阶段"中的这个"新阶段"，带有"狂飙"

性质，是否指的是“文化大革命”？1977年，全党全国还没有展开对“文化大革命”真正的反思和批判，所批揭的只是“四人帮”。在反思“文化大革命”这件大事上，茅盾与其说先知先觉，还不如说后知后觉。他对毛泽东佩服得五体投地，认为毛领导下的中国比美国和苏联这两个霸权国家还厉害，弄得他们只有哭叫的份：“搔首唤奈何，声声咽。”

第五卷里最让茅盾欣赏的文章，可能是《论十大关系》。他认为，毛泽东所总结的关于“十大关系”的思想树立了中国建设和发展的准则。

这首词从全球视野开头，以全国视角结尾：“听九州弦诵遍城乡，勤学习。”茅盾当时还没有认识到毛泽东及其著作也是有问题甚至是严重问题的。他热情地号召并希望全国人民都勤奋地学习《毛选》。

茅盾说他自己填写的这首词“内行见了是要笑掉牙齿的”。笔者以为，不仅是他的自谦，还是他的自明。他内心何尝不知：这样赤裸裸歌颂的或表态的宣传文字，到底有多少认识意义和美学价值？这种局限于一时一地的没有历史反思的认知能留传吗？他明知不该那么写，但他还是写了。

这首词还有一个大缺陷是：模式化的思维、标语式的文句太多，即便是那些象征性语句其实也是当时革命话语中的陈词滥调。茅盾从1920年代“革命文学”刚刚兴起的时候，就极为讨厌并反对这种粗疏拙劣的写法；但最后，他自己也沦落到这种模式之中而不能自拔。这真是开了历史的玩笑。

二、在邓小平的关心下，姚雪垠得以为写作《李自成》第三卷而去山海关等地考察

李自成曾御驾亲征，率20多万大顺军，前往山海关一带，一方面为了剿灭据守山海关的吴三桂率领的明军，另一方面为了抵御准备入关的多尔衮率领的清军。由于吴三桂投向清军，明军与清军联合起来，形成包围圈，前后夹击大顺军，打败了李自成的队伍。赢得这场战争的胜利后，清军开始入主中原，并开始追杀李自成。因此，此战对李自成由胜转败起到了决定性作用。这也是姚雪垠必须要重点考察并书写的。他一直想去实地看看。因此，茅盾信中说："雪垠是为看看地形而去山海关还要去松山，以便《李自成》第三卷写作时在地形方面不出错。"

据说，姚雪垠此次山海关之行，还是在邓小平的关心下成行的。1977年7月，邓小平回到中央领导岗位，即委托张平化（时任中央宣传部部长）去看望姚雪垠。张对姚说："邓副主席委托我来看你，你为党和人民做出了贡献，有什么困难，提出来，帮你解决。"半年后，姚写信给邓。在邓小平的关心下，姚的困难得到解决，有了一个很好的生活和写作环境。国家还为他配备了助手，让他实地考察山海关、锦西一带的地势风貌，了解清政权入关前建于沈阳的故都情况。（钱汉东：《毛泽东两助姚雪垠　邓小平关注〈李自成〉》，载2008年3月21日中国作家网）

姚雪垠这种注重实地考察的创作态度，让茅盾由衷叹服："他这认真的精神实可佩服。"

◆ 碧野

三、人民文学出版社受了碧野哪件事的教训？

与姚的这种精神相比，碧野有过之而无不及。

碧野特别强调创作源于现实生活，为了写作关于水利工程建设方面的小说，他于1960年从新疆维吾尔自治区文联调入湖北省文联工作，并任湖北省丹江口水利工程生产办公室副主任。他同广大建设者一道，过着这样生动的生活："头顶油毛毡，脚踏黄土山，喝着泥巴水，睡在荒沙滩"。他从记录工人炸山的场景开始创作长篇小说《丹凤朝阳》："十里工地热气腾腾。白天群炮轰鸣，飞石穿空，烟柱冲天，变成一朵朵白云……"

碧野这种脚踏实地搜集素材的精神，被茅盾所激赏。可惜小说创作还没结束，"文化大革命"前夕，碧野就被迫离开了工地。"文化大革命"一开始，他的四根肋骨就被打断，《丹凤朝阳》的创作也因此搁浅。后来，牛棚生活一结束，他便来到工地，并坚持每年到丹江居住一两个月，继续深入生活。

1977年，碧野在丹江口生活了一年。1978年底，《丹凤朝阳》定稿，1979年由天津百花文艺出版社出版。

所谓人民文学出版社受的教训是指："《丹凤朝阳》之出版，'人文'实犯迟疑之病。碧野自然不能久等。"本来这部小说由人文社出版是最合适的，但他们迟疑了。而碧野本人呢，想尽快地出版这部凝结了他太多心血和苦难的作品。这时天津百花文艺出版社乘虚而入、捷足先登。人文社遂落空。不过，他们马上采取措施弥补，1982年推出了《碧野散文选》。百花文艺出版社赢了这个回合之后，并不就此"罢休"。他们的优势在于散文领域，而碧野的散文的名气比小说大多了。因此，20年后，百花文艺出版社再度出手，推出了《碧野散文选集》，所选篇章侧重于抒情性、叙事性散文；题材大至社会、人生，小至离情、花草；风格既有雄浑、酣畅，亦有委婉、含蓄。笔者以为，其选目更加精粹，艺术魅力更强，更胜《碧野散文选》一筹。

四、人民文学出版社找臧克家出版了他的哪个集子？

除了姚雪垠等少数作家，大多数作家尤其是解放前就成名的老作家，在"文化大革命"期间，都靠边甚至充军了，哪还有出版著作的权利？

"文化大革命"结束之后，人民文学出版社承担了文学界拨乱反正的重任，主动联系了大批老作家，出版他们“文化大革命”后的第一部著作。

早在1956年，人民文学出版社就出过臧克家的集子，即《臧克家诗选》。时隔20年之后，他们找到他，1978年11月又出版了他的集子，还叫《臧克家诗选》。不改其名，这大概是臧自己的意思。他的思维和风格，好几十年里变化不大，可以称为“一根筋”吧。

施蛰存赠茅盾《金石百咏》油印本、茅盾自评书法

——1979年1月22日致施蛰存函解读

蛰存兄：

忽奉手书，惊喜交集。《金石百咏》两本也收到。二十年蛰居乃有此收获，亦可谓因祸得福也。叶圣老住址要打听，然不难，尊作必能送到。说来好笑，我只知其寓在东四八条，进门有竹子一丛，乃不知门牌号码，真可笑也。我的字不成什么体，瘦金看过，未学，少年时曾临董美人碑，后来乱写。近来嘱写书名、刊物名者甚多，推托不掉，大胆书写，都不名一格。“新文学史料”五字，自己看看不像样。现在写字手抖，又目力衰弱（右目0.3视力，左目失明），写字如腾云，殊可笑也。匆覆（复），即颂春禧。

沈雁冰

元月廿二日

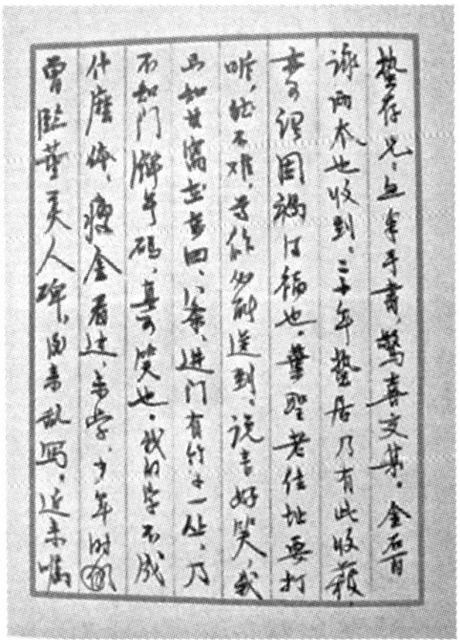

蛰存兄：忽奉手书，惊喜交集。金石百
咏两本也收到。二十年蛰居乃有此收获
亦可谓因祸得福也。叶圣老住址要打
听，然不难，尊作必能送到。说来好笑，我
只知其寓在东四八条，进门有竹子一丛，乃
不知门牌号码，真可笑也。我的字不成
什么体，瘦金看过，未学，少年时
曾临董美人碑，后来乱写，近来嘱

◆ 信函原件

写唐诗，容过了春节再写，又及。

◆ **解读：**

一、《金石百咏》撰写与印刷之内幕

茅盾给施蛰存的这封信写于1979年1月22日。茅盾与施蛰存二人相识已久，1905年出生的施蛰存比茅盾年轻9岁，20世纪20年代中后期，施蛰存在文坛上崭露头角时，茅盾已声名卓著。1927年，大革命失败后，国内形势急转直下。由于茅盾之前以共产党员身份积极参加革命活动，所以几乎处于被国民党当局封杀的状态。在当时许多报刊都不敢登茅盾文章的情况下，施蛰存主持的《现代》杂志却勇敢地发表了不少他的作品，如第1卷第2期上有散文《故乡杂记》、第2卷第1期有短篇小说《春蚕》、第3卷第3期上有短篇小说《当铺前》等。茅盾还向施蛰存推荐其他作家的作品，如他在1933年给施蛰存的信中称自己“有沙汀及何谷天小说各一篇，尚好，如《现代》要小说，弟可以送给兄一看，可用则用，不可用还他们”。茅盾甚至在给施蛰存的信中，不讳言自己日常生活中所遭遇的苦恼：“生活近日糟极了，妻病拖着不见痊可，反而越来越复杂。我是不懂医学的，病人其实也不懂，而常自以为‘懂’，一会儿说是腰子病了，一会儿说是肺病急性复发了，一会儿说是子宫病了，腹膜炎了，自惊自疑……”由此看来，二人关系其时已是较为亲近了。

几十年后的1979年1月17日，施蛰存给茅盾修书一封，信

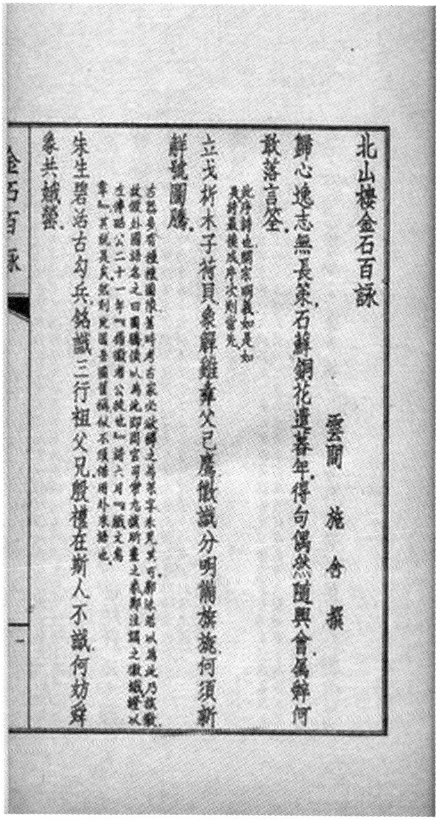
北山樓金石百詠

雲間　施舍　撰

歸心逸志無長策，石蘚銅花遣暮年。得句偶然隨興會，屬辭何致落言筌。

立戈析木子荷貝，象辭雞彝父已鬳。儆識分明鷥旂旐，何須新鮮號圖騰。

朱生碧落古勾兵，銘識三行祖父兄。殷禮在斯人不識，何妨舜彝共娥鬵。

金石百詠　一

◆　油印本《金石百咏》

中开端便说“数十年未申谒候”，并说他还记得年轻的时候曾多次去茅盾家里，茅盾夫人以冷饮款待他的情形：“辄念当年宝山路出入尊府，多承教诲，暑中师母常以冷饮见饷，今师母亦逝，电光石火殊可慨喟。”施信中提到的“当年”，时间大致是茅盾在商务印书馆工作期间，而“宝山路尊府”则是茅盾当年所住的商务印书馆编译所宿舍——一座半洋式的二层房子。

在信中，施蛰存说自己“二十年禁锢，使晚得以潜心读书，亦有所利，兴致旁及金石碑版文物的绝句，曾作《金石百咏》一卷”，这本书他“数年前尝油印五十册，以贻同好，然入都门者不过数册，今检奉一册，作为向师门汇报二十年业绩，请指教之。此稿春节后将在香港《大公报》发表，或可印一单行本，当再奉呈。另一本请代转圣陶先生，并请转致拳拳之意”。

施蛰存于信中所说的“二十年禁锢”，是指1950年代末，他因为一篇文章《才与德》而被打成右派的一段经历。由于他曾被鲁迅命名为妄想在对立的斗争中保持中立的“第三种人”，以至于这顶历史的帽子在“反右”运动中被重新翻出来，并且变本加厉地扣到他头上。当时，在姚文元定了批施蛰存的调子之后，上海滩的笔杆子们主动或被动地轮番攻击他。有的说他变成了“第二种人”，如说“正像姚文元同志说的，施已从‘第三种人’转变为‘第二种人’——反社会主义的人”。有的甚至说他变成了第一种人，如说，施蛰存其实也并没有“做定”第三种人，“他二十余年来一贯‘做定了’的倒是反对共产党、反对社会主义、反对无产阶级文学的第一种人”（见《作家们投入反右派战斗：上海作协部分作家座谈毛主席报告》，载1957年6月23日《文汇报》）。一些老作家也曾联名撰写批判他的文章，而他的同事、学生纷纷检举揭发他的种种“罪行”。施蛰存也因此告别文学创作和翻译工作，转而从事古典文学和碑版文物的研究工作，《金石百咏》便是在这种背景下诞生的成果。

《金石百咏》是施蛰存所作的“一百首欣赏碑版文物的绝句”，这些诗“始于岁朝，成于五月二十日”，是他在1971年的前半年集中写作完成的。《金石百咏》第一版是油印本，而且只印了50册，用来油印的纸还是施蛰存亲自买的。据刘海永《百岁老人施蛰存的百字情结》一文中所述：1975年6月，在上海“福州路一家南纸店，施蛰存购毛边纸两刀，请佟培基带回开封，刻印《金石百咏》用”。“1976年4月，李白凤帮助刻写的《金石百咏》油印本印出50册，施蛰存分赠同好友人”。施蛰存在给茅盾的信中说“数年前尝油印五十册”的“数年前”，指的就是1976年。因为印量有限，当年能收到施蛰存亲自寄赠《金石百咏》的，应是他较为看重的师友。寄赠给北京的不过数册，其中有一册是赠给启功先生的。启功与施蛰存书信来往频繁，论碑谈书，常常交流京沪两地的碑帖行情，启功甚至为施收集了一部分碑帖，如1963年曾寄赠给施蛰存“昭陵拓本二十八种全份”。收到施蛰存寄来的《金石百咏》，启功连夜捧读，并盛赞曰：“读之如入宝山，目不暇给，自晚饭后归家拆裹读之，至夜三时始毕。在中胜义纷纭，尚待涵味，更有若干拓本，未曾见识，恨不得立趋高斋，亲听指授，益快眼福。”

关于《金石百咏》的出版情况，刘海永在《百岁老人施蛰存的百字情结》一文中记为1979年“在香港《书谱》杂志陆续发表”。而施蛰存1979年给茅盾的这封信中则明确说，“此稿春节后将在香港《大公报》发表”，甚至在其传播甚广的《我写〈唐诗百话〉》一文中，也有类似记述：“一九七九年在香港《大公报》发表。”对此，学界已经有了较为详细的梳理与辨疑，张新颖在发表于2012年3月7日的《东方早报》上《〈金石百咏〉油印本》一文中写道：“1979年2月至11月，《金石百咏》在香港《大公报·艺林》连载，凡二十期。1989年，巴蜀书社印行施蛰存的《北山集古录》，内收《金石百咏》。”夏雨在《施蛰存先生著译年表》（发表于香港《文学世纪》杂志2003年10月号“施蛰存先生百岁寿庆专辑”）中记为：“一九七九年　七十五岁《唐碑百选》于香港《书谱》逐期揭载，《金石百咏》连载于《大公报·艺林》。”由此可见，刘海永大概是把《唐碑百选》误记成《金石百咏》了，前者是在《书谱》上连载过的。

施蛰存不仅给茅盾寄赠《金石百咏》，在信中，还请茅盾代为转送叶圣陶一册，以“作为向师门汇报二十年业绩”，甚至在信的落款中谦称“五十年老门生”，可见对茅盾的敬重。

从上文所录茅盾信函的落款时间不难看出，茅盾在接到施蛰存的“手书”后，很快便予以了回复，而这封回信距目前留存的茅盾上一次给施蛰存的信（写于1933年8月14日），时隔已46年矣，其间两人有没有联系，不得而知。但从茅盾于回信中表达的接到施蛰存信的惊喜，可以看出两人已经很久没联系了，估计茅盾没有预料会突然收到施蛰存的来信，所以才抑制不住地“忽奉手书，惊喜交集”。茅盾在信中告诉施蛰存：“《金石百咏》两本也收到”，而“二十年蛰居乃有此收获，亦可谓因祸得福”一句，则是委婉含蓄地表达了对施著的肯定。茅盾在信中告诉施蛰存，他虽然知道叶圣陶住在“东四八条，进门有竹子一丛”，但却不知具体门牌号码，不过也不难打听，表示一定会将《金石百咏》代转给叶圣陶一册。

茅盾与叶圣陶可谓莫逆之交。1921年，茅盾与叶圣陶等人共同发起成立中国现代文学史上最大的流派之一“文学研究会”，甚至连茅盾这个笔名也是叶圣陶给定的。1929年5月4日，茅盾在日本东京为叶圣陶的新作《倪焕之》写下评论《读〈倪焕之〉》一文，从表现“时代性”的角度称赞《倪焕之》为“扛鼎”之作。在上海景云里，他们曾做过邻居，而在北京，其时茅盾所住的后圆恩寺胡同和叶圣陶所住的东四八条相隔也只有2.4公里，来往还是相当方便的，想必茅盾曾多次去过叶圣陶家。或许越是熟门熟路的地方，通常越不会去记门牌号码等信息，因此茅盾才会只记得叶圣陶家门前的一丛竹子，而不知门牌号码吧。

二、施向茅盾求唐诗书法

施蛰存在信中说："近见《新文艺史料》封面题字，乃先生手笔"，赞赏"大有瘦金笔意"，并直接表达了求墨宝的想法，希望茅盾"最好写唐人绝句一首，因年来晚正在撰《唐诗串讲》，将来可作插绘用也"。《唐诗串讲》是施蛰存在1977年冬天，与上海古籍出版社约定写的"一本关于唐诗鉴赏的书。当时就拟定了书名《唐诗串讲》，约期一年交稿，让出版社列入一九七九年的出版书目"。不过，此书直"到一九八五年六月，写满了一百篇，总算大功告成"，最后取的书名也不再是《唐诗串讲》，而是《唐诗百话》（见上海古籍出版社1987年版之后记《我写〈唐诗百话〉》）。当然，不管是"串讲"还是"百话"，都是关于唐诗的鉴赏文字，也就是说，施蛰存当时的兴趣点在唐诗，这也是他向茅盾求写唐诗书法的原因之一。

茅盾的书法娟秀而瘦硬，工整而有力，柔中带刚，绵里藏锋，的确有瘦金体的风格。书法专家管继平赞茅盾的书法作品"……字中宫收得较紧，所以线条舒展雅致，虽入笔轻而线条细，但却细而不弱，线条非常秀挺而富有弹力"；并概括说，"其书布局缜密严谨，笔法精劲含蓄，秀逸疏朗，淳雅婉丽……果然给人有一种清朗爽劲之感"（管继平：《书贵瘦硬方通神——茅盾书法》，载2007年8月9日《新民晚报》）。茅盾自己却说：“我的字不成什么体，瘦金看过，未学，少年时曾临董美人碑，后来乱写。”《董美人碑》的原名是《美人董氏墓志铭》，又称《董美人墓志》，是隋文帝第四子蜀王杨秀写给其宠妃董氏的，董氏19岁正值青春豆蔻年华而夭亡，所以杨秀的这篇悼词“文情并茂”，被书法界赞誉为“堪称隋志小楷中第一”。茅盾所说的“乱写”，不过是自谦，而有人却根据这一句话，认为茅盾是在否定瘦金体对自己的影响，说他学的是《董美人碑》体，显然是没有真正了解茅盾的书法。这且是题外话。

施蛰存在书法上颇有研究，是古代碑帖书法的大行家。以他与茅盾的过往交谊来看，不可能没有收藏茅盾的书法作品，他在给茅盾的信中说：“先生墨迹，敝箧已不存一纸。”据相关资料记载，“文化大革命”中，“施蛰存六次被抄家，所藏书籍差不多遗失殆尽”。可见，在这场浩劫中遗失殆尽的还有“先生墨迹”，这或许是他于信中向茅盾求赠题字的另一原因吧。只是，施蛰存在信中把《新文学史料》错记成了《新文艺史料》，而茅盾则于回信中不声不响地改正了，并且谦虚地说自己的书法写得并不如意：“‘新文学史料’五字，自己看看不像样。”

茅盾晚年，随着他“题写书名、刊物名者甚多”，名人书法的名声响彻大江南北，向他求字的新老朋友络绎不绝。许多人给他写信的时候，不忘“乞赐一纸”，比如施蛰存。茅盾往往不好意思拒绝推托，所以几乎有求必应，但不像某些书法家要收取“润例”，而是免费赠送。不过，对于施蛰存在信中索求书法作品，茅盾并没有立刻应允，这一方面是因为施蛰存给茅盾写信的1979年1月17日，已经快到农历春节（1月28日）时间了，大概在这前后，茅盾要处理的事情较多，无法静下心来好好写这幅唐诗书法；另一方面，如茅盾在信中所说“现在写字手抖，目力衰弱”，是健康方面的原因，其时茅盾已83岁高龄，年衰体弱，又身染多种疾病，在他同时期的日记以及写给亲友的信中，叙述病况屡屡成为主题。但即便如此，茅盾也没有拒绝施蛰存题字的要求，而是很认真地回复施蛰存说：“写唐诗，容过了春节再写。”仅仅一封友朋间正常的书信往来，便将一代文豪茅盾谦虚宽厚、认真坦荡的高贵品格显露无疑。

钱锺书给茅盾写信引介美籍华人学者

——1979年7月20日致钱锺书函解读

盾翁大师道座：

叨陪谈以来，忽已一年，伏想起居安稳。今春游美国，晤华盛顿大学教授时钟雯女士，以译《桃花扇》得名者，于公仰望，不啻泰山北斗。顷得来函，求以一简转达记室。渠所谓老友云云，乃后生辈无知，使晚有僭妄之嫌，晚不任其咎也。专肃

即请

近安

晚　钱锺书敬上

七月十五日

仅过五天，茅盾就回信如下：

锺书先生左右：

七月十五日大札及时钟雯信敬悉，因事迟复为歉。时钟雯能译《桃花扇》，想必于中国诗词甚有修养，不胜钦佩。她拟于今年九月间访北京时与弟相见，甚为欢迎。请先生转函为致鄙忱为荷！

◆ 钱锺书

忆有《宋诗选注》，似出先生手笔。近来有何著？幸逢明时，想必精神畅快。弟老病纠缠，常与药炉为伍，乏善可陈。匆上 即候

暑安

弟 沈雁冰上

七月二十日

◆ **解读：**

一、为何通信？

茅盾与钱锺书，一个是革命作家、一个是非革命作家，基本上没有交集和来往，关于两人的各种传记文献中都没有提到过对方的名字。

实际上，中华人民共和国成立后，两人都是文坛名家，而且都住在北京，不仅见过面，而且还有一点点文字上的交往。钱锺书曾给茅盾写过一封信，为一位美国乔治·华盛顿大学的教授牵线搭桥。

其实，钱锺书投书茅盾的原因，简单之极：转信附言而已。他要转的是时钟雯女士给茅盾的一封信。

那么，时钟雯女士为何不直接给茅盾写信，而要由钱锺书转达?

原来在此之前，时钟雯并不认识茅盾。但按理说，她可以向钱锺书打听茅盾的收信地址，自己直接投书。笔者认为，她也许是出于以下顾虑，没有这么做。

（一）当时（1979年）中美之间交通很慢，一封信在邮路上可能要走半个月。时钟雯托钱锺书转给茅盾的信写于1979年6月30日，钱锺书在7月15日才收到。如果等钱锺书帮她打听好了茅盾的地址，再写信告诉她，她再给茅盾写信，估计需要一个月的时间信才能抵达茅盾处，而她9月份就要来北京，留给她准备的时间并不宽裕。

（二）直接给像茅盾这样的大人物投书在礼仪上似乎有所不妥，所以要经过钱锺书转一下，相当于请钱锺书介绍认识，比较妥贴。时钟雯请钱锺书转了那封信之后，还没等收到钱锺书的回信，她又直接给茅盾写了一封信，大概是寄到茅盾的单位（即文化部），因为茅盾在回信中才给了时钟雯所谓的"北京寓址"。可惜，那封信没有被收入《尘封的记忆——茅盾友朋手札》。

《尘封的记忆——茅盾友朋手札》是上海图书馆中国文化名人手稿馆编选的，收录了茅盾与时钟雯的通信共三封（其中时钟雯给茅盾的有两封），由上海文汇出版社于2004年出版。在这本书中，先排的是时钟雯6月30日给茅盾的信，紧接着就是茅盾7月21日给时钟雯的一封回信。按照这样的编排，读者乍一看，会以为这就是茅盾针对时钟雯托钱锺书所转信函的回信。其实，中间时钟雯还给茅盾另写了一封信，那应该是在她给钱锺书的信发出之后不久，她直接给茅盾写了一封信。茅盾在给她的回信中说："日前从钱锺书先生转来大函……顷又得大函。"两封信的写作相隔时间很短。

笔者之所以推测时钟雯6月30日的信不是直接寄给茅盾的，是因为1970年代末从美国到中国的邮件一般来说也不至于需要20天。茅盾收到信的日期是7月20日左右，而钱锺书是15日左右收到的。半个月比20天的邮路时间更合理一些。

另一个更加内在的理由是：时钟雯委托钱锺书转的信没有单独封起来，因此钱锺书读了并知晓其中的内容。时钟雯在这封信中说钱锺书是茅盾的老友，引起了钱锺书的不悦，以至于他在给茅盾的推荐信上毫不客气地说："渠所谓老友云云，乃后生辈无知。"如果钱锺书没有读到这封信，他何至于发这种针对性的言论？

那么，时钟雯是如何认识钱锺书的呢？

据《访美观感》（中国社会科学出版社1979年版）一书记载，1979年4月16日至5月16日，钱锺书作为中国社会科学院代表团成员，对美国进行了为期长达一个月的访问。访美代表团一行共10人，到访了华盛顿、纽约、匹兹堡、纽黑文、波士顿、底特律、芝加哥、洛杉矶、旧金山、火奴鲁鲁等十余地的政府机关、大学、研究机构和企业等。钱锺书的行程包括哈佛大学、哥伦比亚大学、加州大学伯克利分校（位于旧金山北湾）和斯坦福大学。斯坦福大学是他重点访问的学府，位于加利福尼亚州旧金山湾区南部的帕罗奥多市（Palo Alto）境内，临近旧金山。需要指出的是：台湾人把斯坦福大学译为"史丹佛大学"，但不是孔庆茂在《钱锺书传》中所说的加州大学分校。

时钟雯何许人也？在《尘封的记忆——茅盾友朋手札》

一书中，关于时钟雯的介绍，编者只给出了一条极为简单的注解：“时钟雯（？），美国华盛顿大学教授，戏剧家。”

这条注解有三个问题：（一）编者没有仔细核查时钟雯的出生年份，只打了个问号了事。笔者经过查阅相关资料得知：时钟雯生于1922年10月8日，2014年7月6日卒于脑动脉瘤，享年92岁。

（二）美国有三所华盛顿大学，分别是：位于美国首都华盛顿哥伦比亚特区的乔治·华盛顿大学（The George Washington University， GWU），1821年建校时名为哥伦比亚学院，1904年更为现名；位于密苏里州圣路易斯市的华盛顿大学（The Washington University in St. Louis，WUSTL），1853年建校；位于太平洋沿岸华盛顿州西雅图市的华盛顿大学（The University of Washington，UW），1861年建校。书中注解只说“华盛顿大学”，读者不知指的到底是哪一所，容易引起混淆。

（三）钱锺书给茅盾的信中说时钟雯女士“以译《桃花扇》得名”，从这个信息而言，她是戏剧翻译家或者说是翻译家。她出版过学术专著《中国戏剧的黄金时代：元杂剧》（*The Golden Age of Chinese Drama: Yuan Tsa-Chu*），英文版由普林斯顿大学出版社出版于1976年1月，中文版于1991年12月由山西人民出版社出版。从这个角度而言，她是戏剧学家或者是学者，但她自己并没有创作过戏剧作品，因此不能说是戏剧家。

在与茅盾的通信中，她没有提到戏剧，甚至对茅盾夸奖她翻译《桃花扇》都没有做出回应。因此，我们可以推测，这条注解的信息只是来自钱锺书给茅盾的信，钱锺书写信可以简单，所以只说“华盛顿大学”。但编者既然要添加注解，不能只是照搬钱锺书信中有关内容，而是应该做点功课，了解一些相关的信息，至少做到不要误解误传（把戏剧学家说成戏剧家）。

时钟雯非等闲之辈。她是安徽人，从小随父母移居上海，1945年毕业于上海圣约翰大学英文系，后留学美国，1955年获得杜克大学英语文学博士学位。后至哈佛大学东亚系做博士后研究，曾任斯坦福大学中文助教，1965年转到乔治·华盛顿大学任副教授，其间（1971—1972）又到普林斯顿大学做访问学者，从1972年到1993年，一直以教授身份执掌乔治·华盛顿大学东亚系长达20多年。乔治·华盛顿大学简称GWU或者GW，位于美国首都华盛顿，比邻美国国务院、世界银行、国际货币基金组织，距白宫只有几个街区。钱锺书他们曾在华盛顿逗留访问，可能跟乔治·华盛顿大学东亚系主任时钟雯女士有所交流。因此，时钟雯在给茅盾的信中说："今年四月间在华盛顿又见到您的老友钱锺书先生。"

由以上种种线索可知，钱锺书之所以要主动给茅盾写信，是因为受时钟雯之托引荐她。

二、时钟雯为何要找茅盾?

在钱锺书给茅盾的信中找不到这个问题的答案，只是说时钟雯"于公仰望，不啻泰山北斗"。她确实是把茅盾认作文学界的泰山。同年10月9日她在北京饭店给茅盾写信说："无疑的您是中国现代最重要的文学家。"

时钟雯在6月30日给茅盾的信中先说她来中国见到了巴金，又在美国见到了钱锺书，然后说："但是一直没有机会向您领教……今年九月间我再度回国很想有机会能见到您。”

茅盾于7月21日（给钱锺书回信后第二天）就回信给时钟雯说“不胜欢迎”。

不过，时钟雯拜访茅盾，可不是简单的见面闲聊，而是有备而来。她是来做专题访谈的，不仅录音，而且还要摄像。她在10月9日的信中说：“我从美国特地请来了一位专业电影摄影师。”

原来她是在拍摄一部关于中国现代作家的纪录片。

在给茅盾拍摄的过程中，还出现了一个插曲。因为人手不够，她请文化部派出的一位陪同人员帮助录音，结果那位陪同人员不会使用洋机器，错按了按钮，茅盾的很多谈话内容没能录上，导致整个访谈没法用。时钟雯特别着急，在10月9日写给茅盾的信中说：“这部片子如没有您，就大为逊色。”并恳求茅盾另外安排半个小时，重新接受他们的采访。她在信中还附了将要提问的问题。

我们没有看到茅盾对时钟雯的这封信的回信，但从结果来看，茅盾同意了她的返工请求，并配合了她的工作。

据说，时钟雯的纪录片最后做得相当成功，她也因此而闻名一时。她这部纪录片的片名叫《从寂静中归来：中国现代作家》。这部片子曾经在美国的公共电视台（PBS）和中国的中央电视台播出。公共电视台是美国唯一一家既不收费又不在节目当中插播广告的电视台，创建于1969年，目前在美国全国各地有三百多家分台，一般位于大学校园或社区，在学界影响颇大。

三、称呼问题

时钟雯比钱锺书小12岁，钱锺书比茅盾又小14岁。从学术传承的代际划分来看，正好各相差一代。

钱锺书对时钟雯似乎不太客气，在给茅盾的信中称呼她为“后生辈”，还说她“无知”。而钱锺书对茅盾却恭敬有加。他对前辈文人（比如同光体领袖陈衍）喜欢用“丈”来称呼，表示敬意；他称茅盾为“翁”（比“丈”敬重的程度更高），而且还用上了他极少用在当代中国人物（尤其是文学界人物）身上的“大师”一词。

众所周知，钱锺书在臧否不少现当代中国作家尤其是他的前辈和同辈的时候，往往流露出不屑的口吻。比如，1979年他访问美国时，台湾作家水晶曾问过他对鲁迅的看法，他回答：“鲁迅的短篇小说写得非常好，但是他只适宜写‘短气’（Short winded）的篇章，不适宜写‘长气’（Long-winded）的，像是阿Q便显得太长了，应当加以修剪才好。”此事被水晶记入《侍钱“抛书”——两晤钱锺书先生》一文（罗思编：《写在钱锺书边上》，文汇出版社1996年版）。这番话中，钱锺书对鲁迅先褒后贬。为什么说“气短”是一个贬义的文学价值概念呢？他在一篇论文中曾写过这样的话：“西洋文评偶然用气息，只是极粗浅带谴责性的形容词，不是单独中立的名词。譬如说气促的文章（short-winded style）……”不过，笔者认为，论思之丰富与深刻，《围城》那样的“长气”“才子书”却不如“短气”的《阿Q正传》。

然而，对于鲁迅的战友茅盾，在短短一封信中，钱锺书三次用“晚”（相当于“晚辈”）来称呼自己，表现了极大的谦逊。当时他自己也已年近古稀，而且德高望重，在别人眼里，早就是“翁”，是“大师”，是“泰山北斗”了。时钟雯可能是按照西方人的习惯，对茅盾的称呼非常简单：“先进作家沈雁冰先生”，甚至简单到直呼“茅盾先生”。“先进作家”相当于“前辈作家”，时钟雯在同一封信中还用“先进作家巴金先生”“先进的老作家”等称呼，没用“泰山北斗”这样的敬词。钱锺书却不吝用了，说明他对茅盾是相当尊崇的，这是否是因为茅盾比鲁迅气长，颇能建构长篇小说？

时钟雯给茅盾的信中说钱锺书先生是茅盾的老友，这让钱锺书大为不悦甚至有点惶恐，在给茅盾的信中连连撇清、申明，唯恐茅盾误解他不知辈分之别，明明两人连普通朋友都算不上，何来老友（忘年交）之说？“渠所谓老友云云，乃后生辈无知，使晚僭妄之嫌，晚不任其咎也。”钱锺书向来说话时比较随意，但落到文字就谨严起来。他在美国听时钟雯说起茅盾，可能随口说他跟茅盾是朋友之类的话；而时钟雯因为崇拜茅盾和钱锺书，所以想当然地以为两人过从甚密。钱锺书给茅盾的信的开头说：“叨陪谈以来，忽已一年。”也就是说，一年前，1978年，两人曾面谈过一次；但在过去的一年里，不仅没有来往，连音信都不通。这是指两人上一次见面。茅盾对钱锺书似乎更加生疏，他在信中说：“忆有《宋诗选注》，似出先生手笔。”“似”字表明他并不真的了解或认真阅读《宋诗选注》。由此看出，两人关系很是一般。钱锺书许是明白，他虽然跟茅盾见过面，但肯定不在茅盾的朋友圈里，因此才坚辞“友”说。

中国文人之间的称谓有个传统至今留存：在文字交往时，

无论辈分相同还是相差（哪怕很大），前辈为了表示自己谦逊为人、奖掖后人，往往喜欢以“兄”称呼晚辈，以“弟”称呼自己。如，钱锺书称陈衍为“丈”，陈衍呼钱锺书为“世兄”（见《石语》）。茅盾在给钱锺书的回信中两处称自己为“弟”。时钟雯比茅盾小26岁之多，但茅盾第一次给她写信时居然称她为“钟雯大姊”，似乎她比茅盾还要年长似的。要知道，当时茅盾已83岁高龄。茅盾这么称呼，是循了老例。

钱锺书在信中对茅盾还用了一个极为特殊的称呼，即“记室”。这是古代的官职名，东汉始置，诸王、三公及大将军都设记室令史，掌章表书记文檄。茅盾是前任文化部部长，时任中国作协主席。钱锺书用这个词称呼茅盾，本意可能是表达茅盾乃最高层信得过的文坛领袖。但这个词给人的感觉似乎是贬低了茅盾的地位和形象。要知道，记室只是书记官，在地方或部门（由诸王、三公及大将军把持）都没有什么高位，无法跟茅盾这位全国性的文化执牛耳者相比，茅盾当时在中国文化界所处的位子显然比所谓的“记室”高多了。

那么，我们如何来理解前面钱锺书对茅盾的那些尊称？他对茅盾到底是何种评价？

夏志清曾说：“钱锺书的书信是不能发表的，他骂人太多，凡是不喜欢的他都骂，这怎么能发表呢？”（季进：《对优美作品的发现与批评，永远是我的首要工作——夏志清先生访谈录》）

但钱锺书对收信人却也有“捧”的时候——过分揄扬对方，以至于作家韩石山总结说：“钱锺书在私人信件里的称赞不可当真。”

钱锺书此时称茅盾为“泰山北斗”，但是后来对茅盾之“不拘小节”，还曾有过微词。

1985年4月6日，香港《广角镜》杂志151期刊登秦德君的文章《我与茅盾的一段情缘——愿以本文，引起健在者的追忆与补充》（此文12年后经过重新整理修改刊登于《百年潮》杂志1997年第4期，署名是“秦德君口述、刘淮整理”，题目则一如其旧；此时距离茅盾去世已经16年），文章披露了作者与茅盾的一段感情纠葛。《胡风回忆录》（人民文学出版社1993年版）的开篇就是“偶遇秦德君”：“我是1929年9月和同学朱企霞一起去东京的。上船后遇见了秦德君……知道她……这时和茅盾在京都同居。她这次回国是为茅盾讨版税，看朋友……船到长崎暂停时，茅盾从京都坐火车赶来上船接她。他们坐在甲板上谈话，我上甲板时遇见了，只是彼此望见点了点头，我没有上前去，也就没有谈话。好像是茅盾把她接上岸坐火车回京都去了。”

对于这段感情，茅盾在其晚年自传《我走过的道路》中，只字未提。钱锺书曾动笔给《广角镜》杂志的时任主编李国强写信说：“前日睹贵刊《一段情》之文，与内人皆叹为石破天惊，而更叹兄之有偷天妙手、泼天大胆。正思写信，尊函适至，知果惹恼招怒，然此亦早在意中。历史从来出于胜利者手笔，后死即胜利之一种方式。三年前鲁迅纪念时出版之传记，即出敝所人撰著，中间只字不道其原配夫人，国内外皆有私议而无声言者。”钱锺书在信中似有指责茅盾刻意回避并掩饰自己的婚外恋问题之意。

钱锺书于信中所提的“三年前”应该指的是“四年前”，

即1981年，正值鲁迅诞辰40周年，当时为了纪念而出版了一部《鲁迅传》，是钱锺书所在单位中国社会科学院文学研究所的林非和刘再复合著，由中国社会科学出版社出版。林非早在20世纪50年代，就写过一系列研究鲁迅作品的论文，至今，已出版有《鲁迅前期思想发展史略》《鲁迅小说论稿》《中国现代小说史上的鲁迅》等专著。1981年，林非还被提名为纪念委员会委员，参加主持了这次规模空前的纪念活动中的学术讨论会，后来又曾担任中国鲁迅研究会会长。刘再复也是研究鲁迅的专家，1981年出版了学术论著《鲁迅美学思想论稿》。2010年，人民日报出版社还推出了他单独撰著的《鲁迅传》。林非和刘再复在《鲁迅传》中确实"只字不道其原配夫人"。也许正是为了弥补这个缺陷，乔丽华撰写了《我也是鲁迅的遗物：朱安传》，2009年由上海社会科学院出版社推出。

四、两处存疑

（一）钱锺书与茅盾1978年何时何地因何见面？

钱锺书信中说："叨陪谈以来，忽已一年。"这句话里有两个信息特别值得注意：（1）已经过去一年，那么应该是在1978年7月前后，比如6月或8月；（2）"叨陪"云云说明他们俩一起参加一个活动，而且在那个活动上，茅盾是主角，钱锺书是陪同人员。由于钱锺书的留洋经历，而且外语很好，所以笔者揣摩那是一次接待外宾的活动。根据查国华编的《茅盾年谱》（长江文艺出版社1985年版）的记载，1978年7月和8月，茅盾没有参加外事活动。倒是这年6月，有过两次。即，6月1

日，会见法中友好协会副主席莫里斯·蒙热率领的法国友好代表团；6月13日，会见瑞典文化界友好人士代表团。笔者猜度，钱锺书应该是参加了其中的一场，但仍需进一步考证。

（二）时钟雯真的翻译过《桃花扇》吗？

钱锺书给茅盾的信中推介时钟雯，说她是"以译《桃花扇》得名者"。这一点引起茅盾很大的兴趣，并且对时钟雯油然产生敬意和好感。他在给钱锺书的回信中说："时钟雯能译《桃花扇》，想必于中国诗词甚有修养，不胜钦佩。"在7月21日给时钟雯的回信中又突出说："您译《桃花扇》，真不简单，想见对中国诗词素有研究，无任钦佩。能否见惠一册，如果方便的话。"笔者查了多处关于时钟雯的资料，都没有找到她翻译《桃花扇》的信息。1972年，她完成博士论文"*Injustice to Tou O: A Study and Translation of Tou O Yüan*"（《对窦娥的不公平：〈窦娥冤〉的研究与翻译》），论文中附录了她翻译的《窦娥冤》。《窦娥冤》是元杂剧的代表作。时钟雯的学术兴趣基本都在元杂剧上，她一生的学术代表作是《中国戏剧的黄金时代——元杂剧》。而《桃花扇》是清初孔尚任经十余年苦心创作、三易其稿而写就的一部传奇剧，不在时钟雯的学术兴趣范围内。

笔者大胆假设：钱锺书把《窦娥冤》错记成了《桃花扇》。其间可能有一个极为特殊的原因：时钟雯是在跟钱锺书见面时口头上匆匆说了一下书名，而且是用上海话说的。在我们吴方言里，窦娥冤的发音（Deu Eoyo）和桃花扇的发音（Dao Huoso）相当接近。钱锺书可能在匆忙间因为这谐音而导致了误记。当然，是否真的如此，还有待于求证。

为黄慕兰平反发起写联名信上书邓颖超

——1980年1月24日致黄慕兰函解读

慕兰同志：

阳翰笙的小女儿永华告诉我，夏衍同志说您来京后即找过他，托他代向邓大姐催促早日为您平反昭雪。夏衍同志两次见邓大姐言及此事。邓大姐交公安部王副部长办理，王副部长让直接负责您这案的十三处处长向夏衍同志汇报，据云：已基本结案，有个别事情还待清查一下。以上种种，都发生在我们联名写信以前，故此联名信已无必要，而未发出。以上事情，想来夏衍同志早告诉您了。现在您很急躁，天天看报，就写诗一首给夏衍。

◆ 黄慕兰

我们都怕您因此而损健康，所以我写这封信来安慰您，“牢骚太甚防肠断”。我还希望您把写的诗抄给我看看。匆此即颂

健康！

沈雁冰

一月廿四日

◆ **解读：**

一、黄慕兰到底几度入秦城监狱？茅盾给她写过多少封信？

黄慕兰被称为“红色女谍”，甚至“最美红色女‘特工’”（见《黄慕兰自传》封面，中国大百科全书出版社2016年版）。她经历极为传奇丰富，曾参与营救过周恩来、关向应等中央领导人。2012年，她出版了《黄慕兰自传》，获得“2012年度中国影响力图书”之传记类榜首。2017年2月7日，她以110岁高龄去世，再次引起全国关注（包括争议），五年之间由无名英雄变得大名鼎鼎。

那么，她跟茅盾有何关系？

钟桂松先生曾撰有专文讲述两人关系，即《茅盾与老战友黄慕兰》（载《报刊荟萃》2006年12月）。文章讲述了两人从1920年代起就结识并共事的一些史实，最后部分说：“因为黄慕兰在解放前长期从事党的地下工作，1955年，因潘汉年冤案

长期受审查，1975年从秦城出狱后，奔走申诉，争取平反恢复党籍。茅盾得知情况后，在1980年1月11日、24日、2月4日连续三次给黄慕兰写信，热情邀请黄慕兰叙旧，并亲自为黄慕兰平反事向邓颖超同志写信……”

笔者在此想对钟的这段话做一些补充。

1. 黄慕兰为自己的冤案奔走申诉，不是1975年从秦城出狱后开始的，而是更早，即1963年。陈允中、陈大中是她和第四任丈夫陈志皋的两个女儿。她们于2003年12月20日在为《黄慕兰自传》所写的“编后记”中说：“自1963年她第一次从秦城回家开始，就不断地上书申诉。”

关于黄慕兰到底几次蒙冤入秦城监狱，坊间有三种不同的说法。

（1）一次说，从1955年一直到1975年，上引钟文给人的就是这样的印象。正是因此，钟说黄慕兰是1975年从秦城出狱后才开始奔走申诉的；因为1975年之前她一直在牢里，所以很难奔走申诉。

（2）两次说。如2011年7月12日，中新网杭州站记者严格与见习记者赵小燕发表文章，即《105岁红色特工黄慕兰感动网友85年党龄20年牢狱》，文中说“在黄慕兰传奇的一生中，还有多次牢狱之灾。解放前两次被国民党关押，而解放后受潘汉年案牵连，两度入秦城监狱被监禁达十七年”。标题中所说的“20年牢狱”，是把国、共两党给她的牢狱之灾的时间全部算在一起了。

（3）数次说，即三次或三次以上。如《六位秘密女共产党员的最终命运》（载2016年3月10日新华网）一文中说：

“1955年，黄慕兰涉入‘潘杨案’，在上海被捕。此后二十多年，她数入秦城监狱，出狱后多次上诉。直到1980年，冤狱才得以平反。”

正确的说法应该是两次，即黄慕兰曾两度被关进秦城监狱，而且与潘汉年之系狱基本同步。

前面一次黄是1955年6月初被上海市公安局拘押，后来被转到北京德胜门监狱，1959年被转到秦城监狱，1963年出狱。此次黄失去自由8年。潘汉年是1955年被捕的，但一直拖到1962年才给予审判待遇。在毛泽东的授意下，1963年1月9日，最高法院秘密开庭审理“潘杨案”，潘汉年认罪，被判有期徒刑15年，剥夺政治权利终身。不过，一个月后，他被假释出狱。卷入同案的其他人员也被按此等原则待遇处理。同年，黄慕兰被宣判为反革命分子，并被判管制三年，旋即被她和第二任丈夫、革命烈士宛希俨的儿子宛昌杰接出监狱。

后面一次1967年6月再进秦城，直到1975年出狱。她的被管制期到1966年就结束了，本来应该从此就彻底恢复自由。但是1967年潘汉年被重新收监，受此牵连，黄慕兰也“二进宫”。此次黄失去自由9年。两次加起来实际上一共是17年。

2. 钟桂松先生说“茅盾在1980年1月11日、24日、2月4日连续3次给黄慕兰写信”，“后来黄慕兰平反安排工作后，茅盾于1980年10月又专门给黄慕兰去信，‘遥致庆贺之忱’。”目前留下来的茅盾给黄慕兰写的信总共有4封。他给黄的第4封信不是写于10月，而是写于6月28日。钟桂松所说的贺信应该指的就是这一封，信的后面说：“欣悉已任上海市参事，遥致庆贺之忱。”

或许是由于文章篇幅所限，除了这句贺词，钟桂松没有披露所有这些信的其他任何内容。笔者愿在此补充并解读。

二、为了给自己平反昭雪，黄慕兰给茅盾写信求助并前往拜访，两人商定请其他红色文艺界名人写联名信上书邓颖超

黄慕兰为给自己昭雪，必须找到证人证据。而她在解放前长期从事党的地下工作，尤其是秘密工作，很多情况下都是单线联系的。况且，到1980年，有些当事人已经不在人世了。所以，她特别着急，给老战友茅盾写信求援。茅盾则在1980 年1月11日给她的第一封回信中，反而向她求教。茅盾当时正在写回忆录，一章章地陆续发表在《新文学史料》上。他给黄慕兰回信时正好要写1920年代大革命时期的武汉经历，他说“我有些事（一九二七年在汉口的）要请教，因为我连《民国日报》是在什么马路也记不起来了。”

茅盾在这里所说的《民国日报》不是1916年1月22日以讨伐袁世凯为主旨在上海创刊的《民国日报》，而是创刊于1926年11月25日的国民党湖北省党部机关报《民国日报》。由于报社地址在汉口，所以又被称为《汉口民国日报》。该报名义上是国民党所办，但实际上是共产党领导下的以国共合作统一战线的面貌出现的大型日报。1927年1月，茅盾出任国民革命军中央军事政治学校武汉分校教官，3月任该报主笔。蒋介石发动的“四一二”反革命政变导致国共合作破裂，进而汪精卫发动的“七一五”反革命政变导致该报社被迫改组。7月19日，董必武

遵照中共中央指示辞去经理职务（相当于社长），该报遂成为国民党右派所控制的舆论工具，茅盾不得不离开报社，乃至离开武汉。茅盾在信中所说“一九二七年在汉口的”事主要指的就是他这段在《民国日报》当主笔的生涯。

那么，他要向黄慕兰请教什么呢？首先，确实是汉口《民国日报》的地址。《黄慕兰自传》中披露说，“1979年，我在京等待平反时，一连接到茅盾三封亲笔信，遂携昌杰同去进谒，由其儿媳陪入内书房面谈。他首先询问我北伐时汉口《民国日报》的地址在哪里。他是‘四一二’事变后，从宛希俨手里接任该报总编辑之职的，如今撰写回忆材料，却忘了报社的地址。我当即告知了他”。

《民国日报》的地址位于歆生路忠信里二里4号（现为汉口江汉区泰宁街2号）。茅盾向黄请教的，是更加复杂的内部情况。而他之所以想要问黄慕兰，是因为茅盾与黄慕兰及其第二任丈夫宛希俨曾经是关系很近的同事。

把黄的自传和茅盾的自传以及茅盾给黄的信件对照起来看，此间是有些疑问需要解释的。

1. 茅盾在《民国日报》的前任总编辑与其说是高语罕还不如说是宛希俨。

黄慕兰在《自传》中说，茅盾是从宛希俨手里接任《民国日报》总编辑之职的；而茅盾自己在《我走过的道路》中说：“《民国日报》的原主笔是宛希俨，他调任汉口市党部宣传部长后，就由高语罕代总主笔。我就是接替高的工作。”

那么，茅盾所接的到底是宛的班还是高的班？

目前几乎所有关于高语罕的文章都以讹传讹地径直说高

曾任汉口《民国日报》总主笔。如，王军《高语罕的最后二十年》一文说："1927年初，上海工人第三次武装起义时，高语罕任宣传委员，旋即赴武汉任《汉口民国日报》总主笔。"（载《江淮文史》2010年第5期）尹家民《早期活跃于中共高层的高语罕》一文说："随后，高语罕赴武汉任汉口《民国日报》总主笔。"（载2016年4月19日人民网·中国共产党新闻网）有人甚至说他是社长，如杨飞《高语罕的悲情人生》一文说："1927年3月又追随陈独秀赴武汉，任汉口民国日报社社长。"（载《党史纵览》，2013年第11期）这些文章都去掉了临时替代的"代"字，是不合适的。

那么，茅盾与黄的说法矛盾吗？或者说，黄的说法有问题吗？

高语罕是代总主笔。但他"代"的时间极短，是过渡性的，还没有真正展开工作，就离职了。宛希俨在《民国日报》公开署名发表最后一篇社论《上海光复与工人阶级》的时间是1927年3月21日。茅盾哪怕是3月31日接手，也仅仅是10天之后。况且，宛辞去总主笔之后，还在报社待了一段时间，到4月才正式离开。因此，桂遇秋说他任总编辑（即总主笔）的时间是从1926年10月至1927年4月（桂遇秋：《宛希俨与汉口〈民国日报〉》，载《黄冈师专学报》1990年第2期）。而茅盾在3月份就到任了。也因此，可以说，茅盾名义上接的是高语罕的班，实际上接的是宛希俨的班。他俩还有一小段时间交接期或者说同事期。

2. 黄慕兰去茅盾家进谒的时间应该是阴历1979年。

这是一个时间标注上的矛盾问题。黄慕兰自己说，她带着儿子去进谒茅盾的时间是1979年。在自传的另一处她也说：“1979年，茅公还当着我的大儿子宛昌杰的面，赞扬我是‘不求名而名自在’。”

但问题是，黄说“1979年，我在京等待平反时，一连接到茅盾三封亲笔信，遂携昌杰同去进谒”。

茅盾给黄写第一封信的时间是1980年1月11日，写第三封信则迟至2月4日。按照一般的文法逻辑，“遂”字表示她是在收到了茅盾的这三封信之后，才去茅盾家拜访的。那么，她去拜访的时间应该是在1980年2月4日之后（事实上是在1月17日之前，见稍后笔者的考证）。

她自己怎么一再说是1979年去的呢？

笔者以为，她回忆录中说的应该是阴历1979年。1980年的春节当日是阳历1980年2月16日。从阴历角度来说，在1980年2月15日即大年三十之前，都还算1979年。

因此，在这个年份之前如果加上“阴历”或“农历”，就完全没有问题了。

3. 黄慕兰是在收到茅盾的第一封信而非第三封之后去茅盾家拜访的。

茅盾在1980年1月11日回信的开头说：“接到贺年片及信已好多天了，为了要向翰笙处问明您的住址，今天才能写信给您。”虽然茅盾对黄的称呼只是“同志”，但他内心对黄是相当尊敬的，也因此用了敬辞“您”。茅盾接到黄的求助信之后，应该很是替她着急的。

就在茅盾写此信之后的第6天，即17日，他为此事分别给阳翰笙和邓颖超去信。他给前者的信中说：“黄慕兰同志到我家来过。她请我转请和她熟悉的人如您、胡愈之、夏衍、梅益、赵朴初联名请邓大姐大力支持，俾得早日平反昭雪。为此，我写了短信稿给邓大姐。现附上，请审阅，如果认为不必改动，则请在此信签上您的姓名后，再转交其他人一一签名，然后请您寄交邓大姐。还有人可联名否？请想想。”

从此信可看出，茅盾为黄的事可谓煞费苦心。首先，他亲自给邓颖超写信求助。其次，为了双保险，茅盾还和黄商定，由他发起联名请愿行动。他给阳翰笙写信，就是让阳在给邓的信上签名。他还请阳转请其他了解内情的知名人士联合签名。为了加强呼吁的力度和效果，他希望有更多人加入联名信行动。

茅盾给阳的信中说“她请我转请和她熟悉的人如您、胡愈之、夏衍、梅益、赵朴初联名请邓大姐大力支持”。意思很明确：联名上书邓颖超，是黄拜访茅盾时两人就商定的。

因此，黄到茅盾家的时间要早于1月17日。

茅盾在1980年1月11日给黄的第一封信中告知了自家的地址，并说“如果您能来，非常欢迎”。黄当时在北京焦急地四处活动，等待自己被平反；能见到老朋友而且对她平反有利的人，不啻是久旱遇甘霖。她又是个风风火火的急性子，因此，笔者推测：她应该是一接到茅盾的信和邀请就着急地前往拜谒了；一般信件在本市邮路上也就两天左右，也就是说，她应该是在1月13号左右收到茅盾的第一封信之后紧接着的某一天就去拜望了茅盾，且绝对不会晚于1月17日。

茅盾1月24日此信是所谓一连三信中的第二封，信中说“联名信已无必要，而未发出”。黄和茅盾见面时商议的联名信都失效了，难道她还没去见过茅盾，还没有策划联名信的事儿？

因此，笔者断定，她不是在收到茅盾三封信之后才去茅盾家拜谒的，而是在收到第一封信之后迫不及待就去了。

但是，根据《黄慕兰自传》的记述，她在跟茅盾见面时，似乎确实没有讨论过联名信。直到“1980年春，吴泰昌到杰儿家来对我说：‘茅公（沈雁冰）拟牵头，邀阳翰笙、夏衍、周扬、梅益、赵朴初等联名签署，为你作证明，请求中央早日为你平反。’后接中央办公厅通知，此事无须他们再作证明，已定由‘两邓’（邓小平、邓颖超）办公室处理。虽然如此，我对茅盾等6位的正直仗义和真诚友谊，永铭心版。”

“拟”字表明，茅盾（似乎是他一个人的主意，与黄这个当事人无关）当时是刚刚打算牵头弄联名信。但是实际上，早在那之前，茅盾就已经通过书信展开联名活动了。这是为何？

这只有一种可能，联名上书之事，在两人商定之后，是隐秘进行的；连当时跟黄慕兰来往比较多的吴泰昌一开始都被瞒着，所以吴得到消息时，显得那样惊喜。吴泰昌的话有点夸大其词，不可全信。据《黄慕兰自传》，在她的冤案平反过程中，自始至终，她没有接到过中央办公厅的通知，也没有邓小平办公室的参与；而只是邓颖超及其办公室在帮助。

4. 茅盾发起的联名信中有胡愈之而没有周扬。

茅盾和黄慕兰所列的联名人名单有点差异。

黄的名单是：茅盾、阳翰笙、夏衍、周扬、梅益、赵朴初。

茅盾的名单是：茅盾、阳翰笙、胡愈之、夏衍、梅益、赵朴初。

这应该是黄回忆有误，或者当时吴泰昌传的时候就弄错了，把胡愈之说成了周扬。

我之所以说茅盾的说法更可靠，一是因为茅盾是当时实录，而黄是事后追忆，而且不是她自己的说法，是转述别人的话。

更重要的是事实层面的原因，即黄与胡愈之交谊较深，而与周扬交集甚少。黄在《黄慕兰自传》中多次说到茅盾、阳翰笙、胡愈之、夏衍、梅益、赵朴初以及自己和他们之间的交往、共事。

其中在两处重要的地方说到了胡愈之。

黄讲到她参与营救“七君子”时说，胡愈之也曾参与营救行动，即胡曾陪同宋庆龄到法院自请入狱，“七君子案迟迟未获解决，宋庆龄又领导发动了救国入狱运动，与何香凝等十六人共同签名，向江苏高等法院呈文具状说：‘沈钧儒等因从事救国工作而被捕入狱，我们都是救国会会员或理事，或与沈等共同从事过救国工作，爱国如是有罪，我们愿与沈钧儒等同受处罚，要求法院一同收审；如爱国无罪，则应与沈钧儒等同享自由。’1937年7月5日晨，宋庆龄抱病带了一个阿姨（女佣），率彭文应、胡愈之等十一人去苏州，各自带着简单的行装（宋的阿姨还替她提了一只便溺用的马桶去），到江苏高等法院自请入狱。这一行动迫使检察官不得不承认救国会本身并非犯罪，使国民党当局狼狈不堪，不敢对‘七君子’判罪。”（《黄慕兰自传》，第165、167页）

再如，黄讲到她曾资助第一版《鲁迅全集》的出版时说：“在缺乏资金的情况下，全集的印刷经费由胡愈之统一负责筹集……茅公（沈雁冰）在1977年10月出版的《鲁迅全集资料研究》上发表过一篇文章，其中就提到1938年秋，他在香港为了支付《鲁迅全集》的刊印费用，是我帮助他在一家银行开了一个无限透支账户才获得解决的。在茅盾的自传体回忆录中，更详述了他在上海由我帮助解决的。许多细节我已不大记得了。”（《黄慕兰自传》，第193页）

这段话中有个矛盾之处，即黄帮助解决这个经费问题到底是在上海还是在香港？这个矛盾是茅盾造成的吗？

黄不大记得的细节，茅盾却记得非常清楚，他在回忆录中说：“《鲁迅全集》最后是由胡愈之主持的复社承担了印刷出版和发行工作。不过排印时要先付排印费，数目还不小。当时打算采取售预约券的办法先收回一部分钱来，但排印工作又不能等钱收到了再开始。这时，大革命时代在武汉十分活跃的黄慕兰已改名黄定慧……她知道了出版《鲁迅全集》遇到的困难后，就提出由她来担保向银行开个支付户，这样就解决了排印陆续付款的问题。黄定慧为了全集的出版，还来过香港，和我见过面，叙过旧。”（《我走过的道路》下册，第62页）。

可见，茅盾详述了他是在香港而不是在上海由黄帮助解决了《鲁迅全集》的刊印费用问题。因为当时两人都在香港，而不是在上海。

1938年秋，是黄慕兰刚刚抵达香港的时间，她是临时出差，在香港待的时间很短。她当时的主要职务是通易公司的常务董事和副总经理。她去香港的主要任务是去找当时已在香港的通易公司董事杜月笙，为公司募集资金。通易公司是一家民间金融机构，也即她开了一个无限透支账户给茅盾他们的那家银行。非常有意思的是：她本来是因为公司缺钱而到香港去募款的，但就在那里那时，她给了茅盾他们“数目还不小”的一笔钱用以《鲁迅全集》的出版。这充分显现了黄慕兰慷慨仗义的巾帼豪迈性格。当然，也有一个内在原因是由于她亲自出马，“募款的事十分顺利，可说是马到成功”（《黄慕兰自传》，第190页）。她从杜月笙等富豪那里募集到了巨款，于是就分一杯羹给了缺乏资金的茅盾他们；这也算是符合她作为老共产党员“劫富济贫”的理念。

对照两个人在回忆录中的说法，有两点需要辨明或补充。（1）黄说《鲁迅全集》的印刷经费由胡愈之统一负责筹集，是不对的，胡负责的是印刷出版和发行工作。经费是多方参与筹措的，包括茅盾，而黄是最终最大的资助者。（2）茅盾说“黄定慧为了全集的出版，还来过香港”，不符合事实；黄不是专程去香港给《鲁迅全集》送钱的，而是到了香港，正好碰到茅盾在为《鲁迅全集》的出版费用问题犯愁，她出于对鲁迅的尊崇和对茅盾的情谊才捐款的。

总的来说，在《鲁迅全集》的出版这件历史大事上，黄是慷慨解囊者，胡是具体操办者，两人有接触有合作。

而周扬呢，在整部《黄慕兰自传》中，除了这一处所引吴泰昌不太靠谱的传言中提到他之外，只有一处提到，也是引用别人的话，而且引用的还是“文化大革命”时期更加不靠谱的审讯人员的话：“你所熟悉的郭沫若和田汉、夏衍、阳翰笙、周扬等‘四条汉子’，也都是反鲁迅的，你对此就应好好反省。”（《黄慕兰自传》，第361页）郭沫若和田汉、夏衍、阳翰笙确实跟黄接触比较多；但周扬恐怕只是因为属于鲁迅所说

（并非嘲骂）的“四条汉子”而被带进来的，他跟黄慕兰没什么交情；因此，茅盾和她都不太可能去请周扬联名。

5. 茅盾之所以说联名信已无必要，是因为邓颖超早已开始帮助黄慕兰。

为了帮助黄慕兰争取早日平反，作为老朋友，茅盾1月17日正式给他俩的共同老友阳翰笙写信发起联名信行动。时隔仅仅一周，1月24日，他就给黄写此信说“联名信已无必要，而未发出。”这是为何？

1980年初，为了争取早日平反，黄慕兰在北京找老朋友帮忙，除了茅盾，她还找了阳翰笙和夏衍等，并且直接催促夏衍帮她求邓颖超帮忙。夏衍不负其望，利用两次见到邓颖超的机会，从中说项，果然有效。邓同意而且立即着手处理。

当初黄与茅盾发起联名信的用意，无非是恳请邓“孰促有关单位，早日予以昭雪”（沈雁冰1月17日致邓颖超的信）。因此，再给邓发联名信确实完全没有必要了。

茅盾可能是怕屡次失望过的黄慕兰不太相信夏衍的努力的成果，在这封信中还说到了邓处理此事的具体情形：“邓大姐交公安部王副部长办理，王副部长让直接负责您这案的十三处处长向夏衍同志汇报，据云：已基本结案，有个别事情还待清查一下。”

黄慕兰的冤案到底是如何在邓颖超的过问下逐步得到平反的？这些还需要我们进一步做一些解释。

1929年1月，黄慕兰被调往上海中共中央政治局书记处任秘书兼机要交通员，就开始在周恩来和邓颖超手下工作。按照黄慕兰的说法，1931年，她对周和邓几乎有救命之恩；所以，此后半个世纪，两人一直感激她、信任她、帮助她。1980年，邓时任全国政协主席，是实职中央领导，于情于理于权，她是黄的最大可能的“救星”。

早在1975年3月19日，最高人民法院就宣布特赦全部仍然在押的战犯。这是新中国特赦的第二批也是最后一批战犯。5月，黄慕兰居然跟他们一起被释放了。她何以能遇到如此蹊跷的幸事？

这是邓颖超帮的忙。早在1975年2月，黄的大女儿陈允中就曾上书邓，要求查询黄的下落，邓“批交中央公安部答复”（《黄慕兰自传》，第364页）。公安部在审查她的材料的过程中，发现她并没有什么大问题；于是，在邓的过问下，在正式平反之前，先给了黄类似于“特赦”的待遇，让她离开秦城监狱。根据当时“不能留首都，不能去大城市和边疆”的规定，她在地质队野外工作的大女儿将她从北京接到湖北大冶县乡下（陈弘欣：《我的外婆　党的女儿》，载《黄慕兰自传》，第476页）。大冶民政局居然给她送了一张伤残荣誉军人卡，还每月发给她二十元生活费（《黄慕兰自传》，第370页）。当时，潘汉年案还没有得到平反，作为潘案涉案人员，黄慕兰却先出来了；这本身就不平常。而她以戴罪之身还能享受这样的优待，更非寻常。这应该也是跟邓颖超的批示有关。

正因为这只是极为特殊的某种“特赦”，而不是真正的平反；所以此后黄慕兰多次上访，并请一些老友“走关系”向中央领导说情，希望有关部门能尽快给她一个明确的答复。

正是由于1980年初，夏衍和茅盾等老朋友帮黄去向邓恳求，她的平反问题才逐步得到解决。

1980年4月上旬的某一天，邓派秘书把黄从她儿子家接到中南海。有人的文章中说，那次邓亲自接见了她（如《新京报》记者韩雪枫所撰《被誉为“最美红色女特工”的她辞世，自传称救过周恩来却饱受质疑》，载2017年2月14日《新京报》），是不对的。黄确实被接到了邓的办公室；但是因公务繁忙，邓没有见黄，而是嘱秘书杨荫东代为接待。邓接见她则是在4年多之后了，即1984年8月24日，邓在中南海西花厅跟黄谈了一个多小时。

三天之后，邓又派秘书给她送来了两百元钱，“并指示：回沪先解决户口、工作、公费医疗待遇等问题，最后再解决住房和恢复党籍党龄问题”（《黄慕兰自传》，第375页）。假如没有平反，黄如何能解决户口、工作、公费医疗这些待遇？这充分说明在邓的直接过问下，她的平反问题已经在内部操作程序上提上了日程。茅盾在这封一月份的信里所提前传达出来的信息并非空穴来风：“已基本结案，有个别事情还待清查一下。”

邓颖超应该是同时指示了统战部和公安部落实给黄慕兰平反的事儿。

黄返沪不久，中央统战部副部长童小鹏到她当时暂时寄居的朋友家去看望她，问她是否愿意到上海市政府参事室发挥余热。她“喜出望外，连忙称谢不已”。这是给她解决了工作问题，她当时已经70多岁，正如童小鹏所说，到参事室工作更能发挥她的作用。

又过了几天，“公安部第十三局的戴北涵”给黄送去了“最高人民法院的正式公文，撤销了1963年刑字第五号”，即：撤销了对黄慕兰以“反革命罪”所判的三年管制的错误判决，宣布她无罪。茅盾在信中所说的“十三处”应该指的就是第十三局，当时的局长是戴北涵。公安部十三局是公安部内设机构，也叫监所管理局，所管的是全国的看守所、拘留所、收容教育所、强制隔离戒毒所等，其中就包括秦城监狱。正是因为之前黄是被关在这所监狱，所以由这所监狱的主管部门领导先来处理她的问题是合适的。

但是由公安部的人给她送来法院的正式公文，撤销法院的错误决定，宣布她无罪，则是不妥当的。解铃还需系铃人，最高法院应该自己派人来宣布她无罪。这从一个侧面，我们也可以看出来，在当时，尤其是之前的“文化大革命”期间，在中国的政法体制中，本来应该是公检法三权分立且相互制衡的，但事实的不正常局面是：检、法靠边，公安一家独大。

不管怎么样，公安部代替最高人民法院宣布黄无罪，“这在法律手续上来说，应该是完全平反了”（《黄慕兰自传》，第376页）。《六位秘密女共产党员的最终命运》一文中说黄“直到1980年，冤狱才得以平反”，指的就是这次法律意义上的平反。黄认为，这还不是恢复其全部政治生命的彻底平反。为此，她继续向中央（尤其是中纪委）申诉。

1987年，上海市委组织部向黄传达中组部决定，承认她1926年入党，但1933年脱党，按1951年重新入党计算党龄。这算是从政治上给她平反了——尽管还是留下了一条尾巴——抹去了她中间长达18年的党龄。

黄慕兰所经历的这整个平反过程，都是在邓颖超担任全国人大常委会副委员长、中共中央政治局委员、中央纪律检查委员会第二书记、第六届全国政协主席等中央领导职务期间完成的，应该说都是拜邓的关照和影响所赐。

最难能可贵的是：在1982年潘汉年案得到平反之前，尤其是在毛泽东去世之前，邓颖超就开始照顾潘汉年的下属黄慕兰，是冒着相当大的政治风险的；弄不好她自己也会受到牵连。因为，“潘、杨案发后，毛主席他老人家对白区的地下工作都不大信任，她和恩来被隔绝于潘案之外，不得过问和干预此事”（《黄慕兰自传》，第376页）。

茅盾与赵朴初之间的诗交

——1980年2月10日致赵朴初函解读

1980年1月30日，赵朴初致茅盾函——

沈老：

承拨冗为鉴真和上像“探亲”撰诗，至为感佩。谨打缮一份送阅，其中为韵律及佛教关系，略作一些更易，是否有当，敬乞指正。朴初卧病医院，未能奉谒，特嘱魏承彦同志代为趋前请教，希赐见为幸。

顺祝

健康

赵朴初

一月三日

1980年2月10日，茅盾致赵朴初函——

朴初同志：

尊恙已见痊否？念念。拙作承斧削，甚感甚佩。近日又读一次，觉其中尚有平仄不调之处。拟改原“建筑神妙中心藏”为“建筑神奇细端详”，原“复为利人学岐黄”为“利人又复学岐黄”，原“焚香顶礼莲台下”为“顶礼焚香莲座下”。不知您以为可否？如以为可，请令您的秘书与承印小册子之印刷所联系如何？匆此，顺致敬礼！

沈雁冰

二月十日

◆ **解读：**

茅盾与赵朴初的关系，鲜有人谈及。从这通信函来看，两人不仅有交往，而且还是诗交。在文字交往中，两人既虚怀若谷，又赤诚相待。赵朴初对茅盾既很尊崇（称他为“沈老”），又实事求是（更易其诗）。当然，两人的这通书信中所蕴含的信息不止于此。

一、茅盾不仅接受了赵朴初的修改意见，自己又对原作做了多处进一步的改善

茅盾为鉴真像“探亲”所撰诗发表于中日联合出版之中日文双语版《鉴真大师象回国巡展纪念》册，作为纪念册的题词。全诗如下：

一代高僧幼便奇，鉴真十四即从师。
家学渊源四分律，生涯勤护水田衣。

两京寺院擅宏丽，楼台巧构有成规。
建筑神奇细端祥，利人又复学岐黄。
广陵自古繁华地，师择此邦建道场。
善男信女万千辈，来自东西南北方。
顶礼焚香莲座下，悲田喜舍见慈祥。
遣唐使者频来往，云是扶桑日出乡。
佛教自西而跨海，中华自古是桥梁。
鉴真投袂欣然起，携带门徒赴海市。
茫茫烟水罡风高，心向之邦何处是。
诚开金石动天神，海若前驱报大喜。
此时和尚已丧明，赖有广长舌代睹。
奈良京洛隔重洋，风送梵音与法鼓。
今日鉴真来探亲，扬州面貌已全新。
欢迎现代遣唐使，友谊花开四月春。

这是一首七古长诗，共32行。这是笔者见过的最长的题词，也是茅盾暮年写的最长的诗。当时（1980年1月），茅盾已经84岁高龄，再过一年多（1981年3月27日），他就去世了。那时尚能写这么长的诗，委实不易！

本诗从鉴真大师幼年开始写起，以高度概括的笔法写了他的生平，也结合着写了佛教由印度而中国而日本的传播途径。文字朴茂而协畅。如果全诗止于“风送梵音与法鼓”，则颇为精当。但作为题词这一礼仪性的文体，最后四句卒章显志，突出了鉴真像回来探亲这个主题，以及中国形势发展很好、中日友谊如花绽放等宗旨。

从信中可以看出，茅盾与赵朴初之间的这次诗交脉络大致如下：

赵朴初请求茅盾为《鉴真大师像回国巡展纪念》册题词。茅盾信中所说的“小册子”就是这个纪念册。

茅盾很快就完成了任务，写了这首长诗。按照他的习惯，这样的题词会用毛笔写成书法条幅。他给赵朴初送去的应该是书法原作。

原作当然珍贵，别人不能在上面涂改，而且也不能来回邮寄。所以，赵朴初在接到原作之后，就珍藏起来了。同时，他亲手“打缮”了一份。“缮”者，“修”也，他抄写的同时“略作一些更易”。他改的是两个方面的内容，即“韵律及佛教”。但具体改的是什么内容？目前笔者尚未看到茅盾的原作，所以不得而知。

赵朴初没有贸然定稿，而是让魏承彦送给茅盾审阅，“是否有当，敬乞指正”。魏承彦是赵朴初的秘书，时任中国佛教协会研究部副主任。

茅盾对赵朴初的修改意见应该是较为赞同的，所以说“拙作承斧削，甚感甚佩”。赵朴初之修改显现了水平和直率，茅盾之接受显现了胸襟和认真。

茅盾不仅接受了赵朴初的修改意见，自己又对原作做了多处改善；然后，还把每一处修改的具体字句都写出来，向赵朴初真诚地请教。这更显现了茅盾为人的谦虚谨慎和为文的精益求精。的确，经过修改，那些句子无论是运思还是修辞都较为完善了。

二、赵朴初之所以请求茅盾为纪念册题词，是因为鉴真像回国“探亲”

鉴真像回国“探亲”，是发生在1980年中日两国间，尤其是两国佛教文化界的大事，而且是由赵朴初作为中国佛教协会会长亲自策划、组织、推动并完成的。

赵朴初曾提出中、韩、日三国佛教界友好交流“黄金纽带”的构想。那时，中、韩之间尚未建交，所以工作先从中、日之间着手，以中日佛教代表团互访为基础，以鉴真像回国“探亲”为高潮。茅盾这首诗就是在此背景下诞生的。

让鉴真塑像回国“探亲”要求的提出者不是中方，而是日方的宗教人士，即日本奈良市唐招提寺的八十一代住持森本孝顺长老。之所以由他提出来，是因为唐招提寺相传是由中国唐代高僧鉴真东渡日本后亲自主持建造的。公元763年鉴真病危，他在临终时嘱咐，自己愿意坐化。他的弟子思托是雕塑高手，为师父塑造了干漆坐像，一直供奉于唐招提寺，后来被定为日本国宝，每年只开放三天，供人瞻仰。时至20世纪70年代，鉴真东渡日本一千多年，其人其像从未曾回国。森本孝顺长老之动议，不啻是替九泉之下的鉴真发出了心声！

早在1973年，中日恢复邦交仅一年之后，日中文化交流协会理事长中岛健藏访问我国时，就曾代表森本孝顺长老提出让鉴真像回国巡展，供故乡人瞻仰的愿望。可是，当时正值“文化大革命”期间，森本孝顺长老的愿望一时无法实现。

1978年4月，应日中友好宗教者恳话会之邀请，赵朴初率领“中国佛教协会访日友好代表团”前往访问，在参观唐招提寺时，森本孝顺长老又当面向赵朴初提出让鉴真像回国巡展的愿望。此访为邓小平访日打了前站。

半年之后，1978年10月，时任国务院副总理邓小平访日并参观唐招提寺，瞻仰鉴真像，他欣然允诺了森本孝顺长老的要求，并表示欢迎。

1979年4月16日，时任全国人大副委员长邓颖超等赴日本访问。在奈良时，邓颖超瞻仰了东大寺和唐招提寺。在鉴真墓前，她焚香祭拜，祷念这位为中日两国的友好交流劈波斩浪六次东渡、呕心沥血埋骨东瀛的友好使者。赵朴初也是这个访问团的成员。森本孝顺长老向邓颖超再次提出让鉴真塑像回国“探亲”的要求。

访问团回国后，为了做好鉴真像回国巡展工作，成立了以赵朴初为主任的全国欢迎鉴真像回国巡展委员会，江苏省暨扬州市成立了以江苏省人大常委会副主任戴为然为主任的欢迎委员会。赵朴初可以说是这次声势浩大的国家级巡展活动的总指挥。

鉴真像回乡探亲，是中日两国轰动一时的盛事。两国之间各个层面都在紧密合作，努力推进。

1979年12月7日，日本首相大平正芳访华，在全国政协礼堂演讲时也说：“唐代高僧鉴真和尚，应我国留学僧的殷切邀请，不顾生命危险，闯过万里风浪，渡海来到我国，不仅在佛教，而且通过他的门生弟子在建筑、雕刻、文学和医学等方面，对于日本的发展做出了重大贡献。”

1980年4月初，鉴真像回国巡展前夕，日本已经开始最高等级的预热。裕仁天皇特地召见以森本孝顺长老为首的护送鉴真像回国巡展代表团，并交给森本孝顺长老一只印有皇室纹章的三足圆形香炉，要他带到中国，送给鉴真的家乡扬州。他关照森本孝顺长老说："一定要对扬州人民说，我们十分感谢鉴真大师为日中两国人民的友谊做出的巨大贡献。"

4月13日至5月28日，由日本奈良唐招提寺、日中文化交流协会和朝日放送社联合组织的"鉴真和尚像中国展"先后在江苏扬州和北京展出。13日下午，鉴真像由唐招提寺住持森本孝顺长老等护送乘专机运抵上海。巡展委员会主任委员、赵朴初等各界代表100多人前往机场迎接。

14日，鉴真像运抵鉴真家乡扬州。江苏省、扬州市有关领导及当地群众到瓜洲古渡码头迎接。18日，江苏省暨扬州市各界人士1000多人在扬州市工人文化宫隆重集会，欢迎鉴真像回国巡展。19日，鉴真像巡展仪式在扬州大明寺鉴真纪念堂开幕。

1980年5月4日，回国巡展的鉴真像在北京的中国历史博物馆展出。邓颖超、全国政协副主席刘澜涛和班禅额尔德尼·却吉坚赞以及首都各界群众3000多人参加了开幕式。邓颖超为开幕式剪彩。中国人民对外友好协会会长王炳南致祝词。日本驻华大使馆公使加藤吉弥宣读了大平正芳首相的贺电。5日，首都佛教界和文化、艺术、建筑、医药等各界人士1000多人在政协礼堂集会，热烈欢迎鉴真像回国巡展。6日，邓小平会见唐招提寺住持森本孝顺及以朝日广播社社长原清、日中文化交流协会理事长宫川寅雄为首的"国宝鉴真和上像中国展"访华团全体成员。

宣传机器也以最大马力同步开启。4月19日，《人民日报》发表全国政协主席邓颖超为《鉴真大师像回国巡展纪念》册撰写的文章，题目为《一件具有深远意义的盛事》，还刊登了邓颖超为该纪念册亲笔书写的题词：“为中日人民世代友好下去和文化交流事业作不懈的努力！”

看得出来，中方负责此事的主要是全国政协。赵朴初时任全国政协常委。鉴真像回国巡展活动结束两年后，1983年6月，他更升任政协全国委员会副主席兼政协民族和宗教委员会主任。而茅盾当时是政协副主席。赵朴初肯定要请他出面为这一历史大事留下墨宝。茅盾也深知此事非同小可，关乎中日交往之大局，无比重视，所以才写了那么长的诗，而且还要自己反复推敲，并与诗词大家赵朴初一起切磋完善。

三、“和上”乎？“和尚”乎？

赵朴初称鉴真为“和上”，而不是和尚。这是为何？有何古例？

首先，赵朴初不止在这一处称鉴真为“和上”。他写于1963年3月的《金缕曲·〈人民中国〉日文月刊创刊十周年纪念》一词中有句“千二百年盲圣去”，他用括弧注解道：“唐朝鉴真和上，应邀赴日，死于日本。日人称为盲目圣僧。1963年为其逝世一千二百周年。”

其次，其他中国人也用这个称呼。如李尚全著《慧灯无尽照海东：鉴真大和上评传》（社会科学文献出版社出版）、《鉴真和上——唐大和上东征传绘物语（汉日语对照，含鉴真年谱等）》（许凤仪等著，王亦秋绘，上海人民美术出版社出版）。

再次，日本人在各种场合，往往呼鉴真为“和上”。如安藤更生（1900—1970）博士原本是日本早稻田大学研究中日古代美术史的教授、美术史学系主任。鉴真东渡对日本的美术雕塑产生过重大影响，由于他在研究奈良唐招提寺佛教美术期间，深为鉴真不畏艰险、不屈不挠东渡传法，造福日本人民的意志品德所感动，他走上了研究鉴真的学术之路，先后撰有《鉴真大和上传之研究》（日本平凡社出版）、《鉴真》（日本美术出版社出版）、《鉴真和上》（吉川弘文馆出版）等著作。

1980年，为了配合鉴真像回国，日本中国文化交流会和唐招提寺联合编撰了《大唐传戒师僧名记大和上鉴真传》（朝日新闻社出版）。

1998年，唐招提寺被认定为世界文化遗产，同年成立国宝唐招提寺金堂保存修理事业专门委员会，开始对金堂施以长达两年的细致调查。其后，基于调查结果，在奈良县教育委员会的主导下，从平成十二年（2000）开始了长达十年的大修，史称“平成大修”。在大修期间，出版了两部跟鉴真有关的精美画册，都是唐招提寺编撰的，都称鉴真为“和上”，即2000年出版的《鉴真和上と世界の写真家展：唐招提寺金堂平成大修理纪念》和2004年出版的《唐招提寺鉴真和上像と金堂》。

这样的称呼在日本其来有自。早在公元779年（宝龟十年），即鉴真圆寂后的第十六年，真人元开（原名淡海三船）用汉语文言文体撰写的《唐大和上东征传》一卷问世。书中一律称鉴真为“和上”，如开篇即曰：“大和上讳鉴真，扬州江阳县人也。”

那么，“和上”这一称谓是日本的发明吗？

不是的。

这部现存最古的鉴真传记是依据鉴真弟子思托撰写的《大唐传戒师僧名记大和上鉴真传》（现已散佚）节略而成。思托是从中国追随鉴真东渡去的日本，他称鉴真为“大和上”，不仅出于弟子对老师的尊崇，而且还是沿用了中国古已有之的称呼。

这种称呼在唐朝时的中国是三见而不一见的。除了鉴真被称为“和上”，比他名气更大的玄奘往往也被称为“和上”。如唐冥详所撰《大唐故三藏玄奘法师行状》曰：“和上去今三年以前，有患四肢拘急，如火烧刀判之病。”

那么，“和上”到底是什么意思？为何要用这一称呼？

唐释慧苑所作《慧苑音义》上解释说：“按五天竺雅言，‘和上’谓之‘坞波陀耶’，然彼土流俗谓之‘社’。于阗、疏勒乃云‘鹘社’，今此方讹音谓之‘和上’。虽诸方殊异，今依正释。言‘坞波’者，此云‘近’也，‘陀耶’者‘读’也。言此尊师为弟子亲近，习读之者也。旧云‘亲教师’者是也。”

慧苑是唐华严宗三祖释法藏的弟子，约生于唐高宗上元仪凤年间（674—678）［刘春生：《慧苑及〈华严经音义〉的几点考证》，载《贵州大学学报》（社会科学版）1992年第2期］。

比慧苑大39岁的义净（635—713）所译佛经《百一羯磨》（全称为《根本说一切有部百一羯磨》）曰：“次请邬波驮耶（译为‘亲教师’。言‘和上’者，乃是西方时俗语，非是典语。然诸经律梵本皆云‘邬波驮耶’也）教云。”其中括弧里的内容也是对“和上”这一称谓的解释。它的原意就是“亲教师”，原先佛经中都写作“邬波驮耶”，只有在世俗人口头上才称之为“和上”。

唐京兆崇义寺沙门道宣律师（596—667）比义净还大39岁，他于唐太宗贞观二十二年（648）撰《四分律删补随机羯磨疏》（简称《业疏》）八卷。其三之上也有对这一翻译名义的解释：“中梵本音‘邬波陀耶’。在唐译言，名之‘依学’，依附此人学出道故。自古翻译，多杂蕃胡。胡传天语，不得声实。故有讹僻，转云‘和上’。”“依”者必“近”，“学”者常“读”。“亲教师”是从教者言，“依学”则从学者言。

从这三条注解可以看出以下几个关于“和上”的要点：

1. 五天竺指古印度。古代印度的区域分为东天竺、南天竺、西天竺、北天竺、中天竺五大部分。如唐代新罗僧人慧超在723年至727年前往印度诸国巡礼，先后到东印度、中印度、南印度、西印度、北印度，再经中亚回长安，后来他所写的类似于《大唐西域记》的游记，便题为《往五天竺国传》。“雅言”者通行语，相当于普通话。在古印度的普通话即梵文中，有一个对得道高僧的称谓，叫作“Upadhyaya”。音译为“邬波陀耶”。“Upa（邬波）”的意思是“近”，“dhyaya（陀耶）的意思是“读”或“诵”。因此，“坞波陀耶”的原意是“近诵”。谁让你在他身旁念经并时时给你指导呢？那当然是“师傅”。当师徒之间关系比较亲密时，或者说两者是嫡传关系时，徒弟会把师傅爱称为“亲教师”。因此，“Upadhyaya”被意译为“亲教师”。

2. 在古印度（古代中国人，尤其是宋朝以前，称之为“西方”），老百姓把“亲教师”俗称为“Khosa”， 慧苑音译为“ 社”。在新疆的于阗和疏勒一带被音译为“鹘社”。后来经过音变，被讹译为“和尚”或“和上”。如果说“亲教师”是敬语、典语（书面语），“和尚”乃昵称、俗语。

3. “和尚”本来就是音译，当时音译的还有“和社”等。而“和上”由于发音完全相同，从纯粹翻译的角度来说，没有特别的含义。但是，从汉语或者从中国佛教的角度来说，还是至少有两点不同。首先，“和上”主要用于律宗，而佛教的其他派别都用“和尚”。比如，鉴真就是律宗南山宗传人，其代表作就是《戒律三部经》，他55岁时任扬州大明寺住持，为僧众讲的就是戒律。当年，日本佛教界和政府延请鉴真去日本，是希望鉴真这样的律宗法师能为日本信徒授戒，以助于日本社会有序稳定。果如所料，鉴真到了日本之后，律宗成为日本最大的佛教派别，日本人之文明礼仪也为之大变。于是乎，鉴真成了日本佛教南山律宗的开山祖师，被日本人誉为 “律宗之祖”。

其次，“和上”用于德高望重的和尚，似乎在道德学识方面比和尚还要更“上”一些。玄奘不是律宗法师，而是法相宗（又名瑜伽宗、慈恩宗、唯识宗）大师，但他也常常被称为“和上”，就是因为这个。鉴真同样也是受人爱戴的一代宗师，所以被称为“和上”比“和尚”更能表示人们对他的敬爱之情。也即是说，“和上”虽然与“和尚”发音相同，但后来也成了类似于“亲教师”的尊称。

小资产阶级的社会地位到底是稳固还是失掉？

——1980年8月3日、13日致冯乃超的两封函解读

茅盾致冯乃超信之一：

乃超同志：

久不请教，思念良殷。想来您身体健康，为颂为祷。倾阅《新文学史料》一九八年第一期第廿八页有蔡青访问您，询问当时您起草的左联纲领，其中有《拓荒者》第三期和《萌芽》第四期对“又反对××社会地位的小资产阶级”一语，前者用“稳固”两字，后者用“失掉”两字，访问了您，请您决定何者为正确。您答以“失掉”为正确。因为小资产阶级的经济地位是不稳固的，它上可升入资产阶级，下可降为无产阶级。但失掉社会地位是否意味着降为无产阶级，为什么还要反对呢？看来，“稳固”和“失掉”二词都费解。鄙见如此，不知对不对？特专函请教，幸赐复为感。此致

敬礼！

沈雁冰

一九八年八月三日

茅盾致冯乃超信之二：

乃超同志：

来信敬悉。您提供的背景材料很好。我现在加上小段是：

纲领的起草者是冯乃超，原来用的是“稳固”二字，经鲁迅看过，表示同意。我以为应当是“反对稳固社会地位的小资产阶级”为正确。

您以为如何？匆此敬祝

身体健康！

声韵同志并此问候。

沈雁冰

一九八年八月十三日

早年我和李汉俊很熟。汉俊同志是否是声韵同志的叔父？

雁冰　又启

我编《小说月报》时，汉俊同志帮了我不少的忙。

◆ 解读：

一、两封信历史背景

茅盾致冯乃超的第一封信中提到的“左联纲领”，指的是左联的理论纲领。冯乃超正是这份纲领的执笔者。时至今日，这份文件已经成了中国现代文学史上的重要文献，但是其中一个关键词在当时刊物上却有迥乎不同的记载，也因此引出了20世纪80年代冯乃超与蔡青、茅盾就此问题的一番讨论。事情的原委经过大致如下：

1930年初春，根据当时中共中央领导指示，决定联合鲁迅和其他左翼文艺人士，筹建革命文艺团体。冯乃超与冯雪峰等去拜访鲁迅，商议左联成立事宜。2月16日，鲁迅、夏衍、冯乃超、冯雪峰等12人在上海召开座谈会，决定成立左联筹委会，并推举二冯负责起草一份纲领宣言。在以苏联和日本的几个左翼文艺团体的纲领作为参考借鉴后，由冯乃超执笔拟就了《中国左翼作家联盟理论纲领》（以下简称《理论纲领》）。3月2日下午，中国左翼作家联盟在上海窦安乐路中华艺术大学的教室里举行成立会议，不仅通过了冯乃超执笔的《理论纲领》，还选举他为左联第一任党团书记兼宣传部部长。

1930年，《拓荒者》第1卷第3期发表了《中国左翼作家联盟的成立》一文，里面引用了《理论纲领》的话：“因此，我们的艺术是反封建阶级的，反资产阶级的，又反对‘稳固社会地位’的小资产阶级的倾向。”这里提到，小资产阶级的社会地位是“稳固”的。

随后，《萌芽月刊》第1卷第4期也发表了题为《左翼作家联盟底成立》的报道，而在该“报道”中，“小资产阶级的倾向”前面的限定语变成了“失掉社会地位”。

“稳固”和“失掉”是一对反义词，稳固的就不会失掉，失掉的怎么能说稳固？！此改非同小可。那么，文章作者为何要这么改？几十年后，蔡青发现了这一问题，于是，带着疑惑专门前去访问冯乃超。

照理说，作为执笔者的冯乃超面对蔡青的问题，应该会有一个明确的解释。

冯乃超给蔡青的回复是，以“失掉”为正确，并说是因为小资产阶级的经济地位不稳固，上可升入资产阶级，下可降为无产阶级。

此后，蔡青将对冯乃超的这一访谈整理成文，题为《“稳固”和“失掉”——就左联理论纲领的两个词语访问冯乃超同志》，由《新文学史料》1980年第1期左联成立五十周年纪念特辑中推出，此文同时又见载于《山东师范大学学报（人文社会科学版）》（1980年第1期），题目改为《关于左联理论纲领中的两个词语——冯乃超同志谈“稳固”和“失掉”》。

以上就是茅盾致冯乃超第一封信中所提：“倾阅《新文学史料》一九八年第一期第廿八页有蔡青访问您，询问当时您起草的左联纲领……”的大致历史背景。

二、“稳固”还是“失掉”：茅盾与冯乃超的商榷

茅盾此番之所以给冯乃超写信，是为了核实《理论纲领》中的一个关键词。

茅盾向来以细致入微、异常敏锐的阅读习惯闻名。他读了蔡青对冯乃超的采访文章后，认为冯似乎确定无疑的回答中存在矛盾和疑窦之处。因为，按照冯乃超的逻辑，小资产阶级本来是有一定经济社会地位的，由于不稳固，所以会失掉，而茅盾的理解是：小资产阶级的社会地位失掉之后，是否意味着从小资产阶级降为无产阶级了？左联是中国共产党领导的文艺组织，其所倡导的革命文学的宗旨与中国共产党的方针应该是一致的，即积极提倡和实践无产阶级革命文学，要反对的应该是小资阶级上升为资产阶级，如果小资产阶级下降为无产阶级，何来反对之有呢？顺便提一下：《尘封的记忆：茅盾友朋手札》本应有后来者的优势——质量更高，结果反而漏掉了一句关键的话：“但失掉社会地位是否意味着降为无产阶级。”

茅盾在信中直言道：“看来，‘稳固’和‘失掉’两词都费解。”

冯乃超收到茅盾的信后，不仅很快回复，并寄去了一些背景资料，那时茅盾正在写回忆录《我走过的道路》。

但是，8月13日，茅盾又给冯乃超写信，说他看了那些背景资料后，打算在回忆录中加这样一小段：“纲领的起草者是冯乃超，原来用的是‘稳固’二字，经鲁迅看过，表示同意。我以为应当是‘反对稳固社会地位的小资产阶级’为正确。”他问冯乃超：“您以为如何？”

其实，读者不难发现，茅盾于上面两封信中提出了两个不同的意见：首先，“‘稳固’和‘失掉’两词都费解”。其次，他倾向于认为用“稳固”一词是正确的。其原因为：第一，《拓荒者》第1卷第3期（1930年3月10日印行）比《萌芽月刊》第1卷第4期（1930年4月印行）早一个月问世，因此“稳固”先于“失掉”，所以茅盾说冯乃超“原来用的是‘稳固’二字”。第二，冯乃超完成初稿后，曾到景云里拜访鲁迅，征求他对《理论纲领》的意见，鲁迅看后说：“就这样吧。这种文章我写不出。”（袁良骏：《冯乃超和鲁迅》，载2001年10月31日《中华读书报》）鲁迅同意得有点勉强，但毕竟还是同意了；同意《理论纲领》，也就意味着同意里面起初的措辞“稳固”。

对于茅盾的第二封来信，冯乃超1980年8月15日复函表示：“数月前蔡青同志来访，经磋商后，觉得‘失去’较为妥当，经你提出推敲意见，认为‘失去’‘稳固’二辞都费解，事实上也是如此。在你的回忆录中，加上你新拟的一小段，我是赞成的。”

冯乃超先是“觉得‘失去’较为妥当”，后来“认为‘失去’‘稳固’二辞都费解”，最后赞成“稳固”为正确，明显可看出他的立场在左右摇摆，正如他在8月15日这封复信的开头所说：“左联纲领中‘稳固’与‘失去’的分歧，我过去采取了无可无不可的态度。”

那么，问题是冯乃超为何会从1930年到1980年长达半个世纪的时间里，对这两个含义截然相反的概念给出这种模棱两可的态度和说辞？他的性格使然，还是另有隐衷？

对此，有学者指出："这一不同正透露出左联同仁对'小资产阶级'或者自我身份的界定仍旧犹豫不决，充满疑虑。"（曹清华：《左联成立与左翼身份建构——一个历史事件的解剖》，载《文艺理论研究》2005年第3期）当然，这种观点不无合理性，但是否另有其他原因？关键的问题是，茅盾为何对这两个词如此敏感？他所关注的仅仅是这两个词，还是另有隐情？

论出身和社会经济地位，茅盾早年无疑属于小资产阶级之列，但他的总体思想倾向是反对资产阶级，同情并支持无产阶级，而在无产阶级倾向和小资产阶级立场之间的犹豫彷徨与疑虑，正是造成茅盾这么在意"稳固"还是"失去"的症结所在。